CONSIDÈRATIONS
FILOSOFIQUES
SUR LA
FRANC-MAÇONERIE.

CONSIDÈRATIONS FILOSOFIQUES SUR LA FRANC-MAÇONERIE.

DÉDIÉ

A tous les *ORIENS* en France, par un Député de Jérusalem.

HIC venit in testimonium, ut testimonium perhiberet de lumine. SEC. JOANN.

A HAMBOURG,

De l'Imprimerie D'ARBAS, au Temple de la Vèrité.

Et se trouve A ROME,

Chés FALAMOS, rue Fantoccini, au Cierge Pascal.

IↃↃ. IↃ. CC. LXXVI.

Pour confondre un vain peuple & de folles rumeurs,
Des Frères outragés va publier les meurs.

CONSIDÈRATIONS FILOSOFIQUES SUR LA FRANC-MAÇONERIE.

PREMIÈRE SOIRÉE.

LE FILOSOFE. MONSIEUR, j'ai l'honeur de vous ſouhaiter le bon ſoir. Je ſuis charmé de vous rencontrer tout ſeul.

LE FRANC-MAÇON. Je ſuis ſenſible, Monſieur, à votre ſouvenir: je ne m'atendais pas à avoir l'honeur de vous voir aujourdui.

Le F. Aujourdui? ....

Le M. J'entens auſſi tard.

Le F. Quelle heure eſt-il donc chés vous, Monſieur?

Le M. Minuit plein.

Le F. Comment! à neuf heures?

Le M. Ah!... c'est une distraction: Je croyais être en.....

Le F. En.....? Achevés, je vous prie,... achevés donc?

Le M. L'habitude....! Je me figurais être en Loge.

Le F. Quelle réticence! pour dire *en Loge*. Est-ce chés votre portier?

Le M. Vous plaisantés.

Le F. Où donc, s'il vous plait, dans la loge de votre jardin?

Le M. Le drôle de corps...! Vous ignorés donc, Monsieur, que je suis Maçon?

Le F. Ha, ha! Maçon en bâtimens?

Le M. Que de propos....! Vous ne savés donc pas, Monsieur, ce que c'est que la Franc-Maçonerie.

Le F. Comment, Monsieur, vous êtes aussi de ces gens-là?

Le M. *De ces gens-là*! Depuis quand un Filosofe méprise-t'il ce qu'il ne conait pas?

Le F. Je ne méprise point les personnes honêtes qui font profession dans la Maçonerie; mais vous savés qu'en bonne compagnie ce n'est pas un titre de plus d'être de cette Société.

Le M. Cela se peut; mais ce n'est pas non plus un mérite de moins.

Le F. Peu s'en faut ; car franchement, il y a aujourdui une espèce d'oprobre ataché au simple nom de Franc-Maçon. On n'ose plus en parler sans scrupule ; les gens du bon ton s'en formalisent, & tournent la Franc-Maçonerie en dérision.

Le M. Monsieur, cette façon de penser n'est pas si gènèrale que vous le dites. D'ailleurs, les personnes sensées ne condânent pas sans entendre. Les plaisanteries n'éludent point les dificultés ; les bons mots ne sont point des raisons. Il ne sufit pas de rire pour avoir gain de cause ; il faut prouver.

Le F. Je ne saurais en disconvenir ; quoique cela, je serai entraîné par le torrent, tant que je ne conaitrai pas mieux ce que c'est que la Franç-Maçonerie.

Le M. Monsieur, vous en penserés tout ce qu'il vous plaira ; je ne chercherai point à vous dissuader, & les choses n'en iront pas moins leur train.

Le F. Mais au fait, qu'est-ce que c'est donc, s'il vous plait, que cette Société qui a fait tant de bruit ? Car il faut savoir un peu de tout.

Le M. C'est vrai, il est bon de conaître les choses avant d'en juger ; &

il eſt aiſé, Monſieur, de vous ſatisfaire, en vous diſant que c'eſt une Société de gens honêtes, liés entre eux par le ſentiment de l'amitié, de la vertu & de l'égalité; c'eſt une Société d'homes droits, ſimples, fidèles, vrais, modeſtes dans leurs plaiſirs, décens dans leurs mœurs, eſſentiels dans leur amitié, fermes dans leurs engagemens, ſoumis à leurs règles, exacts à leurs devoirs, ſincères dans leurs promeſſes.

Le F. Monſieur, vous me ſurprenés; j'étais loin d'en avoir une pareille idée. Mais ſans doute que vous en rabatrés quelque choſe en faveur des Membres qui font exception à la règle?

Le M. Je ne prétens pas dire que tous les Maçons ſoient dignes de cette apologie: il ſerait même à deſirer que la plupart ſeulement fuſſent revétus de ces caractères. Je parle des principes ſur leſquels eſt fondée la Société, des vues qui lui ont donné naiſſance, des préceptes qu'elle enſeigne, de la morale epurée qui conſtitue ſon eſſence; en un mot, l'on n'entend par là que ceux qui ſe rendent tels que l'exige l'inſtitut, & non de ceux qui n'obſervent point ſes lois.

Le F. Mais ſi cette aſſociation etait

etablie ſur une doctrine auſſi parfaite ; pourquoi ſerait-elle tombée dans un ſi grand diſcrédit, & ſerait-elle en butte à une eſpèce de dériſion ? Cela ne me parait pas conſéquent.

Le M. En effet ; cela ne l'eſt point ; parce que l'on ne doit pas juger de la pureté d'un culte par l'abus qu'en font la plupart de ſes miniſtres. Le Criſtianiſme a eté, comme la Maçonerie, un ſujet de ſcandale pour les payens. Si la religion, malgré la pureté de ſa doctrine, malgré la ſainteté de ſon Auteur, malgré les prodiges qui l'ont ſignalée, ne peut eviter d'être en butte à mille contradictions de la part des infidèles ; il n'eſt pas etonant que la Société des Francs-Maçons, qui d'ailleurs ne reconait pas un Dieu pour fondateur, ait beaucoup à ſouffrir de la malignité de ſes perſécuteurs.

Le F. A merveille ; mais toujours vous voudrés bien convenir, Monſieur, que ſans faire tort à votre auguſte Confraternité, tous ſes Membres n'exhalent pas plus d'odeur de ſainteté que le reſte des homes ?

Le M. D'acord ; mais pourvu qu'ils ne ſoient pas pires que ceux-ci, qu'avés-vous à blâmer ? Un catolique, malgré la pureté de sa morale, est-il plus doux, plus humain, plus pieux, plus obligeant, moins vindicatif qu'un Chinois? Encore un coup, il ne s'agit pas de ceux qui dérogent aux principes, mais seulement de ceux qui les mettent en pratique. Je conviens que quantité de Francs-Maçons ne s'assemblent que pour se divertir, faire bande à part, & s'adonner aux plaisirs de la table; comme ceux qui entrent dans l'ordre des Bernardins, pour être libres & faire bonne chair.

Le F. J'entre assés dans vos raisons; mais le préjugé fait loi.

Le M. J'y consens: toujours est-il bien vrai que notre Société, en gènèral, n'ofre rien de contraire à la religion, à la fidèlité que l'on doit au Prince, à l'Etat, à la Patrie, rien qui répugne au bon ordre ni aux bonnes meurs: car pour le démontrer, il sufit de dire que l'on n'a jamais vu d'exemple du contraire parmi les Francs-Maçons. De plus, c'est que si leurs règles etaient bien conues & suivies à la lettre, le cœur de bien des personnes se rectifierait, leur conduite seroit plus sage, leur vie en tout plus exemplaire, leurs propos plus mènagés.

Le F. Ah, Monsieur, quelle sotise! vous aurés peine à persuader que les meurs puissent gagner quelque chose à la doctrine de cette Secte; excusés-moi le terme, c'est pour changer. Je ne pense pas qu'aucune société particulière ait la prétention de mieux enseigner la vertu que la religion elle-même, & les gens habiles qui nous en expliquent les devoirs.

Le M. Pardonnés-moi, Monsieur; tous les jours une poignée d'homes retirés, peuvent enchérir entre eux, par la pratique habituelle, sur des préceptes comuns à tous, que l'on se contente de savoir par cœur pour les citer dans l'ocasion. En effet, si les congrégations religieuses, réunies sous les diférentes banières de leurs fondateurs, nuancées des uniformes qui les distinguent, sont des asiles impénètrables au vice, des retraites sûres pour la vertu; elles ajoutent donc à la téorie des devoirs de la religion, la pratique dévote & journelle de ces mêmes devoirs.

Le F. Sans contredit; ces célibataires sont censés vivre d'une manière plus pure, avoir des meurs plus douces, une morale plus sainte, plus ortodoxe, plus régulière.

Le M. Eh bien ! pourquoi les Francs-Maçons ſeraient-ils privés d'un avantage qui dans le fait eſt le précis de leur union, dont l'objet poſitif ſera toujours l'exercice détaillé des euvres d'humanité, & l'obſervance etroite des vertus religieuſes, civiles & patriotiques ? En outre, c'eſt qu'ils concourent dans le grand tout, chacun pour leur part, & ſavent alier les obligations de l'enſemble avec leurs devoirs particuliers : rien ne contraſte dans cet arangement.

Le F. Mais pourquoi avoir recours à des lois particulières pour être gens de bien ? La morale ne ſufit-elle pas pour elever bien au-deſſus des Francs-Maçons ceux qui veulent la pratiquer ?

Le M. Cela eſt vrai ; mais cette objection, en prouvant trop, ne prouve rien. Indépendament de la morale, nous devons ſuivre ce qu'elle ordonne. Elle n'a pas inſtitué les devoirs ; elle renouvelle l'ordre de les ſuivre. La dificulté tombe donc d'elle-même, parce qu'on peut en dire autant de toutes les lois.

Le F. Il parait, Monſieur, que vous ètes un zèlé défenſeur de Meſſieurs vos Confrères.

Le M. Paſſe pour *zèlé* ; je ne puis que défendre ce qui mérite de l'être.

Je ne donne point dans l'entousiasme, & ne suis pas leur Dom-Quichotte. Ce que j'ai l'honeur de vous en dire ne m'est d'aucun intèret; & jamais je ne vous aurais parlé de cette Société, si vous ne m'eussiés pas engagé à m'ouvrir à ce sujet.

Le F. Monsieur, je vous sai bon gré de votre complaisance; car je vous avoue de bonne foi, que jusqu'ici j'ai cru que la Franc-Maçonerie n'était rien autre qu'une société de gens, qui, pour se distinguer des autres, s'assemblaient en secret; afin de pouvoir se livrer à l'aise à une conversation paisible, & aux agrémens d'une table bien servie; & qui, pour se divertir aux dépens des dupes, afectaient de posséder un secret important, pour engager le curieux à venir partager sa bourse, & payer le traiteur. Mais me voilà pleinement désabusé, depuis que j'entens que les Trônes sont afermis, que les Etats sont en sûreté, & que le Saint-Siège devient inébranlable, par la solidité de la Maçonerie qui est enseignée dans vos ecoles patriotiques.

Le M. Monsieur, Monsieur, vous me paraissés de bonne humeur. Si vous oposés la plaisanterie au raisonement, nous n'avons plus rien à dire. -- Coment donc ſerait-il poſſible qu'une Société ſi répandue, ſi nombreuſe, ſe fut conſervée depuis tant de ſiècles, ſi la ruſe & l'apas ſenſuel en euſſent eté les mobiles? Eſt-il probable que le lien qui unit tant miliers d'homes n'eut pas eté rompu & anéanti depuis long-tems, ſi le menſonge, l'hipocriſie & la débauche en étaient les reſſorts?

Le F. Voilà du péremptoire, de l'irréfragable. J'aime l'évidence.

Le M. Soyons ſincères. Serait-il vraiſemblable que des Souverains ſoufriſſent des Sociétés ſi conſidèrables, s'il exiſtait le moindre doute bien fondé par raport à leur conduite & à la droiture de leurs intentions? Serait-il même croyable que ſi la Maçonerie etait entée ſur des principes contraires à l'honêteté, au repos & au bonheur public; ſi elle avoit des vues opoſées au bon ordre gènéral, & à la pureté des meurs; ſerait-il croyable que depuis ſon établiſſement, il n'y eut pas eu des réfractaires, des homes prudens & vertueux qui euſſent publié ſes dogmes & ſon dérèglement?

Le F. Eh, Monſieur, vous m'aſſaillissés de raisonemens. Je vous en prie, laissés-moi dire un mot.

Le M. Soit.

Le F. A bon vin point d'enseigne, dit le proverbe. Pourquoi donc s'escrimer pour une chose qui parait si incontestable? Vos démonstrations sont sans réplique.

Le M. Je vous vois venir, Monsieur le Filosofe; vous n'êtes pas encore satisfait.

Le F. En tout cas, peu s'en faut. Mais je conviens, à ma honte, que c'est la force du préjugé qui l'emporte sur l'évidence.

Le M. Sincèrement?

Le F. Vrai.

Le M. Soufrés donc, Monsieur, que je vous mette au rang des Israélites, qui, par opiniâtreté & incrédulité, & malgré les prodiges de Moïse, adorèrent une idole, comme vous encensés le préjugé.

Le F. Je vous remercie du rang que vous voulés bien m'acorder; & peut-être aurais-je eu aussi quelques contestations avec le Législateur des Hébreux.

Le M. En ce cas là, Monsieur, il ne faut pas aller plus loin; car si un Mahométan y regardait de si près, il y a bel âge qu'il aurait renvoyé l'Alcoran aux calendes grèques.

Le F. Est-ce ma faute de ne pas pouvoir croire, ou de n'avoir pas les lumières pour pénètrer la vérité & la solidité de vos preuves?.

Le M. A coup sûr vous plaisantés...?

Le F. Vous y ètes, Monsieur :. il y a trop long-tems que j'abuse de votre complaisance. Il sufit que vous me rendiés un tèmoignage si favorable de votre Société, pour que je sois forcé d'en concevoir une idée avantageuse. Il sufit même que vous en soyés Membre, pour que je sois persuadé que c'est une compagnie honète, & qui ne s'amuse point à des bagatelles.

Le M. Monsieur, ce n'est pas tout-à-fait là une raison. Mais toujours, je puis sans fanatisme & sans entousiasme, vous garantir l'autenticité de la Maçonerie, sa sublimité & son utilité relative à chacun de nous. Je ne cherche point à aiguiser votre curiosité ni vos réflexions; je voudrais seulement pénètrer votre cœur de l'intime persuasion que nos emblêmes ne sont ni frivoles ni infructueux, & que notre art a un but réel, moral & filosofique.

Le F. Cela pourait bien être.

Le M. Comment !

Le F. Je dis que c'est possible.

Le M. Vous en doutés ?

Le F. Pas absolument.

Le M. Mais encore....?

Le F. *Un but moral, réel & filosofique....*

Le M. Eh bien ?

Le F. Passe pour *moral.*

Le M. Passe pour tout.

Le F. Soit.

Le M. Mais pourquoi donc toujours ce petit esprit de contradiction ? Il est permis de ne pas savoir une chose ; mais il est modeste d'en convenir, & equitable de laisser à chacun ce qui lui apartient.

Le F. O la-dessus nous sommes parfaitement d'acord ; mais un *but réel* en Franc-Maçonerie, un *but filosofique*, son *utilité*.... Je vous avoue, Monsieur, que ce n'est pas à ma portée.

Le M. Je veux bien vous croire, Monsieur ; mais si vous conaissiés nos travaux & nos occupations, vous changeriés de façon de penser.

Le F. Vos travaux ?

Le M. Nos travaux.

Le F. Vous bâtissés, sans doute ?

Le M. Vous le dites, Monsieur.

Le F. Des châteaux en Espagne ?

Le M. Non, mais dans nos cœurs.

Le F. Des châteaux dans vos cœurs...!

Le M. C'est-à-dire des temples à la vertu.

Le F. En pierres sèches?

Le M. Avec le ciment de l'union & de la sagesse; les plaisirs etant nos instrumens, & les vertus nos matériaux.

Le F. Et les vices seront sans azile?

Le M. On leur creuse des cachots.

Le F. Je vous avouerai, Monsieur, que cette architectutre est de la téologie pour moi. Ce n'est pas sans cause que vous maçonés l'été & l'hiver; vos travaux sont à l'abri de la gelée.

Le M. Oui, Monsieur, le cœur d'un bon Maçon est toujours enflamé d'amour envers son Prince, de charité pour son Frère, de tendresse pour l'humanité; & qui dit un ennemi du vice, caractèrise un Franc-Maçon.

Le F. Divine école!.... où l'on bâtit des vertus, où l'on bâtit des homes, où l'on bâtit des citoyens! O but *réel* & *moral*! précieuse utilité!

Le M. Vous avés beau dire, Monsieur, je n'en rabatrai rien, & vous ne conaissés encore que la superficie des principes moraux de la Société; car

Pour le Public un Franc-Maçon
Sera toujours un vrai problême,

Qu'on ne saurait résoudre à fond,
Qu'en devenant Maçon soi-même.

Le F. Ah, je vous entens ; ce n'est qu'alors que je serai bien instruit ; ce n'est qu'alors que mon âme sera purifiée, quand des Architectes mistiques & simboliques je conaitrai le secret & les signes.

Le M. Leurs signes ne sont rien ; pour être reconus,
Ils n'ont d'autres signaux que ceux de leurs vertus :

& le secret des Francs-Maçons est de savoir egayer la sagesse.

Le F. Egayer la sagesse.... O pour celui-là j'en suis ; c'est en effet ce que l'on peut apeler un secret. Jamais Législateur de morale n'a donné de leçons pour aprendre à egayer la sagesse. Que votre Société, Monsieur, subsiste à jamais, puisque vous savés dépouiller la morale de sa sécheresse, & l'orner des guirlandes du plaisir. Je ne suis pas surpris que MM. les Maçons goutent si fort leur doctrine, & qu'ils soient si âpres à se trouver ensemble. — *Egayer la sagesse*.... Je n'en reviens pas.

Le M. N'allés pas vous imaginer, Monsieur, que nous nous assemblions pour nous epanouir la rate. On peut s'amuser par-tout, sans se trouver dans des cercles Maçoniques : ce qui confirme encore la pureté de nos conversations & de nos amusemens ; puisque nous préferons nos assemblées paisibles aux plaisirs tumultueux & souvent corompus du reste des sociétés.

Le F. Toujours le plaisir y entre pour quelque chose ?

Le M. Puisqu'il est inséparable de nos pratiques : mais,

Sur les propos, l'honêteté,
Dans nos Loges toujours domine ;
Et si nous entrons en gaieté,
C'est la sagesse qui badine.

Le F. Cela me passe. Je ne vois pas quel peut être l'amusement qui règne dans une compagnie d'homes isolés, renfermés, guindés ; à moins que ce ne soit le jeu, le bon vin, la bonne chair, des entretiens illicites, &c.

Le M. Rien cependant n'est plus oposé à nos règlemens que ce que vous venés de dire ; ce qui vous prouve, Monsieur, que nous trouvons notre plaisir dans la pratique même de nos maximes epurées.

Le F. Il faut convenir qu'il est admirable le talent de savoir ainsi egayer la sagesse.

Le M. Admirable tant qu'il vous plaira ; mais il eſt bien certain que jamais le jeu n'eſt entré pour quelque choſe dans nos occupations ; on eſt même alors bien eloigné d'y penſer. Les plaiſirs de la table n'ont certainement pas plus de vertu dans nos Sociétés que par-tout ailleurs; & quant à la converſation, elle ne ſaurait être plus réſervée.

Le F. En ce cas, quel eſt donc le code de vos lois qui rendent votre ſageſſe ſi auſtère?

Le M. Auſtère!... Je dis ſéduiſante & aimable; car le premier de nos devoirs eſt l'homage légitime de reſpect, le juſte tribut de reconaiſſance, que l'home ne peut refuſer à l'Etre ſuprême. La ſeconde de nos obligations, eſt l'atachement inviolable au Souverain, le zèle & l'amour que tout ſujet doit à ſon légitime maître. Notre troiſième règle enfin, nous aſtreint aux devoirs réciproques de la Société. De-là cette défenſe expreſſe d'elever jamais en Loge aucune queſtion ſur la religion, d'agiter des matières de politique, ou d'egayer la converſation aux dépens du prochain.

Le F. Vos entretiens roulent donc ſur les Arts & les Sciences

Le M. Nullement.

Le F. Vous devés mourir d'ennui.

Le M. Point-du-tout.

Le F. Votre plaisir git donc dans le silence ?

Le M. Erreur.

Le F. Il s'agit donc de spéculations, d'intèrets, de méditations profondes ?

Le M. Encore moins.

Le F. Je parie que c'est la musique ?

Le M. Abus.

Le F. O, pour le coup, tout se réduit à des festins.

Le M. Préjugé.

Le F. Cela etant, je suis au bout de mon latin.

Le M. Et nous n'en sommes pas encore au bout du nôtre.

Le F. Ma foi, Monsieur, expliqués-vous donc, s'il vous plait ; car je ne vois dans vos assemblées, que gêne & contrainte afreuse.

Le M. Rien de tout cela ; & nos conversations n'en sont ni plus stériles ni moins récréatives. La liberté, vrai atribut d'un Franc-Maçon, préside à nos assemblées ; c'est elle qui assaisonne notre joie, qui embélit nos mistères, qui est la source de nos plaisirs ; mais toujours honête, toujours décente, toujours modérée, elle ne nous permet que cette volupté ſage, qui, ſans excès, ſait jouir des biens dont les ſens aiment l'uſage; & les remords, enfans de la débauche, n'empoiſonnent jamais nos amuſemens.

Le F. Aſtrée, divine Aſtrée! je vole vers tes drapeaux, je me range ſous tes etendarts; le Maçon ſeul eſt heureux, puiſqu'il ſait amalgamer la ſageſſe & le plaiſir, & faire revivre l'âge d'or. Je ſuis ravi, Monſieur, de trouver de ſi bons poëtes parmi des truelles & des maillets.

Le M. Eh! Monſieur, quand vous déferés-vous de cet eſprit à la mode, de cet eſprit ephémère, qui opoſe la plaiſanterie à la raiſon, la raillerie au bon-ſens?

Le F. Voilà ce qu'on apelle des coups de maillet bien apliqués. C'eſt peut-être là, Meſſieurs les rigoriſtes, ce que vous nommés *atouchement*? Je vous aſſure que cette pratique peut auſſi, dans le beſoin, tenir lieu de raiſon.

Le M. Allons! nous voilà quites. Cela fait toujours diverſion.

Le F. Oh, quant à moi, je ſuis ſans rancune. Je ſoufre ſeulement pour Meſſieurs vos Confrères, de ce qu'une morale ſi rigide en aparence, ſi flateuſe en effet , ait pu leur atirer la cenſure, le blâme, je dirais preſque le mépris d'un tas d'aveugles.

Le M. Encore....!

Le F. D'honeur.... je ne plaiſante pas.

Le M. Qu'importe, après tout, l'opinion de ceux qui nous ſont etrangers ? Jaloux ſeulement de l'eſtime de nos Frères, nous nous contentons de mèriter leur indulgence.

Le F. Le Public, vous le comptés donc pour rien ?

Le M. Non ; notre indulgence s'etend juſqu'à ceux même qui nous opriment & nous décrient.

Le F. C'eſt edifiant.

Le M. Tant mieux.

Le F. Il eſt vrai ; c'eſt toujours par les bienfaits que l'on ramène les injuſtes, ou que l'on confond les ingrats. Mais revenons au fait.

Le M. Au fait ?

Le F. Oui.... Laiſſons-la un peu ſe repoſer cette ſageſſe ſpéculative, cette vertu héroïque de Meſſieurs vos Frères ; elle doit être fatiguée depuis le tems que nous la balotons.

Le M. C'eſt peut-être elle qui vous laſſe ?

Le F. Pas déja tant; mais au vrai, les méditations dogmatiques dissipent en moi considérablement d'esprits animaux, & creusent des fondemens profons dans mon estomac. Je pense qu'il est tems de détremper la chaux, & d'etablir les fondations de ce temple spirituel.

Le M. Je n'ai pas bien compris.

Le F. Fort-bien; il faut s'exprimer en termes tecniques. J'entens donc, Monsieur, qu'il est à propos de faire du coulis, de piler, broyer les matériaux, de charger & aligner la baterie.

Le M. Si j'y comprens quelque chose.....

Le F. Eh bien! coment donc égayés-vous la sagesse? car je ne vous en tiens pas quite pour la téorie.

Le M. C'est insuportable..... assomant.

Le F. Mais, Monsieur, vous me l'avés promis....

Le M. Eh bien, Monsieur, sachés donc, je vous prie, une fois pour toutes, & soyés persuadé que dans les Loges Maçones, tout y respire la pureté, la candeur & la décence; qu'en y entrant, l'on est saisi d'une joie toute particulière, à la vue de la paix, de l'union, de l'amitié, des prévenances, de la droiture, de l'equité, de la douceur, de la franchise & de l'aménité qui y règnent sans fard & sans contrainte. Là, on oublie toutes ses inquiètudes, ses peines domestiques; on abandonne tout ressentiment & tout intèret personel. La prévention, l'humeur, l'esprit de primatie, n'y troublent jamais la tranquilité. On y reprend les fautes sans aigreur; on les avoue sans détour; on en reçoit la peine sans murmure. Les chefs y sont respectés; une seule parole rétablit le silence; ils sont obéis sans crainte, & sans altèrer le niveau. On prie sans bassesse; on loue sans flaterie; on reproche sans humilier. Enfin, l'âme y nage invinciblement, & comme de sa propre nature, dans une volupté tout-à-fait pure & séduisante. Et aprés nous être occupés de nos cérèmonies, de nos emblêmes, de nos alégories, qui, par leur justesse & leur singularité nous causent un plaisir charmant; aprés avoir nouri l'âme, l'esprit & le cœur des alimens qui leur conviennent, les travaux sont assés ordinairement couronnés par un banquet frugal, où règne la même décence, la même tranquilité, la même harmonie: & voilà, Monſieur, coment nous egayons la ſageſſe.

Le F. Parbleu, Monſieur, il y a long-tems que je vous atendais-là. Je l'ai toujours bien dit que l'on ſemait des graines ſur la neige pour atirer les oiſeaux.

Le M. Eh bien, Monſieur, cela vous ſurprend ?

Le F. Oh pour cela non, car j'en etais prévenu d'avance. Mais je conviens qu'il eſt fort juſte qu'aprés avoir martelé, voyagé, fatigué; aprés avoir taillé la pierre brute, & redreſſé le cœur humain, il eſt juſte, dis-je, de réparer ſes forces; car enfin toute peine mérite ſalaire.

Le M. Vous voudriés faire le docteur; mais enfin vous ſerés forcé de convenir que nos banquets ne ſont pas plus ſéduiſans parmi nous, qu'ils ne le ſont dans le civil; ce qui doit vous convaincre, Monſieur, que c'eſt la paix & l'union qui y préſident, qui nous les rendent plus flateurs. D'ailleurs, ne fut-ce qu'un apas pour atirer les homes & epurer leurs meurs, le motif en ſeroit toujours louable, & il en réſulteroit toujours d'heureuſes conſéquences.

Le F. C'eſt bien trouvé; & vous pouriés encore ajouter, Monſieur, pour votre juſtification, que....

Le M. Juſtification!

Le F. Oh je ſens bien que ce n'eſt pas là juſtement le terme.

Le M. Mais, ni celui-là ni d'autres.

Le F. A la bonne heure; toujours pourait-on encore dire que ces libations, qui en elles-mêmes ſont très-naturelles, ſervent à faire conaitre à fond le caractère des convives, à reſſerrer davantage le lien qui les unit, & à etablir une parfaite egalité; car c'eſt ſur-tout à table que les cœurs s'epanchent ſans réſerve, & que l'amitié ſe fortifie à l'aide des reſtaurans, & à l'ombre des fumées bachiques.

Le M. Toujours des expreſſions....

Le F. Oh, Monſieur, c'eſt ſans conſéquence.

Le M. Au ſurplus, ne voyons-nous pas les cérèmonies publiques & particulières, toujours ſe terminer par des feſtins? Entrons ſeulement chés les quatre mendians le jour de la ſaint François; nous verrons ſi ce n'eſt pas entre midi & vêpres qu'eſt le quart-d'heure le plus délicieux de la journée. Eh bien! dira-t'on pour cela que ces ho-

nêtes

gens ont endossé la jaquette pour fêter leur bon Patron ?

Le F. Je ne veux pas epiloguer sur la justesse de ces comparaisons ; car peut-être me reprendriés-vous aussi, si je disais en faveur de vos dignes Confrères, que les sacrifices & les cérémonies bisares & ridicules des anciens, etaient toujours suivies de libations somptueuses & souvent obscènes ; d'où il ne serait pas surprenant qu'on en eut conservé les rits & usages.

Le M. S'il falait faire atention à tous ces propos.... Coment, Monsieur, vous vous figurés bonnement que l'on se revêt du titre de Maçon, pour s'amuser & se divertir ? Vous vous figurés que des persones d'esprit, de qualité, de la première distinction ; que des persones de tous les etats les plus distingués, se feraient recevoir dans cette association, & fréquenteraient assidument les Loges, uniquement pour y trouver du plaisir & s'occuper de frivolités ? Cela ne tombe pas sous le bon-sens.

Le F. Il faut avouer que ces sortes de persones trouveraient par-tout ailleurs des divertissemens bien plus variés & plus sensuels : c'est aussi ce qui me ſait faire quelques réflexions ; car enfin ces gens de cette eſpèce font bonne chère quand ils veulent ; & ce n'eſt point là un apas pour des âmes bien nées.

Le M. J'aime à vous entendre parler raiſon.

Le F. Cependant, je à voudrais bien ſavoir....

Le M. Savoir....?

Le F. Savoir s'il y a beaucoup de ces gens de condition qui ſoient amateurs des miſtères Francs-Maçoniques ; car je ne vois guère que la nobleſſe ſoit bien ambitieuſe de porter des tabliers & de bâtir des temples.

Le M. La nobleſſe !... Vous ignorés donc, Monſieur, que la première noblesſe de l'Europe eſt initiée dans la Maçonerie ?

Le F. En voilà le premier mot.

Le M. Monſieur, je ne chercherai point à vous inſpirer plus d'eſtime pour un etabliſſement, dont la propagation ſeule fait mieux l'eloge que tout ce que je pourais dire. Néanmoins je vais vous faire part d'un incident dont nos Gaſetiers ont fait mention, mais dont ils ont ignoré le détail.

Le F. Ha, ha ; je ſerais bien aiſe de l'entendre.

Le M. Le voici : le Prince de Saxe-Gotha desirant être Franc-Maçon, fit ecrire à la Loge de Berlin, que si l'on jugeait à propos de lui députer quelques Frères pour l'initier, il ferait tous les frais du voyage, & qu'ils seraient contens de sa reconoissance.— On choisit aussi-tot set Frères capables de faire cette réception, & on les fit accompagner du Frère *Tuileur*. Ces huit Officiers fûrent reçus par le Prince, avec autant de distinction que l'auraient eté des Ambassadeurs des Têtes couronées ; & bientot il fut initié avec quelques Seigneurs de sa Cour.... Il retint les députés pendant six semaines qu'ils furent magnifiquement traités à ses frais & dépens, & leur procura tous les plaisirs dignes d'un Prince.... Lorsqu'ils prirent congé de lui, il leur fit présent à chacun d'une montre & d'une tabatière d'or, dona 25 ducats d'or au Frère *Tuileur*, & remit à l'un des Frères une bourse contenant 1700 ecus d'Alemagne, pour le fond de la Loge de Berlin.

Le F. Cette générosité etait digne d'un Prince ; & il est domage que la manie de se faire initier à vos mistères, n'ait pas encore gagné les Grands de la France.

Le M. De la France...! Il faut donc vous aprendre, Monsieur, que des Princes du Sang président à nos Loges...?

Quel titre plus brillant que celui de Maçons?

Parmi nous l'on voit des Bourbons.

Le F. Des Bourbons?

Le M. Oh! que serait-ce, si vous entendiés que des rois sont Maçons & maçonent?

Le F. Hô! de grâce laissés-moi rire... Des rois Maçons.... maçonans...!

Le M. Vous en ètes surpris?

Le F. Etrangement.

Le M. Mais vous extravagués, mon cher Monsieur....

Le F. Eh...! que je suis simple... vous parlés sans doute d'un nomé Le-Roi, bon Maçon en chaux & sable?

Le M. Il faut avoir une furieuse patience....

Le F. C'est donc tout-de-bon?

Le M. J'ai l'honeur de vous dire, Monsieur, qu'outre les Stuarts & les Princes des îles Britaniques, le Héros du nord est Grand Maître & protecteur de toutes les Loges de ses Etats.

Le F. Coment ! le roi de P. . . eſt auſſi F. Maçon ?

Le M. On voit bien, Monſieur, que vous n'avés pas lu ce couplet. . . .

On a vu de tout tems
Des Monarques, des Princes,
Et quantité de Grands,
Dans toutes les Provinces;
Pour prendre un tablier,
Quiter ſans peine leurs armes guerrières,
Et toujours ſe glorifier
D'être conus pour Frères.

Le F. Non; je ne l'avais pas encore entendu. Mais c'eſt aſſés bien verſifié.

Le M. Il ne s'agit pas de la rime.

Le F. Mais de l'imagination poétique.

Le M. O, je vous le donne pour du réel.

Le F. Ha ! ſi tout ce qui s'imprime avait le droit de bourgeoiſie. . . .

Le M. Eh bien. . . . ?

Le F. Il y aurait bien des menſonges d'acrédités.

Le M. A propos de quoi ?

Le F. Ne fut-ce qu'au ſujet des chanſons Maçoniques qui courent les rues. Coment la Société ſoufre-t'elle que l'on publie ſes himnes ?

Le M. Eh ! qu'importe à la Société que l'on conaiſſe une partie de ſes cantiques ?

Le F. Ce que j'en dis, n'eſt que pour augmenter ſa réputation.

Le M. Quel raport cela peut-il avoir avec ſa réputation ?

Le F. C'eſt qu'il ſe trouve dans ces rapſodies, des chanſons ſi fades, ſi ridicules ; que cela fait vômir.

Le M. Vous les avés donc lues ?

Le F. Il y a plus de vingt ans.

Le M. Il eſt vrai ; il y en a de ſi inſipides, de ſi mauſſades, de ſi biſares....

Le F. Et qui ſentent etonnament le jus de la vendange....

Le M. Ce ne ſont que des Maçons toujours altérés de *poudre rouge* qui ont pu rimailler de cette manière ; & cela n'influe pas ſur la conduite des vrais Architectes.

Le F. Il en eſt cependant qui m'ont paru aſſés jolies & même ſpirituelles & d'un caractère ſingulier : mais toujours de l'encens à tour de bras.

Le M. Qu'entendés-vous par ces paroles ?

Le F. J'entens que la plupart de vos cantiques ſont acompagnés de violons & de fanfares.

Le M. *Obſcurum per obſcurius.* Soyés plus clair.

Le F. Je veux dire que les Francs-Maçons se comblent d'eloges dans leurs chants, & que ces vaudevilles respirent un certain air de pédantisme, qui ne s'acorde guère avec leur modestie dont vous m'avés fait trofée en leur faveur; car, puisque vous me parlés latin, vous savés que *propria laus sordet.*

Le M. Il n'est pas permis de conclure du particulier au gènèral. La prévention de l'un ne nuit point à tous.

Le F. Oh, c'est que cette prévention me parait etendre son domaine sur toute la république Maçone.

Le M. Per quam regulam?

Le F. Au nom du grand Architecte, laissons le latin à la Sorbone; nous ne nous entendons pas déja trop bien.

Le M. Mais encore.... Pourquoi cette mauvaise opinion?

Le F. C'est que je me rapelle toujours un certain vers de ces cantiques...

Le M. Que vous apelés....?

Le F. Que j'apelle.... apelle.... un instant.... Adam à la... la, la... Ha! le voici: *Adam à sa Postèrité transmit de l'Art la conaissance, &c.* Je ne sai pas les notes: mais le fait est que si vous datés de si loin, la Maçonerie doit ètre noble à plus de 36 carats.

Le M. O, ce font des contes faits à plaisir, des enfans de la fiction.

Le F. Heureusement, me disais-je, que l'Auteur du Pentateuque n'a pas poussé son calcul plus avant; car des Frères entousiastes auraient fort bien pu raprocher leur naissance du calcul des Chinois, & antidater ainsi leurs titre d'une centaine de siècles.

Le M. Ha..... c'est pitoyable. Les F. Maçons datent, à la vérité, du comencement des tems; c'est-à-dire que l'ère Maçonique comence du moment que le cahos a eté débrouillé, que la lumière a eté séparée des ténèbres, & que le Soleil a eclairé, pour la première fois, l'inocence & l'amitié, la liberté & la justice des premiers enfans de la terre: mais le reste est insoutenable.

Le F. Vous ne me faites donc pas un crime, Monsieur, de douter d'une origine si fatigante pour la mémoire.

Le M. Coment....!

Le F. Aussi présumais-je bien que dans une compagnie si judicieuse que celle des Francs-Maçons, il n'etait pas possible qu'une telle prévention fut génèrale.

Le M. Il n'y a certainement que

des ſots qui pouraient ſoutenir une pareille chimère,

Le F. Eh bien, Monſieur, il ſe trouve pourtant des Maçons aſſés complaiſans pour croire qu'Adam ſoit le premier qui ait fait uſage du maillet, mais à rebours. Ils prétendent que dans le jardin d'Eden il avait une loge bien couverte de feuillages, placée entre deux arbres qui tenaient lieu de colonnes : que là il enfermait le Récipiendaire dans un cabinet obſcur, garni non d'une tenture noire ; en quoi, diſent-ils, on déroge aujourd'hui à l'inſtitut, de même que dans les voyages, que le premier Maître ne faiſait faire que d'Orient en Occident, & *vice verſâ.* Ils prétendent encore que le premier des Frères qu'il reçut Maçon, etait Caïn ; & que c'eſt de-là que nâquit l'uſage du calice & de l'epreuve par le ſang, ainſi que des ſignes, mots & atouchemens : ce qui fit eclore, continuent-ils, le chef-d'euvre de la Maitriſe. Ils ajoutent que leur fondateur, après s'être perfectioné dans la Maçonerie, ſe fit un tablier avec des branches de figuier ; & que le Chérubin, au glaive flamboyant, oficiait en qualité de Frère terrible à la porte du jardin, ainsi que l'on en a conservé la métode.

Le M. Vous voyés bien, Monsieur, que ce fatras est dénué de bon-sens, & qu'il n'y a que des têtes chaudes qui puissent avoir cousu ces lambeaux. Nos alégories se soutiennent d'un bout à l'autre, & leurs aplications ne se laissent pas tirer par les cheveux. Y a-t'il quelque chose de plus pitoyable & de plus burlesque, que de dire que le père des homes ait tenu des Loges de F. Maçons?

Le F. En effet, nos premiers parens se contentaient de leurs cabanes, & etaient trop modestes pour aspirer à la gloire de construire des châteaux & de bâtir des temples & des chapelles.

Le M. Des....?

Le F. Je veux dire des Loges.

Le M. Il n'est pas question de gloire ni d'ambition.

Le F. C'est vrai. Mais en outre, c'est qu'ils n'auraient pas pu couroner leurs travaux; n'ayant pas encore l'art d'exprimer le suc de la treille. Il serait plus raisonable de regarder Noé come le premier fabricateur de Loges; car il avait le talent de faire des toneaux.

Le M. Eh bien, c'est précisément encore là une de ces origines fantastiques, que quelques poëtes ont atribuée à la Maçonerie.

Le F. Bon....!

Le M. En conscience.

Le F. Parbleu ! je devine bien juste.

Le M. Ha, vous l'aviés sans doute entendu dire quelque part?

Le F. Non vraiment; je n'en ai nulle idée.

Le M. Vous ne l'avés jamais lu?

Le F. Je n'en ai point de souvenir.

Le M: Cherchés dans le recueil de cantiques....

Le F. Oh je ne crois pas.... Mais... ha, ha! il est dix heures passé.... L'on m'atend.

Le M. Il n'est pas tard: encore un instant.....

Le F. C'est que.... Hé bien, en ce cas voyons...? Dans les cantiques...? Ah...! je le tiens... Un moment. *Noé*... *é*.... *é*.... *Noé*.... Parbleu! je l'ai sur le bout de la langue....

Le M. Ha! ha! ha!...

Le F. Aidés-moi donc, je vous prie, si vous le savés...! Ah!... cela me vient comme un coup de pistolet. Tenés: *Noé, Maçon, çon... çon...* Le voici: *Noé, Maçon très-vènèrable, &c.*

Le M. Je vous l'avais bien dit, Monsieur, que vous l'aviés lu....

Le F. J'aurais bien parié mile fois le contraire. Mais; je n'en reviens pas, d'aler faire acoucher la Maçonerie au milieu des animaux renfermés dans l'arche....

Le M. Non : c'est avant que les cataractes du ciel ne s'ouvrissent, que les poëtes feignent qu'est né l'art Maçonique.

Le F. Ha, cela me parait plus naturel; car, s'il n'eut pas eté Maçon, coment le patriarche aurait-il pu construire son bâtiment? Au surplus, il me semble qu'il y a beaucoup de poésie dans le sistème de la vènèrable Confrérie.

Le M. Il y a des fictions dans les vaudeviles : mais les poëtes n'ont imaginé cette origine, que parce que l'arche est le simbole de l'âme agitée sur la mer des passions; & que c'est au déluge des vices qu'il faut echaper.

Le F. Quelles frases *rocailleuses*! — Voilà donc pourquoi ils ont fait de l'arche le berceau de la Maçonerie?

Le M. Il y a aparence : car ceux qui prétendraient y trouver de la réalité, mériteraient au-moins le nom de visionaires.

Le F. Il y en a pourtant qui soutiennent que ce fut à sa qualité de Maçon, que Noé dut le privilège de voir les flots vengeurs epargner son vaisseau. Quant à moi, je ne jurerais pas du contraire.

Le M. Fable toute pure.

Le F. Vous voyés bien que je plaisante.... Mais en effet, quel avantage pour les Maçons, d'evoquer les ombres des anciens patriarches, & d'aler fouiller dans les premiers tombeaux de l'univers, pour doner, du prix à leur origine? Car si leur Société n'a pour but que la félicité des homes; pourquoi chercher ailleurs que dans son propre fonds, un mérite qui fait son essence, & que ne peuvent lui comuniquer les cendres les plus antiques, ni les monumens les plus obscurs?

Le M. C'est vrai : tout ce qui est bon n'a que faire de secours etranger.

Le F. De plus; c'est que si la Société même etait quelque chose de préjudiciable à l'home, tirerait-elle plus de lustre & d'avantage, d'avoir existé depuis des tems immémorials, & trouverait-elle sa justification dans un pareil témoignage?

Le M. Non sans doute : mais toujours

est-il vrai que l'origine des Francs-Maçons n'est pas de ces origines suspectes, & auxquelles on peut reprocher le défaut d'ancienneté; car si ce titre seul en constituait le mérite, il en est peu qui pouraient le lui disputer.

Le F. Je le crois bien; s'ils vont puiser leurs pancartes, dans les eaux du déluge, il est peu de familles qui voulussent les suivre.

Le M. Oh laissons là toutes ces sources fabuleuses, & d'*Adam*, & de *Noé*, & de *Moïse*, & d'*Enoch*, & d'*Abraham*: cela n'a pas le sens-comun.

Le F. A la bonne heure: enjambons, sautons à piés joints sur tous les fils de Noé; car je vois d'avance où vous voulés en venir.

Le M. Moi? . . . Je crois, Monsieur, que vous ètes dans l'erreur.

Le F. Enfin, où cette Confrérie a-t'elle donc eté batisée du singulier titre de *Franc-Maçonerie*?

Le M. Singulier titre. . . ? Cette dénomination ne saurait ètre plus exacte.

Le F. Mais encore. . . . ?

Le M. Eh bien, Monsieur, quand vous sauriés qu'elle est analogue à la batisse du Temple de Jerusalem? . . . .

Le F. Ne l'ai-je pas bien dit.... ?

Le M. Que.... ?

Le F. Que cela a ait en venir au fameux temple des Juifs.

Le M. Quelle conſéquence, Monſieur, tirés-vous de là ?

Le F. La conſéquence, que c'eſt en Egipte que les Francs-Maçons prétendent avoir reçu le jour.

Le M. Erreur groſſière....

Le F. Vous voulés me faire un miſtère, Monſieur, de ce que je ſai depuis long-tems.... ?

Le M. Point-du-tout; mais c'eſt qu'il n'y a rien de plus faux.

Le F. Ha ! Il y a 10 ans & plus, qu'un de mes amis m'a certifié que les Francs-Maçons croyent dur come fer, que leur Société a eté engendrée dans la ſouche des ouvriers du temple de Salomon.

Le M. Abſurdité des plus grandes...

Le F. Ce n'eſt pas là l'opinion gènèrale.... ?

Le M. Pour gènèrale, non; mais les trois-quarts des Maçons ont, à la vèrité, la bonne foi de croire à de pareilles chimères.

Le F. Mais ſi c'eſt en Loge qu'ils ſucent ces principes.... ?

Le M. Mais s'ils prennent le crépuſcule pour le ſoleil; les alégories pour la réalité : à qui la faute ?

Le F. C'eſt la vôtre, ſi vous bercés les proſélites de ces hiſtoires controuvées.

Le M. Fide, ſed cui vide.

Le F. C'eſt juſte ; il faut conaître avant de ſe livrer : mais pourquoi tant de précautions, quand l'on n'a rien d'important à dire?

Le M. Que fait-on, quand l'ecolier veut en ſavoir plus que le maître ?

Le F. On lui donne un petit coup de maillet pour le mettre à la raiſon.

Le M. Eh bien, Monſieur, c'eſt la monaie de votre piéce.

Le F. C'eſt bien fait : mais tout en bataillant, nous nous ecartons du ſujet ; & il n'eſt pas encore décidé d'où provient le nom original de Franc-Maçonerie.

Le M. Original....?

Le F. Je veux dire, originairement : & au vrai c'eſt un ſubſtantif bien groſſier, une epitète bien vague.

Le M. Pas tant, Monſieur, que vous le penſés. Elever un edifice, n'eſt-ce pas l'atribut de cette eſpèce d'artiſans conus ſous le nom de Maçons? Or, nous en elevons un moral ; nous batiſſons un temple à l'amitié : c'eſt donc une alégorie, & le titre de Maçon exprime notre ouvrage.

Le F. J'ai toujours bien penſé que cette dénomination ne pouvoit être qu'alégorique.

Le M. Vous aviés raiſon, Monſieur ; & chés nous, tout eſt emblématique, juſqu'au nom même que nous portons, lequel ne doit pas être pris dans un ſens litèral, mécanique, groſſier & matériel : il déſigne proprement des *Ouvriers de paix*, des Architectes ſimboliques, qui ſur les débris des vices, dreſſent, batiſſent, conſtruiſent des autels à la vertu.

Le F. En effet, il me ſemble que tout eſt emblématique chés eux. Ils ſavent à merveille donner du prix & de l'eclat à ce qui en parait le moins ſuſceptible.... Cependant cette architecture me plairait aſſés, en ce qu'elle n'eſt pas fort-diſpendieuſe : & c'eſt peut-être là la raiſon pour laquelle ils ſe qualifient de Maçons *Francs* ?

Le M. Monſieur :

Chés nous l'Architecture
Se borne au cœur humain,
Et la ſimple nature
En fournit le deſſein ;

L'honeur, le sentiment,
En sont le fondement.

Cette qualification de *Francs* que se donnent les Maçons, est très-juste, puisque leurs travaux sont purement téoriques, & que leur mécanique n'est qu'ouvrage de spéculation ; atendu qu'ils rétablissent sans frais & en liberté.

Le F. C'est assurément très-génèreux de leur part de travailler à si bon compte ; & je vois clairement que le corps d'une pareille maitrise n'a besoin ni de jurés ni de sindics. Mais toujours, pourquoi cet atirail grotesque d'ustensiles & d'outils de maneuvres ?

Le M. Ces instrumens que nous portons pour devise, sont l'emblème de la simplicité de notre etat ; ils sont le simbole de l'architecte qui travaille à la construction spirituelle du sanctuaire de la vertu & de la paix, pour ètre parfaitement unis.

Le F. Moi, j'ai cru qu'ils vous servaient pour bâtir des petites-maisons aux vétèrans de la respectable compagnie ?

Le M. Si cela avoit lieu, on serait trop equitable, Monsieur, pour ne pas vous en acorder la préférence.

Le F. Voilà du *franc*-parler, de la *Franche*-Maçonerie. Mais pardon, Monsieur; je n'entens par là que des maisons peu ſpatieuſes, & analogues à la modeſtie de Meſſieurs vos Frères: d'ailleurs, la préfèrence de l'un ne nuirait point aux droits des autres.

Le M. Il parait, Monſieur, que la vèrité vous bleſſe; mais vous voudrés bien ſavoir que les Maçons, en décorant leur nom de l'adjectif *Franc*, anoncent que dans tous les cas ils ſont voués à la vèrité, & que la ſincèrité & la droiture doivent ètre leurs premières vertus.

Le F. Je ſuis perſuadé, Monſieur, & bien mieux, convaincu de cette franchiſe: mais quant à toutes ces vertus, je ſai auſſi que le faſte & l'etalage ſont ſouvent près du néant.

Le M. J'en demeure d'acord: toujours eſt-il indubitable que les qualités caractèriſtiques du bon Maçon, ſont eſſentiellement celles de tout home vrai, exemt de préjugés & de prévention.

Le F. Cela me parait un peu haſardé.

Le M. Haſardé....?

Le F. Oui; car j'ai peine à me figurer que la prévention & le préjugé ſoient ſans empire ſur leur eſprit.

Le M. Pour quelle raiſon, s'il vous plait ?

Le F. Hé, Monſieur, vous la ſavés mieux que moi, la raiſon. Eſt-il probable que la prévention & le préjugé ne ſe jouent point des Maçons; eux qui croient deſcendre en ligne directe des ouvriers du temple, & qui ſe glorifient d'une généalogie ſi chimérique ?

Le M. Coment, Monſieur, vous en ètes encore logé là ? N'ai-je pas eu l'honeur de vous dire que cette opinion n'eſt qu'un fantôme, & qu'elle doit ſubir le ſort des autres hipotèſes.

Le F. Enfin, ſi la naiſſance de cette ſociété eſt ſi equivoque; il ſera permis au-moins de révoquer en doute la réalité de ſes travaux.

Le M. Inconſéquence. Une montre peut être excellente, ſans que l'on ſache ſi elle a eté fabriquée à Paris ou à Londres.

Le F. Toutefois, ce ſiſtème touchant l'origine de la Maçonerie, ne doit pas exiſter ſans quelque fondement ?

Le M. Il eſt vrai que, l'on a pu être induit à cette mépriſe, en donant pour ſource à la Maçonerie, l'epoque de la bâtiſſe du Temple, par la conſtante obſervance de tous les actes relatifs à cette opèration, & que les

Maçons continuent de maintenir par une perpétuité d'emblèmes, en subſtituant ſeulement les ſpéculations téoriques aux uſages mécaniques.

Le F. Je ne ſuis guère plus avancé que tout-à-l'heure; car je n'entens goute aux paraboles.

Le M. Je crois cependant que je ne ſui pas enigmatique; mais enfin je ne me fais pas un ſcrupule de vous dire, Monſieur, que le Temple de Jéruſalem, ayant eté un chef-d'euvre dans ſon tems, eſt l'emblème de la Maçonerie, le voile dont elle couvre ſes miſtères; que la liturgie & le coſtume des inaugurations ſimboliques, fûrent rédigés toujours dans l'analogie de ce Temple & de ſes ouvriers; & que tout ce qui ſe pratique en Loge, a trait à ce fameux edifice.

Le F. Salomon n'etait-il pas peut-être auſſi Franc-Maçon?

Le M. Il etait aſſés ſage pour l'être, & aſſés bon architecte pour eriger un ſanctuaire au vrai Dieu: mais celui qui a dit que

Le pacifique Salomon
Avait, de ſon tems, l'avantage
D'être des homes le plus ſage
Et le plus excellent Maçon;

N'entendait pas, ſans doute, que ce grand roi eut jamais porté de tablier, ni tenu Loge avec ſes ouvriers; quoiqu'en diſe encore un poëte plus hardi :

Salomon bâtiſſant ſon Temple,
Inſtitua les Francs-Maçons :
Nous ſomes donc ſes nouriſſons,
Puiſque nous ſuivons ſon exemple.

Le F. Je ſuis aſſés de votre ſentiment: mais ſans être vènèrable de Loge, le fils de David aurait fort-bien pu mettre la main à l'euvre; puiſque le grand Architecte n'a pas fait dificulté de ſe joindre aux Maçons de l'ancienne Loi.

Le M. Coment entendés-vous cela, Monſieur?

Le F. Dieu, dans les Livres ſacrés, n'eſt-il pas déſigné une truelle à la main, comandant du haut des murs de la ſainte Sion, préſidant aux ouvrages, aſſemblant les pierres, & les liant avec le ciment deſtiné à les unir?

Le M. Eh bien, Monſieur, ces expreſſions métaforiques ſont par raport au ſens qu'elles renferment, ce qu'eſt le Temple de Jéruſalem relativement à l'eſſence de l'Art-Royal.

Le F. De l'Art-Royal...?

Le M. Ou de la Maçonerie.

Le F. Voilà du nouveau : depuis

quand, s'il vous plait, le métier de la Maçonerie est-il patenté d'art royal ?

Le M. C'est un surnom, Monsieur, qui lui est annexé depuis sa tendre naissance.

Le F. Possessio valet, dit la Loi : & il serait trop dangereux de fouiller dans la poussière des archives Franc-Maçoniques, pour vérifier ses chartres & ses qualités.

Le M. Vous avés raison, Monsieur ; car vous y perdriés trop vite votre latin.

Le F. Surtout, si les diplômes remontent aux tems d'Israël.

Le M. Efectivement, ils pouraient fort-bien y remonter ; car le Temple ayant eté imaginé & construit sous un très-grand roi qui présidait aux travaux, les dirigeait, & déployait en cette occasion toute sa magnificence ; l'architecture dont on ne cite aucun monument avant cette epoque, pourait bien lui avoir, de ce fait, aquis le nom *d'Art-Royal*.

Le F. Cela me parait vraisemblable.

Le M. Toujours est-il vrai, que si l'on envisage les Maçons comme une société d'homes protégés par diférens Souverains, & sous plusieurs règnes, leur *Art* n'en poura pas moins être apelé *Royal* ; d'après la faveur particulière acordée par des têtes couronées, à ceux qui en obſervaient les pratiques & les alégories.

Le F. En ce cas, paſſe donc pour Art-Royal ; car au bout du compte, il eſt naturel que les gens qui ont diférens pères, portent diférens noms.

Le M. Toutes ces ſources hipotétiques ne ſont rien moins que raiſonables ; il n'y a que le Temple & ce qui avait raport à ſa bâtiſſe, qui figure dans la ſcience Maçonique : tout le reſte eſt abſurde.

Le F. Cela poſé, il me ſemble qu'il n'y aurait qu'à ouvrir le livre des Rois, & y lire la conſtruction de cet antique edifice, pour être un bon architecte ſimbolique : & alors que deviendront les cérémonies d'inauguration ?

Le M. Ainſi raiſonnent ceux qui n'aperçoivent que les ſurfaces, & qui ſe figurent qu'il ſufit d'avoir des inſtrumens & un bon modèle pour être bon ouvrier.

Le F. Rétorquer n'eſt pas répondre ; & pourquoi du miſtère dans des choſes que chacun eſt à même de lire à ſon aiſe, s'il etait curieux de conaître les dimenſions d'un antique monument ruiné ?

Le M. Chacun, à la vèrité, peut ouvrir l'ancien Testament; mais il n'y trouverà qu'une petite partie de la charpente de l'Art-Royal; atendu que tout ce qui etait nécessaire pour achever l'epure de la Franc-Maçonerie a eté suplée par les Instituteurs, au Temple de Jérusalem, pour en former une alégorie complette & suivie.

Le F. Quelle idée pitoresque, d'aller déterrer dans les décombres d'une vieille eglise, l'emblême d'une architecture moderne!

Le M. Le çoloris de la fiction prête des grâces à la vèrité; & aparemment que les détails de cet edifice etaient analogues ou susceptibles d'être apliqués aux difèrens objets qui devaient composer le sistème Maçonique.

Le F. Il faut convenir que cette analogie s'est rencontrée fort-heureusement; & je ne suis plus surpris que les trois-quarts des Maçons soient induits en erreur sur leur origine, par l'exacte ressemblance des pratiques de leur Art avec le Temple de la sainte Cité.

Le M. Il n'y a pas non plus lieu d'en être etoné; puisqu'ils n'ont que la routine des préceptes Maçoniques, &

qu'ils n'ont point l'intelligence des emblêmes, quoiqu'ils les ayent journellement ſous les yeux. Ils reſſemblent en cela à ces peintres qui copient un tableau ſans en conaître le ſujet hiſtorique ; ou à ces enfans qui récitent des fables de la Fontaine, ſans en ſaiſir l'aplication ni la fineſſe.

Le F. Vous jugés donc, Monſieur, en dernier reſſort, que le ſage Salomon n'eſt pas le fondateur de l'Art-Royal ?

Le M. La plaiſante demande ! Y a-t'il la moindre probabilité pour ſoutenir une pareille aſſertion ?

Le F. Mais ce raport conſtant de vos emblêmes avec ce Temple ſuperbe, n'eſt-il pas une probabilité bien grande que vos chers Confrères ſont les dépoſitaires des plans, devis, détails & décomptes de ce reſpectable monument, & qu'ils travaillent aux moyens de le reconſtruire ?

Le M. Froide ſaillie ; mauvaiſe Logique, à laquelle, Monſieur, vous voudrés bien me diſpenſer de rèpondre.

Le F. Oh, volontiers : mais j'ai peine de voir rayer des faſtes de la Maçonerie une origine ſi reſpectable ; & ce, en faveur de votre décision, & contre l'opinion presque gènerale.

Le M. Je vous suis très-redevable, Monsieur, de la part que voulés y prendre; mais laissons toutes ces origines factices se morfondre dans la rouille des tems.

Le F. C'est cependant bien domage d'être obligé de récuser un roi si versé dans les sciences ocultes, pour auteur de l'Art-Royal.

Le M. En effet, il est très-douloureux d'être forcé de se restraindre à une epoque plus moderne.

Le F. Rien de plus vrai; car la vanité etablit pour maxime que plus on date de loin, plus l'on prouve de grandeur & de mèrite.

Le M. La vertu s'anoblit par elle-même, & la science des Maçons n'a que faire de parchemins pour paraître avec eclat.

Le F. Toujours de froides episodes. Quand il faut se parfumer si souvent, il y a lieu de craindre que l'on n'exhale pas une trop bonne odeur.

Le M. Si vous jugés des autres par vous-même, cela n'est point equitable.

Le F. Equitable, Monsieur, tant qu'il vous plaira; mais l'on diroit qu'il n'y a que les Maçons qui ayent le privilège exclusif de sermoner au genre-humain.

Le M. Non pas, s'il vous plait ; ce talent est réservé aux *Bourdaloue* & aux *Massillon* ; & les autres prêchent d'exemple.

Le F. C'est-à-dire que les F. Maçons seuls ont le secret d'atacher, de persuader, d'epurer le cœur, de coriger les homes, & de les instruire sans les ennuyer ?

Le M. Pourquoi pas ? s'ils joignent à leurs instructions la sage volupté... De tout tems, sans contredit, des homes ont prêché les homes, sans succès ; mais avant de haranguer les autres, etaient-ils homes eux-mêmes ?

Le F. Oh ! Monsieur, vous en demandés trop : cette marchandise etait déja rare du tems de Diogène.

Le M. Puisqu'il en cherchait en plein midi : mais aujourdui il en trouverait à nuit fermée.

Le F. Voilà du mistique.

Le M. Faites-moi la grâce d'ecouter cette apostrofe ; & le mistère disparaitra. . . .

La lanterne à la main,
En plein jour dans Athène,
Tu cherchais un humain,
Sévère Diogène.

De tous tant que nous ſomes
Viſite les maiſons ;
Tu trouveras des homes
Dans les vrais Francs-Maçons.

Le F. Ha, ha ! voilà qui groupe à merveille. J'ai bien fait de mettre en jeu le filoſofe cinique.

Le M. Ce couplet m'eſt venu en mèmoire fort à propos.

Le F. Oui ; car il eſt bon pour le diſcours.

Le M. Atendu qu'il eſt fait d'après nature.

Le F. Et d'après les règles de la poéſie.

Le M. Tant qu'il vous plaira, Monſieur ; je ne veux pas ètre un froid apologiſte.

Le F. Vous terminés, Monſieur, fort à point ; car vous ſavés qu'en filoſofie, l'autorité ne fait pas loi.

Le M. D'acord.

Le F. Oui.... Mais je remarque come la converſation eſt prolixe & divergeante. Il n'y a qu'un demi-quart-d'heure que nous etions à Jéruſalem ; & voilà que la vertu nous a egarés dans les rues d'Athène.

Le M. Je vous reprocherai à mon tour, Monſieur, d'ètre parabolique ;

car il ne me ſouvient pas d'avoir jamais eté à Jéruſalem.

Le F. N'etions-nous pas ſur l'emplacement du Temple, pour y déterrer la ſource de l'Art trois fois Royal?

Le M. Hé! laiſſons-là les *Salomonites*, & leurs triſayeux dix fois triſayeux.

Le F. Mais, Monſieur, ſi vous les congédiés ainſi; la Société Maçone n'aurait donc ni père ni mère?

Le M. Oh, ſi *les enfans de la veuve* cherchent leur Maître dans le paradis terreſtre, dans le déluge univerſel, & dans les décombres du Nord, ils auront de quoi fouiller, pour ariver entre les deux bras de la Seine.

Le F. Voilà un ſtile bien Maçonique... O pauvres *Adamites*, pauvres *Noachites*, pauvres *Salomonites*; vous voici rangés dans la même catégorie!

Le M. Hélas, oui; & rangés bien loin des cendres de leur auguſte Père.

Le F. Voilà donc trois nobles origines de la Maçonerie, ſublimées dans le creuſet de la filoſofie....

Le M. Ha, ha, ha!

Le F. Qu'y a-t'il là, s'il vous plait, de riſible?

Le M. C'eſt que ſi l'on purgeait de même toutes les grandes maiſons par la ſublimation filoſofique, il ſe volatiliſerait bien des exploits d'ancêtres au foyer de l'alambic, avant d'ariver au plus pur métal.

Le F. Vous me prénés, ſans doute, Monſieur, pour un habile chimiſte; mais c'eſt me parler Siriaç par hiéroglifes.

Le M. Je n'avais donc pas tort de rire; car vous n'auriés ſu, tout-à-l'heure, rencontrer d'expreſſion plus heureuſe relativement au ſujet dont il s'agit.

Le F. Eh, coment l'entendés-vous, Monſieur?

Le M. Je veux dire par là, que quantité de Maçons prétendent que leur Art dérive en effet des premiers Scrutateurs. des opèrations ſecretres de la nature; & que leurs travaux conſiſtent dans l'extraction & la combinaiſon du ſel, du ſoufre & du mercure, pour ariver, au moyen du feu central, à la découverte de la terre précieuſe & incorruptible.

Le F. Il ne manquait plus que cela pour m'alambiquer l'eſprit. Voilà une explication qui certainement m'avance beaucoup....

Le M. On ne peut cependant rien de

plus clair ; ſur-tout ſi j'y ajoute ces quatre lignes....

A l'Art Royal, pleins d'une noble ardeur,
Ainſi qu'à ſes ſecrets rendons homage :
Tout bon Maçon les garde dans le cœur ;
Et de l'ancienne Loge il eſt le gage.

Le F. Encore de la verſification....! Il ne falait plus que l'apocalipſe aux rêveries de *Mallebranche* ; car les poëtes & les peintres figurent très-bien enſemble : il ne manquerait plus qu'un muſicien.

Le M. Hé, Monſieur, votre embaras tient bien lieu de muſique ; & prenés garde de faire vous-même le *trio*, ſi vous ne ſéparés pas mieux le *pur* d'avec l'*impur*, en ſaiſiſſant l'eſprit ſpécifique renfermé dans l'humide radical.

Le F. En vèrité, il me faudrait la *clavicule* de Salomon, pour comprendre cette cabale. Nous avons donc juré de ne pas nous entendre ?

Le M. Puiſque vous me pouſſés ſi fort à bout, je vous dirai naivement, Monſieur, que nombre de Francs-Maçons ſe perſuadent que l'Art-Royal a pour auteurs les Filoſofes inconus, & que leurs ſpéculations roulent ſur la ſcience Hermétique.

Le F. C'est-à-dire aparamment, qu'ils cachent hermétiquement leur secret aux yeux du Public ?

Le M. Point-du-tout : cela signifie qu'ils marchent sur les traces du Filosofe Hermès, en s'apliquant à la découverte du grand-euvre.

Le F. Oh ! celui-là est impayable.... Voilà donc des Maçons devenus alchimistes.

Le M. Oui ; & c'est assurèment là une origine, sinon la vraie, du-moins une des plus vraisemblables de la Maconerie.

Le F. Il faut avouer que l'on prête bien des généalogies fabuleuses à la cèlèbre Congrégation Maçonique ; car en voilà déja je ne sai combien, que vous placés au rang des métamorfoses d'Ovide.

Le M. Il faut avouer aussi que le berceau des sociétés est environé de bien des hipotèses obscures ; sur-tout quand l'epoque de leur origine reporte à des tems dont les vestiges sont presqu'efacés.

Le F. Voilà ce que c'est de vouloir porter plus haut que son état ; on est souvent obligé de remonter sur l'âne.

Le M. Cependant on ne saurait disconvenir de la probabilité de la ſcience oculte relativement à l'origine de la Franc-Maçonerie : & ſi c'etait là le but réel de la Société, il eſt ſûr qu'il en réſulterait auſſi des avantages conſidèrables pour le genre-humain.

Le F. Certainement l'or vaut aumoins les débris d'une vieille egliſe : mais je crains fort que toute la ſcience des Francs-Maçons ne ſe réduiſe à fondre du plomb, & à tranſmuer leur bourſe en fumée & en vapeur.

Le M. Monſieur, vous avés toujours des craintes mal fondées.

Le F. Hélas ! c'eſt que l'on m'a apris en Fiſique que le premier ſoin des chercheurs de pierre filoſofale, etait de *laborare*, qu'en ſecond lieu c'etait de *mentiri*, & que pour récompenſe ils alaient droit à l'hopital.

Le M. Les découvertes que l'on a faites depuis quelque tems, prevalent aujourdui ſur ce préjugé ; car quoique la tranſmutation des métaux ſoit peut-ètre encore un problême, toujours n'eſt-elle plus une equivoque.

Le F. Je conviens que l'on en eſt un peu revenu ſur le compte de MM. les alchimiſtes ; mais je préſume qu'il reſte encore bien du charbon à brûler.

Le M. Pas un boisseau, dit-on : le problême est réduit en equation ; l'on a dégagé l'inconue ; il ne s'agit plus que d'en extraire la racine.

Le F. En ce cas, *algébrisons* d'ici à ce que l'on voye eclore cette poudre divine dans le sein de l'Art-Royal.

Le M. Je ne prétens pas fixer inviolablement cette opinion : mais par un examen sérieux de tous les objets de détail morcelés dans les diverses pratiques de la Maçonerie, & par l'exposé d'une partie de ses emblêmes, on aura pu soupçoner que la science d'Hermès est l'origine & le but des Francs-Maçons.

Le F. Je voudrais bien savoir pourquoi l'on prête toujours des visions à une Société si judicieuse, dont l'unique objet est de faire des homes, plutot que de transmuer l'etain & le cuivre.

Le M. Ce préjugé n'existe pourtant pas sans quelque fondement ; atendu que la marche des premiers grades, la forme des Loges, la distribution intèrieure du Temple, les calculs mistèrieux, les veux de l'association, les règlemens gènèraux, la pratique de la vertu, & le secret si fort recomandé, ont concouru à faire ſoupçoner que les premiers homes qui *s'*aſſemblèrent, ſous le titre de Maçons, méditaient une euvre analogue à la ſageſſe & à l'habileté du pieux Monarque ſi verſé dans les combinaiſons ocultes de la nature.

Le F. Il y a donc auſſi une confédèration entre les alchimiſtes?

Le M. Oui, Monſieur; & leurs cèrèmonies d'initiation ont beaucoup de raport avec celles de la Maçonerie.

Le F. Mais s'il y a tant d'analogie, que ne vous mariés-vous enſemble? L'un purifierait les meurs, l'autre les métaux; & cela ferait, à mon avis, une bonne ſucceſſion pour les héritiers de votre famille.

Le M. Les travaux réciproques ſont trop incompatibles; & d'ailleurs le but d'une aſſociation n'eſt pas celui de l'autre.

Le F. Il ne s'agirait donc plus que de ſavoir qui des deux ſectaires a calqué ſur l'autre ſes formules d'inauguration:

Le M. Ceux qui ont apris à ſaiſir l'eſprit des emblêmes Maçoniques, peuvent juger avec evidence, que les pratiques de l'Art-Royal apartiennent en propre aux Francs-Maçons.

Le F. Mais pourquoi des homes dévoués à la recherche des vèrités naturelles, vont-ils créer une société mistèrieuse & faire des réceptions simboliques, pour couvrir des vues qui n'ont rien de répréhensible? car vous savés, Monsieur, que les enigmes sont les armes des fourbes, & l'apas des simples.

Le M. La raison en est peut-être, que ces filosofes sentirent le besoin de secours & celui de l'amitié; mais qu'ils sentirent encore plus la nècessité de cacher leur travail sous des emblêmes, dont les relations extèrieures n'ofrant que des idées religieuses, servissent d'essais au genre d'esprit, de capacité & d'aptitude dont il falait que les enfans de la science fussent pourvus.

Le F. Ils craignaient peut-être encore davantage d'être l'objet de la plaisanterie du public, qui couvre d'un vernis de ridicule les entousiates qui cherchent la recette pour composer de l'or.

Le M. Ils peuvent avoir eu bien des motifs pour eviter d'être en bute aux ataques du préjugé: car combien de fois, victimes de leurs laborieuses etudes, ne furent-ils pas immolés à l'envie & à la jalousie de leurs persécuteurs....!

Le F. Il eſt aiſé de concevoir qu'il ne ſerait pas à propos de ſe glorifier d'une pareille découverte; car je crois que l'on ſerait diſpenſé de faire uſage de ſa compoſition.

Le M. Cela vous prouve donc, Monſieur, combien il eſt prudent d'etudier en ſecret la marche de la nature, & de ſe mettre en garde contre la ſurpriſe dans l'admiſſion des candidats.

Le F. A la bonne heure: mais toujours eſt-ce une vanité bien dangereuſe de vouloir trouver cette pierre; car de quel avantage ſerait-elle pour l'humanité. Au-contraire, une pareille découverte ſerait un fléau pour le genre-humain: il diſſoudrait les liens de la ſociété & bouleverſerait tous les Etats.

Le M. Il eſt vrai que les choſes n'ont de valeur qu'à proportion de leur rareté: & ſi tout le monde avait des tones d'or, ils ne ſeraient pas ſi riches que le payſan qui a un ſac de farine.

Le F. Cependant, il faut convenir que l'ambition de découvrir ce miſtère de la nature, a ocaſioné des recherches, qui en chemin faiſant, ont beaucoup contribué à la perfection des arts: & peut-être les Francs-Maçons gagneraient-ils à juſtifier aux yeux du Public, que l'objet de leur association est l'etude de la fisique oculte.

Le M. L'Art-Royal ne cherche ni à gagner ni à perdre, ni à donner l'echange au Public. Les Maçons se contentent de la paix & de l'amitié qui sont leur apanage, & ils se disent avec une joie secrette:

Le monde est curieux
De savoir nos ouvrages;
Mais tous nos envieux
N'en seront pas plus sages.

Le F. Oui, oui, vous chassés les mouches; mais toujours estimerait-on beaucoup plus des homes que l'on saurait apliqués à des spéculations savantes, fussent-elles même fausses, que de les voir livrés à des cèrèmonies, qui font regarder les Loges plutot come une assemblée de gens oisifs, que come un laboratoire de citoyens utiles, dévoués à la recherche des trésors de la nature.

Le M. Abus, erreur. Les Maçons font beaucoup de cas de l'estime du Public; mais ils ne l'acheteront pas au prix du mensonge, & au détriment de leur tranquilité. Pourquoi vouloir persuader au Public une chose qui n'est pas? La pureté des meurs n'est-elle pas préfèrable aux méditations savantes? & une emulation ambitieuse vaut-elle les douceurs de la fraternité, & ne corromprait-elle pas les règles du niveau? D'ailleurs, nos cèrèmonies sont utiles & nous récréent; & ce n'est point être oisif, que d'aprendre à unir les homes. Bien mieux, loin de chercher des trèsors, nous nous dépouillons de tous métaux: & enfin une académie de science ne vaut pas une ecole de vertu, une Loge de Francs-Maçons; car

C'est ici que de fleurs
La sagesse parée,
Rapelle les douceurs
De l'empire d'Astrée.

Le F. Heureusement què j'ai de la patience; car voilà un panégirique qui dure depuis un gros quart-d'heure. Mais j'admire, Monsieur, combien vous ètes fèrtile en citations poétiques...

Le M. Ce qui abonde ne vicie pas: quand l'on a des armes, il faut s'en servir.

Le F. Tant il est vrai de dire que vous ne voulés point d'alchimistes dans votre compagnie?

Le M. Hé! la réflexion est bonne. Pourquoi ne voudrions-nous point d'alchimistes?

Le F. Puisque vous ne vous souciés pas d'avoir Hermès, le fameux Hermès, à la tête des fastes de la Maçonerie.

Le M. Eh! come s'il dépendait de moi que ce filosofe fut l'auteur de notre Société....

Le F. Mais, il n'y point d'effet sans cause. Pourqui donc aurait-on atribué cette origine aux Francs-Maçons, si elle n'etoit etayée d'aucun principe de vraisemblance?

Le M. S'il falait rendre compte de tous les caprices de l'imagination; ce serait un emploi bien onéreux.

Le F. Enfin, j'en reviens à mon axiôme, & les Maçons instruits doivent conaître les anales de leur ilustre Société.

Le M. Il est vrai que ce n'est pas sans une espèce de raison, que beaucoup s'imaginent que la science des Maçons est la science des vèrités ocultes. Cette opinion vient peut-ètre de ce que les Filosofes inconus, pour voiler leur secret & trouver des homes afidés, se sont joints aux Maçons, & leur ont comuniqué leur travaux.

Le F. Si cela est ainsi, je n'en suis plus etoné. Mais de cette manière, il y aurait donc des Loges où les opèrations rouleraient ſur le règne métallique ?

Le M. On prétend qu'il y a des téatres alchimiques dans diférentes provinces, & ſur-tout dans les Etats d'Hollande.

Le F. Ce n'eſt donc pas ſans cauſe que l'on eſtime tant les ducats ; s'ils doivent leur pureté à l'or filoſofique. Il faut que je faſſe conaiſſance avec un de ces marchands de fromages, pour avoir une pincée de ce germe *tranſmutatif.*

Le M. Je doute qu'il y ait beaucoup d'apoticaires de pareille drogue à Amſterdam ni ailleurs.

Le F. Laiſſons les drogues aux arſenaux du corps humain ; & convenons que *la pierre filoſofale* vaudrait bien la *pierre brute* des Francs-Maçons.

Le M. Non, je n'en conviens pas ; & nous en avons dit les raiſons il n'y a pas long-tems.

Le F. Toujours eſt-il vrai que ſi les Maçons s'apliquaient à la découverte du grain fixe de l'or, ils juſtifieraient encore davantage le nom d'Art-Royal dont ils ont intitulé leur confrairie.

Le M. Je n'en vois guère la raiſon ; & nous avons déja vu que ce titre leur convient à bien des egards, ſans autre apendice.

Le F. C'eſt qu'il n'apartient guère qu'aux rois de récompenſer les filoſofes, d'aprécier leur travail, d'eſtimer leur ſcience, & de protèger leurs recherches; & qu'il ne convient peut-être auſſi qu'aux Souverains de ſe livrer à l'art d'Hermès.

Le M. Faible raiſon pour homologuer la dénomination d'Art-Royal. La Maçonerie a eu la faveur d'être protégée par des rois en difèrens ſiècles: & les eſſais de l'art Hermétique ne ſont pas, ainſi qu'on l'aſſure, eſſentiellement diſpendieux par eux-mêmes; à moins que l'on ne diſe que cette recherche induit à tant d'autres opèrations, qu'il faut un revenu royal pour y fournir.

Le F. Hé bien!... préciſément; cette tournure ſervirait d'apui à l'intitulé *Art-Royal*.

Le M. Oh, cette qualification eſt déja aſſés autentique, ſans avoir beſoin de nouveaux décrets: & peut-être les fondateurs de la Maçonerie etaient-ils eux-mêmes dans le cas d'autoriſer cette dénomination.

Le F. C'etaient ſûrement de grands ſeigneurs, des princes, des monarques...?

Le M. La chose ne serait pas si impossible.

Le F. Ah, ah, ah ! Des rois se seraient amusés à instituer une société de Maçons. ... Cela se conçoit-il ?

Le M. Je n'en afirme point la réalité ; mais il y a des partisans de cette opinion.

Le F. Sincèrement ? Il y en qui prétendent que l'Art-Royal a des rois pour auteurs ?

Le M. Rien de plus positif parmi les prétendus savans de la Société.

Le F. L'imagination est sublime ! Mais puis-je sans indiscrètion vous demander, Monsieur, quel est le souverain à qui l'on atribue l'etablissement d'une société d'architectes moralistes ?

Le M. Oh, sans la moindre indiscrètion ; car voici tout le mistère : ceux d'entre les Maçons qui s'imaginent ètre les plus instruits, ceux qui se figurent avoir ateint le *nec plus ultrà* des conaissances de l'Art-Royal, & qui ont blanchi sous les drapeaux Maçoniques, soutiennent avec vigueur que la Société a eté etablie dans la Palestine par Godefroi de Bouillon, un des chefs des premières Croisades, puis elu Roi de Jérusalem.

Le F. Alons, courage : voilà encore une origine de la respectable Compagnie de débrouillée du cahos des hipotèses... Quelle litanie d'arbres généalogiques ! — Cependant, si l'on y prend garde, cette source aurait quelque vraisemblance ; car les croisés avaient certainement besoin de Maçons pour leur bâtir des forteresses & des cimetières.

Le M. Ho, il y a de meilleures raisons que cela sur le tapis. Nos prétendus Docteurs de la Loi Maçonique alèguent qu'après la décadence des armées crètiennes, les croisés etant obligés de rester confondus parmi les Sarrasins ; pour se mettre à l'abri des cruautés de ces infidèles, & pour se reconaitre entre eux & pratiquer les devoirs de la religion crètienne, imaginèrent de couvrir les mistères de la foi sous des emblêmes & des alégories ; qu'en conséquence, cherchant ainsi à edifier, à promulguer la religion, ils cachèrent le mistère de l'edification de l'Eglise, sous celui de la construction du Temple de Salomon, qu'ils choisirent pour base figurative de cette architecture, come etant le simbole de l'Eglise crètienne ; & que de là ces croisés prirent le nom de Maçons ou d'architectes.... Ils prétendent donc que la Maçonerie n'est autre chose que l'emblême de la religion crètienne; & que les trois premiers grades n'y ayant point de raport, n'ont eté inventés que pour eprouver ceux à qui l'on voulait confier les mistères de la foi, de crainte d'ètre trahi.

Le F. Voilà qui au premier aspect me paraitrait assés séduisant. Cependant si cela etait ainsi, il me semble que la chose aurait eté assés remarquable pour ètre consignée dans l'histoire; qu'en second lieu les personnes lettrées en auraient quelque conaissance, & qu'enfin il n'y aurait pas sujet d'en faire aujourdui un mistère, sur-tout à ceux qui sont Maçons.

Le M. Monsieur, vos observations sont justes: mais j'y ajouterai encore que ceux qui soutiennent cette fausse opinion, se persuadent que c'est *Godefroi* de Bouillon lui-même qui a imaginé les alégories & les cérèmonies Maçoniques, & ce au comencement du quatorzième siècle; tandis que l'histoire raporte qu'il mourut dans les premières années du douzième siècle.

Le F. Quant à cela, la diférence n'est que de 200 ans; & vous savés, Monſieur, qu'erreur ne fait pas compte.

Le M. N'en parlons donc plus; mais le fait eſt que les trois premiers grades ſeulement ont raport à la vraie Maçonerie, auxquels on en ajoute un quatrième pour complément & explication gènerale: les autres grades ne ſont que des piéces raportées.

Le F. Ces raiſons-ci ne ſufiraient peut-être pas pour convaincre les incrédules; mais moi qui n'ai pas l'honeur d'être des vôtres, je m'en contente aiſément.

Le M. A la vèrité, Monſieur, je ne puis vous en donner d'autres; à-moins de vous dire que l'on aperçoit aiſément en Maçonerie que les deux premiers grades ont eté faits dans les vues du troiſième; que celui-ci a un raport eſſentiel avec les deux autres; & que les trois enſemble anoncent des objets ſèrieux, & bien diſtincts du ſens forcé qu'il faut leur prêter dans toute autre aplication que celle qui leur convient. Or, le troiſième grade etant une ſuite néceſſaire des deux premiers, & n'ayant aucun raport direct ni indirect avec des pratiques religieuſes; il ſuit evidemment que la vraie Maçonerie n'a pas pris ſa ſource parmi les croiſés répandus dans les Lieux-Saints du tems des guerres de la Palestine.

Le F. Quant à moi, cela ne me parait nullement vraisemblable; & pour le démontrer, je ne ferais que ce dilemme: le peuple crètien confondu parmi les barbares dans le tems des guerres saintes, aurait inventé la Maçonerie, ou pour pouvoir exercer en sûreté les pratiques de la religion, ou pour engager les infidèles à embrasser le cristianisme. Dans le premier cas, à quoi auraient servi des grades, des cèrèmonies etrangères à celles de l'Eglise, des epreuves, des formules de réception, & tout ce que je ne sais pas? Les croisés pouvaient pratiquer entre eux les devoirs de la religion, sans un semblable atirail. Ils pouvaient prier Dieu, entendre la messe, faire des processions clandestines & prêcher, sans avoir recours aux formulaires de la Maçonerie, que je ne pense pas avoir beaucoup d'analogie avec les préceptes de l'Eglise romaine. D'ailleurs les assemblées mistèrieuses de ces architectes spiriuels, auraient toujours paru suspectes aux yeux de la nation hérétique, dont ils n'auraient pas laissé que d'encourir la fureur. Mais, pourait-on

dire,

dire, c'etait pour eviter la ſurpriſe & la trahiſon. Spécieux prétexte : cet echafaudage de grades Maçoniques n'aurait point garanti les Loges de l'incurſion des barbares qui certainement etaient les plus forts. -- Dans la ſeconde hipotèſe, les fidèles croiſés cherchaient-ils à convertir les Saraſins ? A quoi encore auraient ſervi les inaugurations ſimboliques ? Je n'en ſai rien : mais je crois que cet etalage ne les aurait pas diſpoſés à renoncer à leur culte, ni rendus plus indulgens envers les catoliques, dont tot ou tard ils auraient aperçu le preſtige, les auraient vendus & ſacrifiés à leur cruauté. Il n'eſt donc pas probable que l'Art-Royal ait pris ſa naiſſance dans les troubles de la guerre, parmi des crètiens diſperſés dans tous les coins de l'Aſie.

Le M. Monſieur, je ſuis de votre ſentiment ; & tous ceux qui voudront y rèflèchir, ſeront convaincus de l'inconſéquence & du ridicule de cette opinion erronée & iluſoire. Il ſerait même futile de répliquer que les croiſés imaginèrent des ſignes, mots & atouchemens pour ſe reconaître dans les combats, & que de là fut formée la Société des Maçons : atendu que la F. Maçonerie n'est pas fondée uniquement sur des signes & des mots ; & que les croisés come tous les autres peuples, ont fort bien pu imaginer des signes de raliement, des mots du guet, des mots d'ordre, sans que pour cela il en résulte la moindre conséquence par raport à l'etablissement ni à l'origine de la Maçonerie.

Le F. Mais à quoi sert toute cette discussion ? Ceux qui conaissent toutes les diférentes interprétations que l'on donne à vos emblêmes, doivent pouvoir juger avec certitude du vrai sens qui leur convient, & peuvent en rendre compte avec plus de vérité que ceux qui n'en ont que des notions vagues & alégoriques.

Le M. Cela n'est pas douteux ; & en outre, c'est que toute fausse exposition des principes de la Maçonerie, ne soufre ni examen rigoureux, ni une explication exacte & suivie de ses procédés ; tandis que sa vraie nature démontre, d'une manière satisfaisante, la cohérence & l'analogie de toutes ses pratiques, & dévelope au naturel l'esprit de tous ses emblêmes, jusqu'aux moindres circonstances du cérémonial.

Le F. Assurément, Monsieur, toutes ces raisons, indépendemment de celles que vous y ajouteriés peut-être encore, si j'etais un de vos sages Confrères, sont plus que sufisantes pour me convaincre de la fausseté de cette origine de la Maçonerie. Malgré cela, je conseillerais volontiers à ses sectateurs de soutenir cette hipotèse.

Le M. Pour quelle raison, je vous prie?

Le F. C'est que la source etant pieuse, & paraissant fondée sur un motif de dèvotion, je croirais que l'architecture F. Maçonique, venant à être regardée come un pivot de la religion, serait protègée & cimentée par les puissances laïques & séculières.

Le M. Si cela arivait ainsi, come des causes contraires il résulte des effets oposés; il s'en suivrait que les Maçons auraient beaucoup à redouter de la part de ces deux puissances, si le principe & les fins de la Maçonerie etaient divulgués.

Le F. Coment! encore une origine...? Ho, nous ne finirions pas d'ici à demain d'agiter des hipotèses natales: en voilà je crois une doufaine d'expédiées ; fans que j'en fois plus favant.

Le M. Oh, pour une doufaine c'est un peu violent : mais je n'en vois plus au-de là de celle à laquelle vous venés de me faire penser.

Le F. Eh bien, gardons-la pour une autre fois ; car il est près de minuit : je parts.... Cependant, si c'etait la vèritable origine.....

Le M. Je vous la donne pour la plus avèrée.

Le F. En ce cas, ecoutons.

Le M. Néanmoins, Monfieur, si cela vous gênait....?

Le F. Non, non, non, non, non : je fuis trop curieux de favoir qui est-ce qui a pofé la première pierre de cet edifice fraternel.

Le M. Mais à condition que vous ferés difcret.

Le F. Je vous le promets.

Lè M. Je puis y compter....?

Le F. En toute affurance.

Le M. Vous m'en donnés votre parole...?

Le F. Parole d'honeur.

Le M. Vous n'en parlerés jamais ?

Le F. Puifque vous l'exigés..

Le M. Pas même à de vos amis...?

Le F. A persone.

Le M. Cependant je n'ose m'ouvrir...

Le F. Coment! après tant de formalités....?

Le M. C'est que je crains que l'on ne nous entende.

Le F. Pas un chat ne nous avoisine.

Le M. Nous ne risquons rien de passer dans ce cabinet.

Le F. Eh bien oui.

Le M. Voilà le sistême. La F. Maçonerie a eté créée par un très-habile politique ; & tous ses préceptes en dérivent.

Le F. C'est là tout le sistême?

Le M. Je crains toujours... Cependant, vous m'avés donné votre parole d'honeur....?

Le F. Bon Dieu! je vous la donne encore : mais au fait, je vous en prie.

Le M. Tenés : il n'est pas que vous n'ayés entendu parler de ce savant politique, de ce profond génie du dixsètiéme siècle ; c'est lui, c'est le fameux *Cromwel* qui est l'auteur de la Franc-Maçonerie.

Le F. Cromwel....?

Le M. Oui, Monsieur.

Le F. Qui vivait il y a passé un siècle ?

Le M. Oui, Monsieur.

Le F. Voilà, à tous egards, bien des quartiers de noblesse de rabatus.

Le M. Oui, Monsieur.

Le F. Ce serait ce législateur anglais ?

Le M. Oui, Monsieur.

Le F. Cet ennemi des rois ?

Le M. Oui, Monsieur.

Le F. Ce fléau du genre-humain ?

Le M. Oui, Monsieur.

Le F. Et vous osés le dire ?

Le M. Oui, Monsieur.

Le F. Mais vous courés des risques immenses....!

Le M. Non, Monsieur.

Le F. Mais le but de votre Société fait frémir.

Le M. Non, Monsieur.

Le F. Votre doctrine n'est pas révoltante ?

Le M. Non, Monsieur.

Le F. Elle n'est pas contraire au bon ordre ?

Le M. Non, Monsieur.

Le F. Elle ne répugne pas aux lois divines & humaines ?

Le M. Non, Monsieur.

Le F. O sacrilège ! ô blasfême !

Le M. Point-du-tout.

Le F. Quel contraste !

Le M. Point-du-tout.

Le F. Je n'y entends plus rien.

Le M. Vous ne voyés donc pas, Monsieur, que c'est le sistême le plus pitoyable, l'opinion la plus destituée de fondement qui ait jamais pu entrer dans la cervelle des visionaires, de prétendre que des homes, que des Maçons, marchent sur les traces d'un sectaire ambitieux & criminel?

Le F. Et il falait tant de précautions pour en venir à ce début? *Parturiunt montes.....*

Le M. C'etait, Monsieur, pour vous en faire mieux sentir le ridicule & l'absurdité.

Le F. Mais ce préjugé impie ne saurait avoir d'empire sur persone: car quant à la mienne, sans être fortement dévoué à la Confrérie, je ne lui suposerais pas d'avoir des vues assés profondes, pour la croire capable de viser au projet d'une république universelle.

Le M. D'autant plus que ce projet répugnerait à tous les engagemens, à tous les veux Maçoniques; & que les vertueux citoyens, les eclésiastiques, les princes qui abordent la persone sacrée des rois, & qui conaissent les principes de la Maçonerie, auraient depuis long-tems levé le bandeau des mistères sacrilèges, s'il en existait aucun sous les emblêmes de la Société.

Le F. Il n'est pas nécessaire, Monsieur, de déployer votre rétorique, pour repousser un pareil atentat contre la pureté de vos préceptes. Moi, je dis tout uniment, qu'un edifice bâti sur le sable s'ecroule de lui-même, & que ceux qui le bâtissent sont comunément enfouis dans ses ruines.

Le M. D'acord : mais il y a des persones charitables qui aiment si fort à s'aveugler sur le mèrite de leur prochain, qu'il faut quasi leur brûler les paupières avec le flambeau de la raison, pour leur faire ouvrir les yeux.

Le F. Je vois bien, Monsieur, que vous ne voulés point avoir le dessous : mais pourquoi monter sur les toits pour terrasser un vain fantôme ? Ne sufit-il pas de dire, que s'il etait probable qu'il existat depuis tant d'années, la moindre petite nuance de rébellion & de dessein atentatoire à la sûreté des Etats, il y a bel âge que votre Maçonerie, quelqu e hermétiquement *couverte* & quelq ue solidement cimentée qu'elle soit, a urait sauté en eclats par la violence de *Roger-Bacon*.

Le M. Cela n'empêche pourtant pas qu'il n'y ait des gens assés simples, pour ne pas dire imbéciles, qui embrassent une opinion aussi blâmable qu'elle est extravagante.

Le F. Vous me surprendriés, Monsieur, si cela etait.

Le M. Je vous assure, Monsieur; qu'il y a plus d'une demi-dousaine de Maçons qui se repaissent l'esprit de cette ilusion, & qui suivant machinalement & par instinct les cérémonies Maçoniques, croyent apercevoir à chaque pas les leçons séditieuses du redoutable Cromwel.

Le F. S'il n'y en a encore qu'une demi-dousaine, il y a aparence que le poison ne gagnera pas le reste du troupeau, je veux dire les inocentes brébis.

Le M. En tout cas; gare qu'ils ne vous broutent en guise d'antidote.

Le F. Il parait qu'il ne faut pas aprocher de si près MM. les Maçons; ils vous empâtent la bouche au parfait avec une truelle de mortier. Mais toute eclaboussure à part, d'où a pu venir ce paralelle de la politique de notre anglais, & des leçons d'architecture de votre Compagnie ?

Le M. Il y a lieu de croire qu'elle a eté machinée par un certain auteur famélique, qui pour débiter ses rêveries, a cru leur donner du poids, en les faisant précéder d'un discours eloquent & décousu, où après s'être mis l'esprit à la torture, il prétend trouver une exacte ressemblance de la morale des Maçons avec les maximes détestables de son dangereux politique : mais

En vain l'on veut nous acabler,
En vain la plus noire imposture
Contre nous arme le parjure ;
Rien ne saurait nous ebranler :
Le Ciel, par sa bonté suprême,
Nous garantira de leurs coups ;
De l'Envie au teint pâle & blême,
Nous bravons l'injuste couroux.

Le F. Eh, Monsieur, pourquoi vous mettre en colère ? Il est souvent plus gènèreux de mépriser, qu'il n'y a de gloire à combatre ; & si cette interprétation de votre doctrine est sortie d'une plume insidieuse ou ignorante, il faut croire qu'elle n'a pas eu grand crédit, puisque l'Art-Royal subsiste encore. Voilà, Monsieur, les armes les plus victorieuses dont on puisse se servir, pour déraciner jusques dans ses fondemens l'edifice de cette calomnie.

Le M. Aussi ne vous ennuyerai-je point à vous détailler les diférens objets de raport que le premier débiteur de cette marchandise a voulu apercevoir entre Cromwel & les F. Maçons; car ce serait nous donner l'emétique.

Le F. Je m'en passerai bien; mais cependant je serais curieux de voir avec quelles couleurs l'on a revétu ce sistême.

Le M. Si cela vous fait plaisir, le voici en quatre mots. On a voulu insinuer que le Temple de Jérusalem si fameux en F. Maçonerie, est la figure de l'etat primitif de l'home; que les cérémonies de piété qui s'y exerçaient, ne sont autre chose que cette loi comune gravée dans tous les cœurs, qui trouve son principe dans les idées d'equité & de charité; que la destruction de ce Temple, l'esclavage de ses adorateurs, sont l'orgueil & l'ambition, qui ont introduit la dépendance parmi les homes ; que les Assiriens qui l'ont détruit, représentent les Puissances qui ont fait fléchir les sujets ; que le peuple d'election choisi par la main de Dieu pour reconstruire ce sanctuaire, est la Société des F. Maçons ; & qu'enfin leur but est de bâtir en liberté un nouvel edifice, c'est-à-dire, de réformer le genre-humain, de faire revivre l'egalité & la liberté, en secouant le joug de la subordination, en ne suivant plus que les lois de la nature, en se soustrayant à toute autorité, en se signalant par une révolte universelle, & exterminant les rois & les puissances dont l'usurpateur Cromwel etait le fléau.

Le F. J'admire encore l'exactitude des comparaisons : le paralelle est frapant. — Et vous dites, Monsieur, que ces interprétations ont eu cours ?

Le M. Lorsqu'un magasin à poudre s'enflâme, il est rare qu'il n'y ait persone de blessé ; & il y a toujours quelque poisson imbécile & gourmand qui mord à l'hameçon.

Le F. De manière donc que ce serait un Cromwel qui aurait formé un corps de Francs-Maçons ?

Le M. Oui, Monſieur, à en croire quelques cerveaux fêlés.

Le F. Mais encore, en ont-ils des preuves ?

Le M. Je n'en vois point d'autre, ſi-non qu'ils prétendent que ce conquèrant a fait uſage de beaucoup d'emblêmes Maçoniques pour etablir ſon autorité.

Le F. C'eſt-à-dire que parce que Calvin s'eſt ſervi de paſſages de l'Ecriture pour former des héréſies ; c'eſt lui qui a compoſé la bible & la bible renferme des héréſies ?

Le M. Eh, Monſieur, ſi les choſes les plus ſacrées ne ſont pas à l'abri des equivoques, qu'en ſera-t'il du reſte ? Tout eſt ſuſceptible de double entente, & l'araignée pompe du venin de la même fleur, d'où l'abeille laborieuſe ſuce le miel. En outre, quand même Cromwel aurait donné de ſon tems un nouvel eſſor à la Maçonerie, quand même il en aurait emprunté les cérèmonies & les préceptes, pour parvenir à ſes fins ; quelle conſéquence en réſulterait-il par raport à la Société Maçonique ?

Le F. Voilà ce qui s'apelle faire la

guerre aux papillons. Il ne valait pas là peine de dialoguer ſi long-tems, pour conclure que j'ignore encore la ſource de l'aſſociation Franc-Maçone.

Le M. A la vèrité, le ſujet eſt trop ſtérile, le paradoxe eſt trop inſoutenable, pour vous avoir engagé, Monſieur, à difèrer votre départ : auſſi terminerons-nous là nos origines ; car nous n'en ſortirions point.

Le F. Mais il faut eſpèrer qu'il n'en reſte plus ſur votre catalogue....?

Le M. Quant à celle qui reſte, je ne vous en parlerai jamais ; elle eſt beaucoup trop révoltante.

Le F. Révoltante....!

Le M. Et qui fait frémir.

Le F. Ha, cela me parait bien fort. On aurait donc toujours atribué à la Maçonerie tout ce qu'il y a de plus monſtrueux ?

Le M. Certainement l'on ne ſaurait la rendre plus odieuſe, qu'en la faiſant deſcendre d'homes auſſi coupables que ceux que l'ignorance de quelques-uns lui donne pour auteurs.

Le F. Puis-je ſavoir quels ſont ces homes....?

Le M. Ce ſont des ſectaires abominables.

Le F. Mais encore....?

Le M. Tenés.... je ne vous le cacherai point : voici le fait. On raconte que des homes, echapés anciennement à la perſécution de leurs ennemis, furent ſe réfugier dans des pays inconus dans le fond du nord; *qu'une partie* de ces malheureux, dont le déſeſpoir s'empara, fut habiter les déſerts de la Thébaïde, de la Scythie & de la Syrie; que là ils erigèrent une ſecte epouvantable, fondée ſur tout ce que la vengeance peut inſpirer de plus atroce, & où le crime, le ſacrilège & le blasfème etaient portés à leur comble. Mais l'on prétend que cette ſecte s'eteignit bientot, faute de ſujets qui vouluſſent la ſuivre, & qu'il n'en reſte plus qu'une af.eu ſe mèmoire, dont le nom ſeul fait friſſoner la nature. Or, c'eſt de cette ſouche que quelques faux ſavans s'imaginent qu'a eté tirée la F. Maçonerie; & d'autres ſe figurent que c'eſt ſeulement un grade qui fait partie de l'Art-Royal.

Le F. Mais ceux qui ont cette opinion, devraient, ce me ſemble, abdiquer la Société Maçonique; car tel qui ſuit des pratiques honètes, eſt par céla même blâmable, s'il les croit ilégitimes.

Le M. Aussi, des gens faussement instruits, se sont-ils retirés de la Maçonerie; & ceux qui y restent avec ce préjugé, n'entendent parler qu'avec une horreur aveugle de cette détestable origine; parce qu'ignorant la vraie source, ils confondent des homes corompus avec ceux qui conservèrent la pureté des meurs, & qui eux-mêmes eurent les autres en abomination.

Le F. Enfin, d'où vient donc cette pépinière de chismes sur l'origine de la F. Maçonerie? si vos Frères ne s'acordent pas mieux sur le reste que sur le nom de leur père, cela doit faire un pauvre Maçonage.

Le M. Cette diversité d'opinions sur les vrais Fondateurs de l'Art-Royal, vient de ce qu'ignorant ses principes & voulant toujours en pènètrer le secret, on a raproché diférens traits d'histoire, on a interprèté, comparé, suposé; & après quelques idées de raport, sur certaines probabilités & quelque vraisemblance mal aperçues, l'on est parvenu, en aidant à la lettre, à forger des sistêmes, qui ayant eté adoptés par la foule, protégés par la plupart des Maitres,

& débités avec emfase par les Orateurs qui les ont assaisonés de mistère, ont enfin aquis de la réputation, & qui se prennent aujourdui pour argent comptant par les trois-quarts & demi des Maçons.

Le F. Il parait que la vèrité est bien rare en Maçonerie.

Le M. Il y a de certaines vèrités qu'il faut confèrer avec économie, & que tous les Maçons ne sont point faits pour conaître. Vous savés, Monsieur, que

La chute bien souvent des plus puissans Etats,
Ne vient que d'un secret que l'on ne garde pas.

Le F. Oui, Mais je ne savais pas que vous faisiés des vers en parlant.

Le M. Oh, je les savais par cœur. Vous me supposés beaucoup trop de talent.

Le F. Mais enfin, pour conclusion, qui est-ce qui a donc eu le bonheur de bâtir l'edifice de la Franc-Maçonerie?

Le M. La demande est un peu tèmèraire. Ne voudriés-vous pas trouver en un jour, ce que tant d'homes cherchent depuis tant d'années...?

Le F. Il faut qu'ils ayent bien du

tems de reſte. Et moi, je comptais que la choſe ne ſoufrait point de dificulté.

Le M. Vous comptiés ſans votre hôte.

Le F. C'eſt-à-dire que je m'en irai, ſans ſavoir d'où eſt venue la Maçonerie....?

Le M. Monſieur, quand vous ſerés Maçon vous-même, vous pourés parvenir à cette conaiſſance, ſi l'on n'y trouve point d'obſtacles ; & alors vous ſerés auſſi circonſpect à cet egard, que le ſont ceux qui y ſont parvenus.

Le F. Il faut donc abſolument, pour cet effet, devenir Franc-Maçon?

Le M. De toute néceſſité; car ſans cela,

C'eſt vouloir de ſes dens
Prendre la Lune dans ſa courſe altière.
Nous-mêmes ſerions ignorans,
Sans le titre de Frère.

Le F. Puiſque c'eſt un ſi profond miſtère, il ſerait indiſcret de vous faire plus d'inſtances pour l'aprendre; mais je crois qu'il n'en ſerait pas de même à l'egard des Souverains, leſquels ſont en droit de conaître l'objet de toutes les aſſociations etablies dans leurs Etats.

Le M. Si les Puiſſances, à l'exemple de LOUIS XV, exigeaient qu'on leur rèvèlat le ſecret de notre Société, les Maçons conaiſſent trop bien leurs devoirs pour ſe ſouſtraire à l'obéiſſance qui leur eſt due, & il eſt certain que tout miſtère diſparaitrait devant elles.

Le F. En ce cas, je patienterai d'ici à ce que je devienne Roi ou Maçon; mais en atendant, je vais vous ſouhaiter le bon ſoir.

Le M. Abſolument....?

Le F. O, très-décidément, & même ſans vous avoir parlé de difèrentes afaires que je m'etais propoſé de vous communiquer aujourdui.

Le M. Je crois que la ſéance n'a pour cela pas eté ſtérile.

Le F. Monſieur, il s'en faut que je m'en plaigne; & graces à vos lumières, je ne ſuis plus ſi neuf ſur le fait de la Franche-Maçonerie.

Le M. Mes lumières, Monſieur, ne ſont rien: vous avés contribué autant que moi aux frais de la ſoirée; & ſi jamais vous ètes fait Maçon, vous verrés par vous-même que c'eſt une Société auſſi agréable qu'elle eſt utile &

honête : alors vous vous joindrés à nous pour dire :

Tous de concert chantons
A l'honeur de nos Maîtres ;
A l'envi, célèbrons
Les faits de leurs Ancêtres :
Que l'echo de leurs noms
Frape la terre & l'onde,
Et que l'art des Maçons
Vole par tout le monde.

FIN DE LA PREMIÈRE SOIRÉE.

SECONDE SOIRÉE.

LE FILOSOFE. J'ACOURS, Monſieur, pour vous aprendre une nouvelle des plus intereſſantes. On me mande aujourdui de Naples que le St. Père travaille à réformer nombre de monaſtères de l'un & de l'autre ſexe, & qu'entre autres, il eſt beaucoup queſtion d'abolir l'ordre des Bernardins, des Bénédictins & Prémontrés.

LE MAÇON. Ha, ha! voilà du nouveau: & penſés-vous, Monſieur, que céla poura avoir lieu?

Le F. On m'aſſure qu'il va être convoqué un Concile à Vienne pour traiter de ces matières.

Le M. Pour ma part, je ſerais fâché de l'abolition de ces trois ordres; ce ſont pour la plupart des gens fort-honêtes, & il s'y en trouve même qui ne ſont pas ſots.

Le F. Oui, & ſur-tout chés les Bernardins, tous gens robuſtes & de bon apétit, qui feraient d'excellens guerriers.

Le M. Il eſt vrai qu'il ne ſont point

endormis à la chasse, à la pêche ni aux jeux, & qu'ils sont sans cesse la guerre à la mélancolie & au scrupule : aussi voit-on toujours bonne compagnie chés eux, & tout le monde y est traité grandement.

Le F. On m'a même assuré que dans certaines provinces, ces MM. avaient des gouvernantes...?

Le M. Calomnie toute pure. A la vèrité, les dames y sont bien reçues. Ils ont des blanchisseuses, des couturières assés drolettes ; parce que ce sont des choses de première nécessité : mais toujours la plus grande décence, la plus grande honêteté.

Le F. J'ignore pourquoi l'on s'ocupe à réformer des ordres si respectables ; mais si aujourdui l'on y regarde de si près, c'est à mon avis, un mauvais augure pour la Confrairie Maçonique.

Le M. Quelle relation y a-t'il entre des ordres monastiques & l'ordre de la Maçonerie ? Les Maçons ne sont-ils pas des citoyens utiles à la société, qui contribuent chacun pour leur part aux besoins de l'Etat ? Lui sont-ils à charge ou nuisibles ? Sont-ils moins scrupuleux dans leur conduite que les autres homes ?... Eh bien pourquoi troublerait-on leurs assemblées, & romprait-on le lien qui les unit? Il me semble au-contraire qu'un ordre come celui de la Maçonerie, ne peut être qu'utile à l'humanité.

Le F. Un ordre come celui de la Maçonerie?

Le M. Ou la Société des F. Maçons.

Le F. A la bonne heure; car l'on est un peu dificile sur le choix des termes, sur-tout quand ils sont *qualificatifs*.

Le M. Vous voudriés donc dire, Monsieur, que le titre *d'ordre* ne convient point à la Maçonerie?

Le F. Je serais tenté de le croire: mais cependant la modestie si renomée parmi vos chers Frères, ne me permet pas de croire qu'ils se soient arogé un nom qui ne soit à l'epreuve de la réflexion.

Le M. Toujours des dificultés scolastiques, des chicanes de procureur; come si la modestie empêchait que l'on ne put s'apeler par son nom, lorsqu'il emporte quelque caractère distinctif.

Le F. Ce n'est pas là mon argument: mon doute s'arête sur la légitimité du titre *d'ordre* que vous venés de substituer à la juste dénomination de *Société*.

Le M. Eh bien, Monsieur, ce titre,

ne vous en déplaiſe, eſt préciſément celui qui eſt toujours en uſage en Maçonerie : il lui eſt dévolu par droit d'ancienneté, & l'habitude prévaut.

Le F. Mais vous ſavés, Monſieur, qu'un ordre eſt un corps dont la ſource eſt conue, les pratiques à découvert, les règlemens fixes, le but décidé, & l'utilité prouvée.

Le M. Voilà juſtement ce qui nous faut. La ſource de la Maçonerie eſt conue de tous ceux qui ſe ſont rendus dignes de la conaître ; & cela peut ſufire : ſes pratiques ſont à découvert à tous ceux qui peuvent en être témoins ; & d'ailleurs, qui oſera dire que les pratiques de tous les ordres ſoient à découvert....? Les règlemens de la Maçonerie ſont fixes, & l'on peut dire très-fixes, ou ils doivent être tels ſuivant l'inſtitut, l'infraction de ſes lois ne devant point être la meſure de leur ſtabilité ; & d'ailleurs encore, les diférens etabliſſemens formés ſous la dénomination d'un même corps, ne peuvent-ils pas, pour des raiſons légitimes, enfreindre l'uniformité des règlemens, ſans être déchus du titre d'ordre ?... Le but eſt décidé ; puiſque c'eſt la réunion de gens honêtes ſous le même etendard, pour que l'amitié les porte à se prèter des secours & des agrémens mutuels. Enfin son utilité est prouvée, en ce que par l'apas de l'amusement, elle purifie le caractère des homes, qui au-lieu de s'adonner aux plaisirs ordinaires de la vie, négliger leurs devoirs, faire soufrir leurs familles, viennent gouter entre eux les douceurs de la paix, & aprendre à devenir meilleurs citoyens, meilleurs sujets & bons frères. Que d'anecdotes intèressantes, de secours donnés, de services rendus, d'inimitiés eteintes au seul titre de F. Maçon!

Le F. Voilà qui est à merveille; mais tous les ordres en gènèral, religieux, militaires, hospitaliers, ont des lois stables, permanentes, réflèchies, & scrupuleusement maintenues. En est-il de même de l'Art-Royal?

Le M. Bien certainement, sauf les contraventions; mais quel est l'ordre qui ne soufre point cette exception?

Le F. Je m'en raporte à votre parole; mais toujours est-il vrai qu'un ordre est un corps dont le crédit tire sa force de la protection directe du Souverain, des diplômes de confirmation, de la convention explicite entre les

Princes, d'avouer réciproquement tel ou tel etablissement particulier, sous telle dénomination, à telles conditions, pour telle fin, & de lui acorder un dégré de considèration, qui soit la mesure de celle que devra le Public. Il n'est donc point d'ordre qui n'ait reçu imédiatement l'institution de son fondateur, ou n'ait obtenu postèrieurement des rois, des patriarches, des papes, une règle absolue.

Le M. Je sais très-bien que le premier caractère d'un corps erigé sur le pié d'ordre, est l'emanation d'un pouvoir législatif, qui fonde ou qui autorise, ainsi que la détermination de lois précises pour la régie & le code des obligations. Mais tout cela se réduit à dire qu'un ordre ne peut être apelé tel, sans y être autorisé par quelque puissance souveraine. A la vérité, la Maçonerie ne se prévaut point de cette autorité: elle ne revendique le mot d'*ordre* que parce que dès le berceau, elle a eté soutenue & singulièrement favorisée des plus puissans Seigneurs de l'Alemagne, où elle a vu le jour pour la première fois; & que de tout tems elle a eté & est encore protégée par les rois de Prusse, de Suède, d'Ecosse, d'Irlande, d'Angleterre, & de la plupart des grands Princes de l'Europe.

Le F. Mais enfin, tous les etats de la vie ont un noviciat particulier, soit pour le civil, soit pour le moral: les ordres epluchent un peu la qualité des persones; ou exige des preuves; le tableau des devoirs passe sous leurs yeux; & je ne crois pas que persone, avant de s'y faire agréger, ignore ni la nature du lien qu'il va prendre, ni l'objet des pratiques qu'il embrasse, ni l'espèce de lois auxquelles il va s'astreindre. Si Messieurs les Maçons peuvent justifier de toutes ces choses, je leur demande pardon de m'être erigé en censeur.

Le M. C'est beaucoup exiger d'un corps qui ne demande rien à persone; mais cependant il est possible de satisfaire à toutes ces conditions. D'abord, il y a une espèce de noviciat en Maçonerie; car dans les tems primitifs il y avait une postulence triennale qui précédait l'admission dans l'Ordre, pendant lequel espace de tems il falait être trouvé iréprochable; & si l'on a mitigé cette ancienne rigueur, on en a toujours conservé l'equivalent. — Les Maçons examinent aussi les qualités des aspirans, mais plus particulièrement celles du cœur. Au ſurplus, cette exigence n'eſt pas ſi gènèrale ; car un Savetier eſt fait chartreux auſſi bien que M. le Baron ; & une bourſe plus ou moins pèſante, forme la dôſe des qualités qu'il faut pour entrer dans la plupart des ordres. — Le tableau des devoirs paſſe auſſi ſous les yeux du poſtulant ; puiſqu'il ſait d'avance que ces devoirs conſiſtent dans la pratique de la vertu & de la charité, dans un atachement inviolable à tous les Frères, & dans la docilité & l'obéiſſance pour toutes les choſes honêtes qui lui ſeront preſcrites & qui ne ſauraient le gêner en aucune façon. Il n'ignore pas non plus la nature du lien qu'il va prendre ; puiſqu'il ſait que c'eſt celui de l'amitié & de la parfaite union. Il conait auſſi l'objet des pratiques qu'il embraſſe ; puiſqu'il ſait qu'elles ont pour but de réunir des homes ſages dans le ſein de l'egalité, & de les récréer d'une manière utile, agréable & décente. Quant aux lois auxquelles il va s'aſtreindre, elles ne ſont autres que celles qu'exige la fraternité, & celles qui concernent les règlemens pour la police & le bon ordre des aſſemblées. Ainſi, Monſieur, laissés-nous jouir paisiblement du titre d'*ordre*.

Le F. Il y aurait beaucoup à redire à toutes ces raisons; mais pour ne point vétiller, je me bornerai à dire que dans chaque ordre l'on exige des preuves: le Chevalier de Malte, par exemple, est examiné sur ses ancêtres, on essaie son courage & la force de son tempèrament; le père de la Trape & la sœur capucine, sont ègalement eprouvés sur l'obéissance, la piété, la résignation, l'exactitude, &c. avant d'être admis; enfin point d'ordre sans epreuves: voilà encore ce qui constate l'invalidité & l'ilégitimité de la prétention du soi-disant ordre.

Le M. Les grands mots ne disent pas toujours de grandes choses; & dans le fond, que ce soit abus, que ce soit usage, ce titre est acquis aux Maçons par droit d'ancienneté; & pour toutes les raisons que j'ai dites maintes fois, & nonobstant clameur de haro & charte normande, leur Société s'apellera par dessus le marché, *Ordre Royal de la Franc-Maçonerie*; car s'il ne faut plus que des epreuves & des cérèmonies extèrieures pour homologuer cette qualification, notre procès est gagné sans rapel.

Le F. Elles doivent être comiques ces epreuves. Ne faut-il pas être de la race de David, pour entrer dans votre Ordre Royal ?

Le M. Non, mais il y a des siècles qu'il falait être gentil-home pour y être admis : & pourquoi prétendre que nos epreuves sont comiques, puisque vous n'y avés jamais passé ? Il pourait bien se faire cependant qu'il y en eut de ridicules dans la gradation de la Maçonerie ; il est certain que quantité de Maîtres les rendent telles, parce que dérogeant à l'institut, ils suivent les règles de leurs caprices & de leur fantaisie bisare : mais excepté cela, les epreuves que l'on subit en Maçonerie, ne sont pas plus singulières que celles des autres ordres. On essaye l'esprit, l'humeur, le caractère, les sentimens, la discrètion & la vertu de ceux qui se prèsentent : je n'aperçois rien de comique dans ces procédés ; au contraire, rien de plus sèrieux ni de plus raisonable, si le tout est administré avec la sagesse & l'exactitude qui sont dues.

Le F. Quant à cela, je suis obligé de m'en tenir à votre décision ; mais pour ce qui regarde les cérèmonies qui se pratiquent dans l'intèrieur de vos apartemens, l'histoire raporte qu'elles tiennent un peu de la pantalonade, que l'on epouvante les pauvres aveugles, & que les Maçons, en gènèral, s'ocupent à des amusemens frivoles, burlesques & décousus. Je vous fais des excuses, Monsieur, d'être si malhonête; mais vous voudrés bien avoir un peu d'indulgence pour ma trop grande franchise.

Le M. Monsieur, vous ètes tout excusé; l'erreur où vous ètes parle en votre faveur: mais enfin pourquoi toujours vouloir critiquer ce qui concerne la Maçonerie? Serait-ce un effet de la curiosité qui ne pouvant être satisfaite, se dédomage en donnant des ridicules à ce qui porte l'empreinte du mistère?... On serait en droit de le penser; car le cèrèmonial Maçonique ne me parait pas plus risible ni plus frivole que celui qui s'observe dans tous les cas de la vie civile. D'abord l'on ne peut pas disconvenir que l'apareil ne soit nécessaire pour une installation quelconque; puisque les choses tirent leur lustre, en plus grande partie, des formes extérieures qui les acompagnent, & qui servent à les rendre plus augustes, plus mémorables, plus mèritoires : retranche-t'on les cérèmonies, la chose perd la moitié de son prix ; elle devient froide, monotone, languissante. Le novice, à la prise d'habit, ira tout simplement faire veu au pié de l'autel, & aprés sa prestation de serment, il s'en retournera fort tranquilement dans sa cellule. Un autre est nomé chevalier de St. Michel ; eh bien, il restera dans le fond de sa province, s'achetera une croix avec une aune de ruban, & tout sera dit. Faut-il un pape ; on va l'elire aujourdui ; demain il ira mettre la tiare sur sa tête & comandera à toute la crétienté. Veut on créer un parlement ; on nomera les membres ; ils se rendront au lieu de la résidence ; & à la première convocation, ils entameront un procès ; & adieu la pompe, adieu le cérèmonial. Vous voyés donc bien, Monsieur, que si l'on dépouillait les choses de tout ce qui frape les sens, elles deviendraient beaucoup moins conséquentes & autentiques.

Le F. Je n'ai jamais dit le contraire ; mais tout cela ne détruit point les idées plaisantes que l'on atache comunément aux cérèmonies de votre mistèrieuse Société.

Le M. Hé, qu'importe l'opinion d'autrui ? Pourquoi donc nos cérémonies feraient-elles plus plaisantes que celles des autres ordres ? A y prendre garde, elles sont bien plus raisonables; puisqu'elles sont toutes emblématiques ; tandis que les autres ne sont que des formalités qui ne s'observent purement & simplement que pour donner un *decorum* à la chose principale, & qui en elles-mêmes sont vides de sens. Soyons de bonne foi ; le costume & la liturgie des anciens sont-ils moins judicieux que les nôtres ? Cependant aujourdui cela nous parait ridicule..... Aprofondissons les choses : entrons dans la Sinagogue des Juifs ; assistons au couronement des rois, à l'admission dans les ordres, examinons toutes les pratiques religieuses ; suivons les enterremens, les processions, les cérèmonies publiques ; & voyons ce que toutes ces choses sont en elles-mêmes, & si ce n'est pas l'opinion & l'habitude qui nous en cachent le ridicule, en nous les faisant envisager come très-sensées & même indispensables. Mais sans aler si loin pour rencontrer des cérèmonies boufones & futiles, entrons seulement au bal, examinons avec quelle gravité on danse un mènuet, avec quelle efronterie on danse une contredanse, avec quelle extase & quelle folie on danse une alemande; & disons qu'il faut que des êtres raisonables soient bien légers, pour que le trémoussement d'une corde de violon les fasse sauter jusqu'au plafond. Enfin, si nous y prenons garde, nous faisons à chaque instant les cérémonies les plus comiques; come de porter la main au chapeau, tendre le bras long du corps, & se courber jusqu'à terre, en traînant le pié droit derrière le gauche; & le tout pour se doner le bon jour. Or, je vous demande, Monsieur, si toutes les cérémonies du monde, mises sur la balance de la raison, pèsent deux gros de bon sens, & si indépendament des idées que le préjugé y atache, il en est de plus ridicules les unes que les autres? D'après cela jugeons si celles qui se pratiquent dans nos Loges, & qui sont toutes alégoriques, sont plus burlesques que celles de tous les etats imaginables.

Le F. L'epitre etait de longue haleine. Voilà come chacun prêche pour sa paroisse, & vous, Monsieur, vous avés toujours raison: mais l'on ne m'otera pas de l'esprit qu'à la réception des aspirans, il se passe des procédés enfanteſques, & que vous leur faites des charges & des peurs terribles.

Le M. Des peurs terribles....! Eh qui, je vous prie, vous a imbu de ces faux principes?

Le F. Oh, je les tiens de bonne part; je les tiens de quelqu'un à qui l'on en a tant fait, qu'il n'eſt jamais rentré en Loge depuis la première fois.

Le M. Mal à propos, tant d'une part que de l'autre; car tel qui voudrait ſe faire Cordelier, ſerait inconſéquent s'il renonçait à ſa vocation, ſous prétexte qu'il conaitrait un de ces couvens où les moines ſeroient adonnés au vin, & convertiroient des pénitentes dans leurs chambres. D'un autre coté, ſi l'on a efrayé le récipiendaire, l'on a eu grand tort; parce que cela ne doit jamais ſe faire, & que c'eſt aler contre les vrais principes de la Maçonerie. Si lon a comis des enfantillages, on a eu egalement tort; & cela n'a pu être fait que par des homes qui etant mal inſtruits, n'aportent pas toute la circonſpection & la prudence qu'exige un lieu auſſi repectable que celui d'une Loge; car,

Par la tranquile inocence
Ce ſéjour eſt habité;

Du poiſon de la licence
Jamais il n'eſt infecté ;
Et c'eſt toujours la décence
Qui règle la volupté.

Le F. Mais puiſque c'eſt un ſanctuaire ſi auguſte & ſi vènèrable, pourquoi les Maçons, pour exprimer ce lieu, ont-ils eté choiſir le mot de *Loge* qui, come vous le ſavés très-bien, Monſieur, a dans notre langue des ſinonimes ſi ſinguliers & ſi peu dignes du reſpect qui eſt dû aux Loges Maçones?

Le M. Le nom ne fait rien à la choſe. Toute ſociété de perſones qui vivent colectivement ſous les mêmes lois, doit avoir un mot diſtinctif & ſignificatif, pour déterminer le lieu de réunion & l'atelier des ouvriers. Les F. Maçons ocupés aux repréſentations alégoriques de leur inſtitut, dans des ſéances régulièrement dirigées par un chef & des oficiers adjoins, pour les objets de détail, ont egalement adopté un nom : leurs aſſemblées s'apellent *Loge*, & c'eſt une convention reçue dans tous les pays, & exprimée par toutes les langues.

Le F. J'en ſuis charmé pour eux ; car ſi cette habitude n'etait avouée qu'en France, elle ocaſionerait trop de plaiſantéries. Le génie de la nation n'echape guère les textes qui peuvent faire jouer à l'equivoque, en ſaiſiſſant le ridicule & les ſimilitudes.

Le M. Je ſais bien que le mot de *Loge* a des ſignifications imenſément : il eſt ſinonime avec hute, cabane, chaumine, cahute, &c. ; il ſert aux laboureurs, aux bergers, aux oiſeleurs, aux chaſſeurs ; il s'emploie encore dans les ſalles de ſpectacles, dans les mènageries d'animaux, & dans mille circonſtances.

Le F. Il va même juſqu'à ſignifier les cabinets des viſionaires, ces petits rendés-vous aux petites-maiſons.

Le M. Eh bien oui ; là où l'on fait des penſions aux pauvres d'eſprit.

Le F. Juſte, Monſieur ; vous y ètes : mais malheureuſement l'on n'en fait pas à tous ceux qui ſont ataqués de cette maladie.

Le M. Non ; car je conais dans mon voiſinage quelqu'un de votre taille qui aurait bien beſoin de cé ſecours.

Le F. Je doute qu'il y entre de ſitot ; car l'on aſſure que les Maçons y ocupent tant de places, à maçoner, réparer, réédifier, qu'on a de la peine aujourdui à y obtenir une retraite honorable.

Le M. Monſieur, etant ſi inſtruit de ces détails, on croirait que vous y avés eté chef d'atelier.

Le F. Ho ! je n'ai pas encore paſſé maître : cette qualité, Monſieur, vous apartient de droit.

Le M. Le plus raiſonnable cède ; en conſéquence, Monſieur, je vous ramène à notre *Loge* pour remettre ce qui pourait être dérangé ; & je dis que ce mot ſignifiait, dans ſon principe, logis, logement, demeure, domicile, maiſon, réſidence, habitation, &c. ; & que les F. Maçons l'ont aparemment adopté, parce que leurs premières congrégations ſe faiſaient ſans-doute dans le logement du chef qui préſidait & que l'on s'etait choiſi.

Le F. Cela pourait bien être. Les langues vivantes ſont ſujettes à des viciſſitudes ſingulières. Tous les jours des mots perdent de leurs idées primitives, pour en acquérir de nouvelles, & ſouvent de toutes contradictoires. *Manant* ſignifiait autrefois, en ſtile de cour, un bourgeois de vilage ; aujourdui c'eſt une injure : *Tiran* etait un nom de qualité ; il eſt devenu un titre odieux : d'autres enfin qui à préſent ſont du ſtile poli, ſe donnaient anciennement pour des ſotiſes.

Le M. Rien de plus vrai ; mais outre cela, on peut encore penser que les Maçons ont pris le nom de *Loge* par une suite de relations avec le Temple de Jérusalem, autour duquel règnaient plusieurs salles, plusieurs galeries, qui servaient de logemens: & come ces emplacemens s'apelaient, dans la langue originaire, d'un nom qui revient à celui de *Loge* dans la nôtre, ils l'ont pris pour exprimer le lieu de leurs assemblées, ce lieu pur & lumineux, à jamais inaccessible aux profânes.

Le F. Ho, ho !... est-ce ainsi, Monsieur, que vous nous intitulés ?

Le M. Oui, Monsieur, c'est ainsi que nous apelons tous ceux qui ne sont pas envoyés de la part de St. Jean.

Le F. De la part de St. Jean... ?

Le M. Tous ceux qui n'ont pas reçu la lumière dans le lieu fort.

Le F. J'ai beau ecouter, je n'y entens rien: mais je présume que vous qualifiés ainsi tous les Maçons de pratique... ?

Le M. Et ceux qui se promènent dans le parvis, devant l'escalier en forme de vis.

Le F. Que je suis fâché de ne pas avoir apris l'Architecture ! Malheureusement je ne sais que le nom des 5 ordres ; & voici qui m'a tout l'air d'être du *composite.*

Le M. Point-du-tout, Monsieur ; ce n'est que de l'ordre J, avec des chapiteaux ornés de fleurs-de-lis & de pomes de grenade.

Le F. Hébreu tout pur. Je vois bien qu'il faut avoir reçu la lumière, pour entendre quelque chose à ce jargon.

Le M. Monsieur, vous avés beau dire ; vous n'en ètes pas moins un profâne, ainsi que tous ceux qui ne sont pas initiés à nos mistères.

Le F. Ha, ha... ; c'est donc à dire que tout ce qui n'a pas l'honeur d'être F. Maçon, est impur, est profâne ?... Mais croyés-vous, Monsieur, que l'ivraie ne croit pas aussi bien dans les campagnes de Jérusalem come dans le champ de Samarie.

Le M. Aussi, cet adjectif s'adresse-t'il egalement à tous les Maçons qui, par ignorance ou inconduite, profânent l'enceinte de nos travaux ; car cessant d'être homes de bien, ils cessent d'être Maçons.

Le F. Mais savés-vous, Monsieur, que cette epitète est injurieuse, & qu'il n'y a que l'Eglise qui a le droit de prononcer des anatèmes.

Le M. Il falait cependant vous donner un nom distinctif : par celui de *profâne* que nos ancêtres ont choisi, nous ne prétendons point vous anatématiser ; nous n'y atachons que la seule idée d'exclusion. D'ailleurs, tous les peuples n'ont-ils pas un terme propre, pour caractériser les nations leurs antagonistes ? N'apelait-on pas *gentil* tout ce qui n'etait pas Juif ? N'apelons-nous pas *payens*, Socrate, Cicèron, Virgile ? Toutes les religions ne taxent-elles pas d'*infideles* ceux qui ne sont point de leur croyance ? Et même dans Rome, tout ce qui ne baise point la pantoufle du Pape, ne passe-t'il pas pour *hérétique*.

Le F. Il n'y a cependant pas là grand mistère....

Le M. Toujours est-il vrai qu'en tout pays, en toute société qui craint ce qui ne tient point à elle, il faut une expression décidée pour noter ceux qui lui sont etrangers. Un home qui s'aplique, a besoin de se recueilli. dans le silence & la paix : tout ce qui trouble l'atention, l'etude du savant, du sage ou du filosofe, souille, profâne le sanctuaire de la science.

Le F. A tout cela je ne vois que de

l'entousiasme; il vous falait un mot pour l'exprimer; vous avés choisi celui de *profâne*, soit : mais il m'aurait paru plus charitable de nous assigner un atribut moins foudroyant, plus canonique. Ce n'est pas que je prétende brusquement au titre de Frère; il n'est dû qu'à des Maçons, à des homes *sacrés* par leur sagesse & la rectitude de leurs amusemens.

Le M. Vous ne sauriés mieux dire; car en effet,

Jusques sur nos plaisirs
De la vertu nous apliquons l'Equère;
Et l'art de règler ses desirs
Donne le nom de Frère.

Le F. Que le nombre en serait petit, si le poëte etait véridique! Aussi me parait-il que les vers sont *libres*, ou que ce sont des vers *nègligés*.

Le M. Il semblerait, Monsieur, que vous ètes jaloux du titre que nous portons....?

Le F. A Dieu ne plaise....! Cela sent trop la moinerie...., la crasse du froc.

Le M. Il est vrai que le nom de *Frère* a bien moisi dans les cloîtres, où il se morfond dans les coridors, & n'y est presque plus qu'en peinture.

Le F. Sans doute que les originaux en ſont dans vos Loges...?

Le M. Hé, Monſieur, vous n'y ètes jamais entré....

Le F. Non: mais je crois que je rirais bien d'entendre rèſoner depuis l'*Orient* juſqu'à l'*Occident*, le mot de FRATER; car dans le profâne cela a un certain ton trivial, & en bonne conſçience,.... cela ſent toujours un peu le relent, la cotte, le capuchon, la beſace, je ne ſais quoi...

Le M. Encore un coup, ce n'eſt pas dans le monachiſme qu'il faut chercher la vraie ſignification du mot de *Frère*; il n'y eſt preſque plus qu'un titre de ſervitude, de baſſeſſe & de dépendance: mais en Maçonerie, où l'orgueil des rangs, la prétention des charges, & la diſtinction des claſſes, ſont anéantis, ce reſte précieux des premiers titres de l'humanité, y conſerve encore ſa même force, ſes mêmes atraits, ſes mêmes conſéquences.

Le F. Je vois bien qu'il n'y a que les Francs-Maçons qui ſachent bien définir ce terme, lui rendre ſon energie, & le remettre en vigueur.

Le M. Je ne veux pas ſoutenir qu'ils ſoient tous exactement fidèles à tout ce que ce mot leur impose ; & même dans les plus etroits liens de la consanguinité, cette expression, hélas ! n'est pas toujours le tèmoignage de l'atachement : les bons Maçons seuls semblent èn bien conaître les droits, la valeur & les devoirs.

Le F. A cela il ne manque plus que la pratique, ou je me tromperais fort.

Le M. Chés les vrais Maçons elle précède toujours la téorie : pour eux le nom de *Frère* est en même tems le simbole & la conséquence du juste niveau qu'ils ont etabli, & une leçon continuelle de leurs obligations respectives : chés eux il signifie une liaison plus puissante que la parenté, une intimité plus forte que l'amitié, un lien plus précieux que l'aliance la plus solennelle, une confraternité plus durable que les contrats les plus autentiques, un pacte plus solide & aussi sacré que la sanction des Lois.

Le F. En vèrité, Monsieur, vous aviés bien raison de nous apeler *profânes* : nous ne somes en effet, que des Samaritains, des Pharisiens, des Publicains, des Saducéens, en comparaison du peuple Maçonique, de ce peuple d'election. Je vois maintenant dans la divine perfection que le dépot du titre sacré de *Frère*, s'est conservé chés vous dans toute sa pureté, dans son ancien eclat, & je me garderai bien d'en rire dorénavant lorsqu'il en sera question.

Le M. Si le nom de Frère, hors de la parenté & du ton monacal, a quelque chose de risible, cela ne fait point honeur à l'humanité. Enfans d'une mère comune, tous les homes sont frères entre eux, c'est le veu de la nature: mais comme ce titre porte avec lui une idée de candeur, d'amitié, de franchise; & que l'on est si habitué à la dissimulation, à l'aféterie, au déguisement, on ne s'imagine pas qu'il y a des homes qui s'entre-apellent *Frères* avec sincèrité; & voila peut-être ce qui mal-à-propos ocasione la dérision. Mais n'importe, les F. Maçons se décoreront toujours de ce titre, c'est celui dont ils usent journellement entre eux, tout autre nom est méconu, toute autre qualification interdite & même punie; & si leur cœur n'est pas toujours pénètré de tout ce que ce mot renferme, au-moins, dans leurs principes, il signifie amitié, union, zèle, secours, egalité, & il indique que les Maçons cherchent à s'unir par tout ce qu'il y a de plus vif & de plus naturel.

Le F. Il eſt vrai, la douceur qui eſt atachée au titre dont les Maçons s'honorent, porte invinciblement dans les âmes la ſenſation d'une amitié tendre; & il faut convenir que de ceux à qui nous apartenons par les liens du ſang, perſone, aprés les auteurs de nos jours, n'a de droits plus légitimes à notre afection que des frères: auſſi comencé-je à m'acoutumer à ce nom.

Le M. Le choix en eſt d'autant plus juſte, que tous les homes etant paitris d'un même limon & rameaux d'une même tige, etaient & ſont efectivement frères: la religion depuis les a encore només tels; elle s'acorde donc avec la nature pour etablir cette conſanguinité. Les Maçons ſecondent l'une & l'autre en l'etabliſſant entre eux; & mieux que qui que ce ſoit, ils en ont aperçu le raport & le prix, puiſque l'amitié & une egalité parfaite ſont la bâſe de leur union.

Le F. Mais par cette parfaite egalité, vous confondriés tous les rangs?

Le M. En effet, Monſieur, les faveurs de la fortune, les préſens du haſard, les diſtinctions du ſort, n'atèrent point le niveau qui subsiste parmi nous. Le riche n'a point d'ascendant sur le pauvre, le noble sur le plébéien; le Prince n'exige de respect & d'homage, qu'autant qu'il en rend; le savant est egal à l'ignorant; & le docteur de Sorbone n'est pas assés fat de croire, qu'un amas de distinctions scolastiques & la lecture de Somes, lui donnent la supèriorité sur un comerçant qui enrichit sa patrie. Enfin, Monsieur,

Des titres la froide chimère
Chés nous le cède au nom de Frère.

Le F. Coment! la Noblesse, le Clergé, le Tiers-Etat; tout serait pêle-mêle...?

Le M. Tous ces mots disparaissent en Loge; l'home y quite les livrées de l'orgueil, les distinctions du hasard, les parures de la fortune: la vertu seule sert d'ornement; & encore un coup,

Une parfaite egalité
Est le sceau de nos mistères:
Une parfaite egalité
Fait notre félicité.

Le F. Je suis le très-humble serviteur de votre félicité: on peut être frères à meilleur compte, & sans faire un salmigondis pareil de tous les etats.

Le M. Il est pourtant indubitable qu'il n'y a point d'amitié sincère ni de bonheur acompli, où règne l'inégalité des conditions, qui engendre nécessairement la gêne & la contrainte : un subalterne n'est pas libre avec ses chefs ; il n'est content qu'avec ses egaux. Or, les Maçons cherchant à s'unir de la manière la plus etroite & la moins equivoque, ils ne pouvaient mieux s'y prendre qu'en se raprochant de l'etat de nature, & qu'en etablissant entre eux le principe de l'*égalité* & de la *liberté*, qui sont la pierre angulaire de leur association.

Le F. Mais en secondant les intentions de la nature, si toutefois l'egalité & la liberté sont de l'essence de l'home, ce qui est encore un problême pour bien du monde ; si, dis-je, vous vous conformés à ses lois, vous enfreignés celles de la Société, lesquelles exigent la subordination & l'obéissance. . . . .

Le M. Ho, ho, Monsieur, voilà ce qui se nome vulgairement, une sausse réchaufée. Il y a long-tems que cette dificulté est coulée à fond. Bien des

gens

gens ont bâti des sistêmes par raport à ce principe d'egalité & de liberté etabli entre nous ; bien des gens en ont interjetté apel come d'abus, en prêtant aux Maçons les intentions les plus séditieuses, les plus contraires à leurs engagemens & à leurs veux patriotiques. On a voulu insinuer d'un ton emfatique & persuasif, que cette egalité adoptée come principe en Maçonerie, etait un mauvais présage pour les Etats ; & l'on a imaginé que nous fomentions le projet le plus monstrueux, le plus gigantesque & le plus chimérique ; celui de détroner les rois, d'excomunier les papes, de bouleverser les empires, & d'envahir l'univers entier.

Le F. Les pauvres Maçons..., que de guerres ils ont à soutenir ! Chacun leur intente des procès criminels ; & en vèrité, il faut avoir un courage de fer pour résister aux ataques du profâne.

Le M. *En vain la calomnie*
Cherche à nous ataquer ;
Des eforts de l'envie
Q'avons-nous à risquer ?

Beauté, Force, Sagesse,
Voilà les traits vainqueurs,
Dont nous pourons sans cesse
Repousser leurs fureurs.

Le F. Voilà aussi qui irait bien sur l'air : *Dans les gardes françaises*... Mais, je vous prie, qu'entendés-vous par ces trois traits vainqueurs ?... La sagesse, la beauté ne me semblent pas être d'un caractère fort-belliqueux.

Le M. Il ne faut pas prendre ces choses au pié de la lettre. Sagesse, Force & Beauté, sont les termes sacramentaux de l'Ordre.

Le F. Sacramentaux !...

Le M. C'est-à-dire, que ce sont les trois pivots, les trois grands piliers qui soutiennent ce Temple respecté par les soucis, les passions, les préjugés ; ce Temple de la Maçonerie sublime.

Le F. Ha ! ha ! ha ! Si vous repoussés l'envie à coups de pilier, elle aura peine a prévaloir.

Le M. En effet ; tant que la hiérarchie harmonique sera soutenue par la Force, instruite par la Sagesse, & ornée par la Beauté ; tant que nous entreprendrons avec Force tout ce qui conduit au bien, que nous nous conduirons avec Sageſſe dans toutes les actions de la vie, la Beauté de l'Art-Royal ſera invulnerable aux traits de l'envie & de la critique.

Le F. C'eſt un peu trop métafiſique pour moi ; je n'aime pas les mets ſi epicés : j'entendrais mieux le principe de l'egalité & de la liberté ; & pour y revenir, je ne vous le cacherai point, ce principe me paraitrait un peu préjudiciable à l'autorité des Souverains.

Le M, Hé ! quel remords de conſcience vous prend... ! N'ètes-vous pas déja dans les tranſes pour les Potentats ?

Le F. Oh, je n'ai nulle apréhenſion à cet egard ; j'ai voulu plaiſanter : mais toujours eſt-il convenable de réfuter des conjectures, qui toutes extravagantes qu'elles ſoient en elles-mèmes, ne laiſſent pas que d'ebranler quelquefois les eſprits faibles, ou incapables de tirer de juſtes conſéquences des choſes.

Le M. Ces ſoupçons de mauvais deſſeins contre les Puiſſances, ſe réfutent aſſés d'eux-mèmes par leur atrocité. Aujourdui il n'y a point d'home de bon-ſens qui oſat inſiſter davantage ſur des ſoupçons ſi odieux : la conduite univerſelle de l'Ordre, & celle de tant de perſones reſpectables qui s'y trouvent initiées, sont des considèrations plus que sufisantes, pour fermer la bouche à la calomnie : & voilà come s'exprime la Déesse Maçone au sujet de notre principe.....

LIBERTÉ *qui n'a rien d'une injuste*
licence,
Qui des Rois & des Dieux sait respecter les droits;
Mon règne a consacré la juste dépendance,
Qu'impose le pouvoir & des Dieux & des Rois.

Le F. C'est un peu mieux rimé qu'à l'ordinaire; mais sans vouloir vous faire un crime de votre sistême d'egalité, je touverai troujours baroque de confondre, en Maçonerie, toutes les conditions dans ce cahos de fraternité.

Le M. Vous nous faites bien de la grâce, Monsieur, de ne pas nous faire un crime de notre maxime : les Téologiens ne sont pas si indulgens à notre egard.

Le F. Coment! vous avés aussi des démêlés avec ces Messieurs....?

Le M. Oh! des subtilités inextricables. Il y a toujours eu, disent-ils, come il y aura toujours, diférens etats, diférentes conditions : le genre, humain a toujours eté composé de grands & de petits, de riches & de pauvres, de maitres & de serviteurs, de princes & de sujets, de libres & d'esclaves, d'heureux & de malheureux: & etablir un sistême d'egalité, c'est nier le péché originel & ses chatimens.

Le F. Parbleu! je ne m'atendais guère à ce début... Sont-ce-là les subtilités en question?

Le M. Ne voudriés-vous pas les apeler une balourdise?

Le F. Non; mais un argument *in Baroco*.

Le M. A la vérité, je ne vois pas qu'il y ait grande conexion entre la pome d'Adam & l'egalité Maçonique. Mais coment pouvoir nier les chatimens que nous a atirés la désobéissance du premier home? La sentence que l'Eternel a prononcée, ne s'acomplit-elle pas sur chacun de nous? *In sudore vultûs tui*... TU MANGERAS TON PAIN A LA SUEUR DE TON FRONT.

Le F. Mais il y aurait une chose fort-simple à répondre à cela. Le Seigneur ne nous a-t'il pas dit: *Si vous ne devenés petits come des enfans, vous n'en-*

trerés point dans le royaume des cieux....? Hé bien, votre principe d'egalité n'est-il pas conforme à ce conseil divin? Cette egalité n'abaisse-t'elle pas les titres & les honeurs? ne détruit-elle pas le prestige des rangs, en ramenant les homes sous les lois du niveau & de l'humilité?

Le M. En ce eas, je m'ccrie avec le Profète Roi: *Filii hominum*, enfans de ténèbres, *usque quò gravi corde*? jusqu'à quand notre etablissement vous fera-t'il peine? *Ut quid diligitis vanitatem*? pourquoi aimés-vous à nous acabler de vains sofismes? *& quæritis mendacium*? & courés-vous après le mensonge & l'iniquité, pour noircir notre inocence? -- Enfin quel ferait l'intolèrant assés bouru, pour condâner les maximes de notre Déesse, qui parlant de ses enfans, dit avec un noble entousiasme:

Au tumulte des Cours Ils préfèrent mes fetes.
C'est ici que l'on voit les plus superbes têtes,
Déposer leurs grands noms aux piés de mes autels;
Et malgré la fierté qu'inspire la fortune,

Ses favoris rangés sous une loi comune,
Donner le nom de Frère au moindre des mortels.

Le F. Ce précepte est trop evangélique, pour mèriter la censure.

Le M. Et d'ailleurs, quel inconvénient y a-t'il que ce principe d'egalité subsiste parmi nous? Des homes de diffèrens etages qui veulent se voir en société, ne leur est-il pas libre de s'imposer cette loi, en se mettant à l'unisson de tout le monde?

Le F. Je ne vois pas que cela répugne aux lois civiles.

Le M. D'autant moins encore, que cet esprit d'egalité n'est admis que dans nos Loges; & que passé l'enceinte de nos assemblées, tout rentre dans sa sfère, chacun reprend les livrées de sa condition, toute egalité est abolie, & nul Maçon ne cherche à s'en prévaloir.

Le F. Hé, Monsieur, que ne parliés-vous plutot de cette distinction? il y a long-tems que vous auriés fait cesser toute alarme.

Le M. Je ne croyais pas qu'on put l'entendre autrement. Voici une anecdote à ce sujet qui rèpond bien à cette distinction. Un Président du Parlement de Metz, montant un jour les dégrés du palais, fut abordé par un client qui s'etait trouvé avec lui diférentes fois en Loge, & qui lui dit: « Mon Frère, je vous prie d'a» voir egard à ma cause qui se plaide » aujourdui, & de me juger favorable» ment. — Je vous rendrai justice, rè» pondit avec bonté le Président; mais » souvenés-vous qu'en Loge je suis vo» tre Frère, & qu'ici je deviens vo» tre juge «.

Le F. O, que j'aime ces juges! On a bien raison de dire que la rareté des choses en augmente le prix.

Le M. Mais au fait, y aurait-il du bon-sens de vouloir prétendre à une parfaite egalité dans l'etat civil? Elle ne peut être tout-au plus qu'accidentelle & momentanée; & la nature humaine, ainsi que le sistême du monde entier, contredisent visiblement à la possibilité d'une telle prétention. Notre Ordre fait, à la vèrité, des grands & des petits autant de Frères; il raproche les uns des autres, mais sans confondre, dans le civil, ni bien ni rang: en quoi il a su eviter l'ecueil dans lequel sont tombés quelques crétiens des derniers siècles, qui ont prétendu etablir une comunauté de biens entre tous les homes, ou au-moins entre tous ceux de leur ſentiment ; choſe abſolument impraticable, ſi leur corps devenait nombreux. Mais des gens peu réflèchis ou mal intentionés, qui ſavaient ou ne voulaient pas ſavoir coment il falait entendre notre principe, l'ont interprêté malignement, & ont prétendu que nous couvions le projet archi-fou d'introduire une licence & une indépendance univerſelle. . . . Non, Monſieur, notre principe d'egalité a des bornes ; hors des Loges tout Maçon reſpecte & révère les droits & l'autorité de chacun : mais dans l'intèrieur de nos Temples, cette egalité précieuſe eſt ilimitée ; elle eſt le ciment ſolide de notre union, & la bâſe inébranlable de tout l'edifice. Oui,

Nous ſomes ſans entraves ;
Ici le Prince admis
Ne trouve point d'eſclaves,
Mais bien de vrais amis :
Il doit à notre cœur,
Et rien à la grandeur.

Où eſt le crime ? où eſt le péché ?

Le F. Oh ! Meſſieurs, je vous abſous

de bon cœur. Je sens très-bien que votre principe d'egalité ne signifie pas une egalité de principe, mais une egalité de convention, & qui n'est etayée qu'en Loge. Cependant.... vous admetrés des Chefs, des Maîtres ; vous créés des charges, des emplois, des dignités : tout cela s'acorde-t'il bien avec votre inaltèrable niveau. Eh quoi ! il y a en Maçonerie diferens dégrés de conaissance ; il y a des grades ; par conséquent des titres plus ou moins distinctifs. Or, point de titre sans prérogative, point de prérogative sans disparité, point de disparité sans préséance, point de préséance sans honeur, point d'honeur sans condescendance, & point de condescendance sans inégalité.

Le M. La série n'est pas matématiquement juste : mais vous voudriés conclure, sans doute, que nous somes en contradiction avec nous-mêmes...?

Le F. Pas tout-à-fait en contradiction ; mais je pense que quoique l'on puisse concilier vos principes avec ce que je viens de dire, il reste toujours une petite nuance de disproportion qui fait pancher le niveau, en le faisant sortir de son à-plomb.

Le M. A tout cela on pourait répondre, que, lorsque nous disons que tous les homes sont egaux dans nos ateliers, nous entendons que tous les rangs, toutes les dignités, sont oubliés & méconus, & qu'il n'y règne d'autres titres ni d'autre prééminence que celle qu'acordent les difèrens grades Maçoniques : par ce moyen notre egalité ne serait toujours lésée dans aucun de ses droits. Mais indépendament de cette considèration, l'on peut dire que notre Ordre, quoique téocratique, reconait des chefs visibles sur la terre; mais dont la dépendance volontaire est aussi libre qu'elle est agréable.... Nos assemblées sont toujours anarchiques. Les membres qui oficient, come *primi inter pares*, agissant au nom & du consentement de tous, & n'etant que les reprèsentans d'une volonté libre & unanime, ne peuvent vouloir que ce qui est du gré de chacun; & en conséquence, leur autorité n'a rien qui gêne. D'ailleurs, ces oficiers, ce ne sont point des ordres qu'ils donnent mais des avertissemens; & l'on ne s'y conforme, que parce que soi-même l'on en etablit la loi; le sentiment seul devant contenir dans des règles qui ſont auſſi de pur ſentiment, des hommes liés en effet & ſubordonés, mais qui ne ſont liés & ſubordonés que par le ſentiment lui-même. Cela ne peut donc porter aucun echec à notre egalité ni à notre liberté, qui conſervant toute la plénitude de leurs privilèges, cimenteront à jamais notre union & notre force.

Le F. J'apelle tout cela, abuſer du privilège des Téologiens.

Le M. Eſt-ce que j'embrouille les matières ?

Le F. Je ne dis pas cela.

Le M. Eſt-ce que je cite de longs paſſages ?

Le F. Je ne dis pas cela.

Le M. Eh bien, Monſieur, heureux encore ſi ſans trop de ſoin, je ſuis un peu raiſonable & intelligible.

Le F. J'entens aſſés bien tout ce que vous voulés dire ; mais cependant, plus j'y réflèchis, moins je me familiariſe avec l'idée de ce mélange monſtrueux de toutes les conditions, avec ce dédale tortueux, où votre egalité Maçonique engloutit la nobleſſe & la roture, le ſceptre & la houlette. Il me ſemble qu'en donant moins d'extenſion à ce principe, & ſi l'on etait plus réſervé ſur le choix des ſujets, votre architecture ne ſe ſentirait point de ce goût gotique qui infecte loin à la ronde, & l'Art-Royal ne ſerait pas devenu le métier du porte-faix.

Le M. Le bien ne ſaurait être aſſés généralement répandu. Ce ſerait ſortir des principes qui conſtituent notre eſſence, que de ne point faire participer tous les homes au même avantage. Ici le grand veut bien s'humilier juſqu'à devenir le frère du petit, & l'honorer de ce titre; il l'aime & le protège dans tous les cas juſtes & compatibles avec les règles de la charité. Mais ſi le grand veut bien s'abaiſſer juſqu'au moindre, celui-ci aprend de bonne heure à ne jamais s'enorgueillir ni abuſer d'une confraternité ſi glorieuſe pour lui, & ſi capable de le conſoler de la médiocrité de ſon etat; à ne point s'oublier dans ce qu'il doit à celui qui lui eſt ſupèrieur en rang, en naiſſance, en moyens. Il s'emploie avec d'autant plus de zèle & de fidèlité dans les ſervices juſtes & raiſonables que le grand exige de lui, qu'il ſait qu'il agit pour un frère, & pour un frère reconaiſſant. Enfin, Monſieur, chacun eſt apte à devenir

Maçon ; l'etat civil des persones, la naissance, le rang, ne sont ni un mèrite ni un obstacle.

Par un eclat faux & trompeur,
Loin que notre âme soit séduite ;
Chés nous l'on pèse la grandeur
A la balance du mèrite.

Le F. C'est fort-bien fait, très-bien rimé. J'acorde que l'on distingue le mèrite réel d'avec celui de convention : mais toujours n'est-il pas décent qu'un Art si noble soit prostitué par un tas de gens de la lie du peuple, qui ne sont pas nés pour penser, encore moins pour être jamais les apuis d'une institution utile ; car la finesse du tact & la noblesse des idées ne vont guère qu'avec celle du sang & de l'education.

Le M. L'âme d'un roturier vaut souvent mieux que celle du gentilhome ; & ce serait au détriment de l'humanité, que l'on banirait de l'Ordre des persones d'une médiocre naissance, vu principalement que ces sortes de persones sont d'ordinaire plus portées à la pratique des vertus, que celles qui sont les plus constituées en dignité. Il est cependant vrai que les discordes de religion qui embarassèrent & qui déchirèrent l'Europe dans le seisième siècle, firent beaucoup dégènerer la Maçonerie de la noblesse de son origine & de son eclat primordial : mais le principe d'egalité ne fut pas moins, de tout tems, la bâse fondamentale de notre association. Tous ces ordres si ilustres, institués par des Souverains, sont le partage de la grandeur, & hors de la portée des petits : le nôtre rend ceux-ci egaux au reste des homes, en les admettant indifèremment avec les persones les plus distinguées.

Le F. A la bonne heure ; le motif etait juste ; il falait inspirer du liant & de l'aménité, exclure l'orgueil, proscrire sur-tout la gêne des titres ; mais aussi, c'est qu'en y donant trop d'extension, on a peuplé le monde de Maçons vils qui vous deshonorent : obligés par etat à penser servilement, à avoir des vues basses, gens sans education, sans lumières, sans sentimens ; leur rencontre doit humilier, leur intimité avilit, leurs actions nous donent, à nous autres profânes, une idée désavantageuse de la Maçonerie. Telle est la fatalité, que l'usage des meilleures choses rendu trop comun & trop général, en dégrade l'essence, en aténue la valeur: raison pour laquelle il faudrait rétrécir le cercle de vos chantiers; & devenant plus rigides & plus scrupuleux sur l'admission des ouvriers, ne faire règner cette extrême égalité que dans une espèce d'hommes, que leur etat & leurs moyens ne rendent pas si prodigieusement etrangers les uns aux autres.

Le M. Je ne puis dissimuler que le titre de Frère, trop prodigué, trop avili, tourne depuis quelque tems à la confusion de ceux qui le porte & qui en font le plus de cas: triste fatalité, qui des mêmes sources fait couler à la fois le lait & le poison....! Mais que dis-je? cette confusion n'est-elle pas un effet de la vanité? Si le savoyard du coin de la rue fait fortune, ne sera-t'il pas admis à votre table? Eh pourquoi fermer le temple de la vertu à celui qui n'a que la sagesse & l'honêteté pour apanage?... Injustice! C'est les âmes qu'il faut apareiller, & non les qualités civiles.

Le F. Mais coment les apareiller, si les distances d'etat sont si fortes? L'âme du frère le savetier est rarement celle du frère le comte, & l'indécence de ce mêlange choquera toujours ma délicatesse. L'idée du niveau présente, à la vérité, une alégorie flateuse : les petits sont comblés de voir disparaître l'espace qui les éloignait des grands ; ceux-ci sont forcés de renoncer à leur marque, à l'inhumaine habitude de faire sentir le poids du crédit & de l'autorité ; mais au détail, les conséquences sont fâcheuses, une âme vile s'aprivoise trop aisément, & pense d'autrui d'après sont propre cœur.

Le M. A la bonne heure, une âme vile, cela pourait tirer à conséquence ; mais ce que vous dites-là, Monsieur, est une pétition de principe. Il faut qu'un home de ce qu'on apelle du comun, fasse equilibre, quant aux qualités intrinséques, avec celui d'une naissance plus ilustre ; autrement l'accès lui est interdit, si ce n'est que le contraire n'arive par un criant abus de nos maximes.

Le F. Toujours, cette extrême egalité demande encore certaines précautions : sans aplaudir à la perversité, il faut respecter les convenances d'usage ; car si, en Loge, je me trouvais assis entre mon perruquier & mon cordonnier, j'aurais peine à oublier que l'un m'a démêlé les cheveux le matin, &

que l'autre m'essayera des souliers le lendemain. ... Sans plaisanterie, ce tableau est mal colorié; un peintre habile mènage mieux ses teintes: il faut une dégradation insensible, un ton de couleur; il faut qu'elles soient mieux fondues: ceci tranche trop.

Le M. Sans contredit, & je ne vous désaprouve point en cela. Mais qui vous a dit, Monsieur, qu'il falait vous trouver en société précisément avec vos ouvriers? Quand on va quelque part, on sait où l'on entre; & n'y trouve-t'on pas son compte, l'on se retire. Désaprouvera-t'on les bals honêtes, & se privera-t'on d'y aler, parce qu'il y en a de malhonêtes, & que le peuple danse aux porcherons & aux guinguettes? Non sans doute.

Le F. La raison n'est pas mauvaise; mais tel que je viens d'apeler mon frère dans une courte enceinte, où persone n'a dû critiquer cette familiarité, me fera rougir à quatre pas de la Loge, s'il me salue d'un air de conaissance; cela n'est pas proposable, & je suis persuadé que cet inconvénient a fait retirer bien des gens d'une certaine etofe de ce goufre fraternel, où tout est confondu sans misericorde. Coment, en effet, concevoir que tel qui de sa vie n'a dû bâtir que des baraques, songe à reconstruire le Temple de Salomon, & puisse y être propre.

Le M. Cette dificulté est renfermée en partie dans la précédente. Mais je répons encore que l'on peut ne s'associer qu'avec des persones dont le caractère civil ne soit pas dans le cas de faire rougir. En outre, c'est que le droit d'egalité ne passe pas le seuil de nos Loges; & quiconque voudrait s'en prévaloir ailleurs, aurait fort-mauvaise grâce. Et pour ce qui est des persones qui auraient pu renoncer à la Maçonerie, sous prétexte que tous les honêtes gens y sont reçus; cela ne saurait doner aucune ateinte à la pureté de notre institution; cela prouve seulement qu'elles n'en conaissaient point les principes, ni qu'elles savaient faire un choix judicieux des Loges décentes & régulieres. Enfin, pourquoi tout le monde ne serait-il pas propre à participer à nos travaux? Tous les homes ont les mêmes privilèges; les seules qualités du cœur & de l'esprit les distinguent réellement; & mile écus de rente de plus ou de moins, ne rendent la porte de nos Temples ni plus facile ni plus sévère.

Le F. Tout ceci ne fait pas mon compte; & je ſuis perſuadé que chacun conviendra avec moi que des cordons noirs, des cordons rouges, des cordons bleus, entremêlés de perruques, d'habits, de ſouliers, &c., doivent faire enſemble un très-mauvais ragoût & un bariolage des plus déplaiſans. Or, je voudrais, ſauf meilleur avis, que l'on diſtinguat les vrais architectes; qu'une claſſe ſupérieure, fidèle à ſon inſtitut, reſtat ſévère ſur le choix des ſujets; que cette analogie plus ſublime, plus directe, plus conſéquente au vrai but des Maçons, devint excluſivement le taux des perſones honêtes; je ne dis pas préciſément pour les meurs, ce point eſt abſolu, mais honêtes dans toute l'etendue du terme, pour le genre, la qualité, l'etat; & que dans les Loges on aſſortit les êtres, ſi l'on veut réellement raprocher les eſprits & lier les cœurs.

Le M. Monſieur, vous ètes trop rigide. Vous voudriés reſtreindre un bien gènéral à un bien particulier, & exclure les ſimples citoyens d'une ſociété fraternelle, uniquement parce qu'ils ne ſeraient point favoriſés de la fortune. Ne sont-ils pas déja assés petits aux yeux du noble préjugé, sans encore les priver de l'avantage de jouir des agrémens que notre Ordre procure, & d'aprendre l'art de se récréer dans le sein de la paix, de l'inocence & de la vertu ?... Non, non, Monsieur, jamais les considérations de la fortune ne nous feront empiéter sur les droits de l'egalité, notre caractère inéfaçable. Un etat décent, de bonnes meurs, un caractère social, une humeur douce, un esprit bien fait, une conduite réglée, seront à jamais les seuls titres de noblesse qui prévaudront contre les portes les mieux gardées de nos Temples ; un sage vertueux etant préférable, parmi nous, au faste de la naissance que le seul hasard a produit.... Que l'on soit à l'avenir plus sévère sur l'admission des candidats, à la bonne heure ; & que ceux qui, avec quelque justice, craignent de se mésailler ou de se compromettre, ne fréquentent que des Loges décentes & régulières, parce qu'il y a du choix en tout, *bene fit:* mais vouloir qu'un particulier, qu'un bourgeois integre & humain ne soit point admis aussi-bien que le procureur, le greffier, le financier ; c'est insoutenable.

Le F. Oh !... c'est aussi d'une extrêmité à l'autre.

Le M. Pourquoi donc....?

Le F. Cela se demande-t'il ?

Le M. Si cela se demande....!

Le F. Eh bien, depuis quand met-on en paralèle l'intégrité bourgeoise avec finance, timbre & contrôle ? En bon calcul, les unités hétèrogènes ne se marient point ensemble.

Le M. Je conais cependant des receveurs qui sont d'une probité iréprochable.

Le F. O, sans contredit. J'en conais bien aussi (tant il est vrai que la science se niche par-tout) qui savent l'Aritmétique sur le bout des doigts, & qui ne comptent jamais que depuis le pouce jusqu'à l'auriculaire.

Le M. C'est donc pour epargner l'encre & le papier ?

Le F. Ils ne sont pas si vilains; mais c'est que les chifres arabiques ne sont point encore parvenus jusqu'à eux.

Le M. En ce cas, ma grand'mère en a autant à leur service.

Le F. Je n'ai pas de peine à le croire. Mais enfin, ce calcul nous a jetés dans des *fractions* qui m'ont fait perdre le le fil du discours.... Où en etions-nous, je vous prie ?

Le M. Toujours sur les privilèges de l'egalité.

Le F. Ha, ha, oui.... Et vous ne voulés point en démordre?

Le M. N'en ai-je pas doné assés de raisons plausibles?

Le F. C'est donc à dire que les arts-libèraux & les arts-mécaniques travailleront de concert aux cachots pour les vices?

Le M. Bien entendu.

Le F. Pas tant que de merveille.

Le M. Avés-vous encore imaginé quelque nouvel inconvénient à la gènèralité de notre principe.

Le F. Aucun; si-non que j'aimerais que chacun restat dans sa sfère.

Le M. Quelle inflexibilité!

Le F. Soit; c'est peut-être vanité de ma part; mais je ne puis rèvenir de ce mêlange indécent.... Eh, que chacun reste sur son etabli, dans son etau, sa boutique, son comptoir, sa cuisine. A quoi bon, en Architecture, des formes, des aiguilles, des papillotes? C'est avilir la noblesse de l'Art Maçonique.

Le M. Hé, Monsieur, j'ai rèpondu maintes fois à tout ceci. Rapelés-vous ce que j'ai eu l'honeur de vous dire, & vous aprouverés avec moi que l'honêteté, de quelqu'etat & condition qu'elle puisse être, reçoive des gages dans nos ateliers.

Le F. C'est me parler fébus; mais n'importe, je comprens assés ce que cela veut dire, pour répliquer que ce n'est point votre maxime en elle-même que je désaprouve, mais les inconvéniens qui en résultent.

Le M. Ces inconvéniens sont trop minces pour contrevenir à la loi de l'egalité & usurper ses droits: ainsi, Monsieur....

Le F. Vous en penserés ce qu'il vous plaira: mais toujours est-il tems que je m'en retourne.

Le M. Déja....?

Le F. Vous savés que je pars demain de grand matin.

Le M. Pour faire 25 lieues,..?

Le F. On compte 15 postes. Il n'y a pas une minute à perdre.

Le M. Mais à propos....? Et le mariage du Marquis de *Gabaon*...?

Le F. Je trouve que c'est un parti fort-avantageux.

Le M. Oui certainement; mais quand donc aura-t'il lieu?

Le F. On n'atend plus que des dispenses de la Cour de Rome.

Le M. Sans doute que le Marquis.... n'aura pas envoyé toutes ses qualités en Italie.?

Le F. Pour quelle raison?

Le M. C'est qu'au-lieu de cent ecus, par duplicata sa dispense pourait revenir à 25 louis.

Le F. A cause...? Il n'y a point de *copula carnalis.*

Le M. C'est qu'il aurait réveillé la cendre de Clément XII & de Bènoit XIV.

Le F. Coment! il aurait eu la vertu de faire ressusciter ces SS. Pères.....?

Le M. Hé! n'est-il pas F. Maçon?

Le F. Ha, ha.... il s'en mêle aussi...?

Le M. Il en est archi-fou.

Le F. Les Francs-Maçons ont donc le secret de ranimer la poussière des morts?

Le M. Ho, ho!... nous ne somes plus au tems des miracles.

Le F. Eh bien, qu'est-ce que c'est donc que tout ce galimatias?

Le M. Je vous le dirai, si vous voulés être discret.

Le F. C'est peut-être encore le secret de Polichinel....?

Le M. Non pas; c'est quelque chose de très-sèrieux.

Le F. Monsieur, vous conaissés ma discrètion.

Le M. Sachés donc, Monsieur, que le Marquis de Gabaon, ainsi que tous ses adhérans & complices, sont excomuniés come des hérétiques.

Le F. Juste Dieu ! excomuniés come des hérétiques.... Les bras m'en tombent.... Oh, c'est sans doute un conte ?

Le M. Point-du-tout ; il est excomunié dans le for interne & externe, *in modo & figurâ.*

Le F. Mais s'il est brouillé avec l'Eglise, voilà un mariage rompu. Point de dispense, point de salut, danation eternelle.... Je frissone....

Le M. Consolés-vous, Monsieur, il peut racheter son âme.

Le F. Oui, Gabaon est riche. Mais enfin qu'est-ce qui a pu lui atirer les foudres du Vatican ?

Le M. Eh, n'en soyés point emu ; les rois, les empereurs même n'ont pas eté à l'abri du glaive de St. Pierre.

Le F. Oh, Monsieur, vous parlés-là de siècles reculés.

Le M. Il n'y a pas encore si longtems qu'on en a vu un exemple.

Le F. Ho, depuis ce tems, les homes ont apris à vivre. Pour aler si avant dans les tènèbres, autant rétrograder encore de quelques siècles, nous y trouverons des catastrofes bien plus terribles; une, entre autres, au sujet du pape Formose.....

Le M. Du pape Formose....?

Le F. Vous ne savés pas ce qui lui est arivé?

Le M. Je l'ignore absolument.

Le F. Parbleu, sous le règne d'Eudes, il se passa à Rome une chose extraordinaire & sans exemple, en la condanation de ce pape après sa mort.

Le M. Je n'ai cependant jamais entendu cette histoire-là.

Le F. Voici le fait en peu de mots.... Ce pape avait d'abord eté fort-réglé dans ses meurs & dans toute sa conduite, & avait gouverné l'Eglise avec beaucoup de sagesse. Quand il fut elu pape, il etait evêque de Porto, vile d'Italie sur l'embouchure du Tibre.... Les lois eclésiastiques défendaient aux evêques de quiter un evêché pour en prendre un autre. Formose etant elu pape par les voies légitimes, quita son evêché pour prendre celui de Rome. Le pape Etienne VII, son successeur & son ennemi particulier, prit de-là ocasion de le traiter ignominieusement après sa mort. Il fit déterrer son corps;

& l'ayant assis dans la chaire papale, vétu des habits pontificaux, en présence du peuple & du clergé, il lui reprocha qu'il avait violé les règles de l'Eglise, en quitant son epouse pour en prendre une autre, le condana come s'il eut eté vivant, le dépouilla de ses habits pontificaux, lui fit couper les doigts dont il avait doné la bénédiction, & fit jeter son corps dans le Tibre avec une pierre au cou.

Le M. Voilà du dernier tragique. Je ne croyais pas encore que l'home fut capable de se porter à des excès si afreux; & je dis avec St. Augustin : *Pudet me humani generis....*

Le F. Oui, c'est une des anecdotes les plus honteuses qu'ait fournies notre sainte religion. Mais au fait, le Marquis de Gabaon, pourquoi a-t'il encouru la colère du St. Siége?

Le M. Hélas, Monsieur, le Marquis est vertueux, il a un secret, il a promis de ne point le divulguer, il est Franc-Maçon; & voilà son crime, voilà ce qui lui a atiré la censure eclésiastique.

Le F. Coment! ... condané à la mort spirituelle, parce qu'il est F. Maçon?

Le M. Lui, moi & tous nos Frères.

Le F. Plaisanterie.....

Le M. Non vraiment, les bules ont été lancées; elles existent.

Le F. La Maçonerie est excomuniée!

Le M. Anatème sur l'Ordre entier.

Le F. L'etrange nouvelle que vous m'aprenés-là!

Le M. Pas déja si etrange. Il a bien plu au pape Zacharie d'excomunier tous ceux qui parleraient des Antipodes, ou qui soutiendraient qu'ils existent: *Si quis dixerit dari Antipodas, anathema sit.*

Le F. C'est donc aussi lui qui a...?

Le M. Il n'aurait plus manqué que cela pour sa réputation.

Le F. C'est donc arivé sous le pontificat d'Etienne VII?

Le M. Ho, c'est bien plus nouveau. Nous avons obtenu un parchemin de Ste. Marie-majeure en 1738, & un autre en 51.

Le F. Deux bules!... Ah! que c'est généreux... Les Maçons ont donc armé contre eux le ciel & tous ses Saints?

Le M. Hélas! nous somes maudits en dièse & en bémole, de la manière la plus téologale.

Le F. Mais encore, êtes-vous bien sûr du fait?

Le M. Puisque j'ai là les Bules toutes signées, controlées, parafées.

Le F. Bon ! ah, parbleu, je ſerais curieux de les voir ; je n'ai jamais lu de ſtile apoſtolique-romain.

Le M. Bien volontiers, Monſieur ; je vous les paſſerai un de ces quatre matins.

Le F. Oh, faites-moi le plaiſir de me les comuniquer ce ſoir.

Le M. C'eſt que.... je ne ſaurais pas au juſte où les trouver. Elles ſont quelque part là-bas.... dans un de ces cartons....

Le F. Ah, je vous en prie, donés-vous la peine d'y jeter un coup d'œil....

Le M. En ce cas, je m'en vais voir s'il eſt poſſible.... Je les avais encore ſous la main il n'y a pas... trois ſemaines.

Le F. Ne ſe trouveraient-elles pas plutot par-ici....?

Le M. Cela peut être.... Voyons.... Efectivement, j'ai quelque idée.... Je crois que les voici..... Juſte : avec tous leurs tenans & aboutiſſans.... Tenés, Monſieur, amuſés-vous....

Le F. Monſieur, bien des remerciemens. J'aurai l'honeur de vous les remettre auſſi-tot mon retour de campagne.....

CONSTITUTIONS APOSTOLIQUES, ET MANDEMENS CONTRE LA SOCIÉTÉ DES FRANCS-MAÇONS.

LA BULE DE CLÉMENT XII.

Condemnatio Societatis seù conventiculorum DE LIBERI MURATORI, seù DES FRANCS-MAÇONS; sub pœnâ excommunicationis *ipso facto* incurrendâ; ejus absolutione, excepto mortis articulo, summo pontifici reservatâ.

CLEMENS *Episcopus, servus servorum Dei, universis Christi fidelibus salutem & apostolicam benedictionem. In eminenti apostolatûs speculâ, meritis licèt imparibus, divinâ disponente clementiâ constituti, juxtà creditum nobis paf-*

toralis providentiæ debitum jugi (quantùm ex alto conceditur) sollicitudinis studio iis intendimus, per quæ erroribus, vitiisque aditu intercluso, orthodoxæ religionis potissimùm servetur integritas, atque ab universo catholico orbe difficillimis hisce temporibus pertubationum pericula propellantur.

Sanè, vel ipsò rumore publico nunciante nobis innotuit, longè latèque progredi, atque in dies invalescere nonnullas societates, cœtus, conventus collectiones, aggregationes, seù conventicula, vulgò.-- De Liberi Muratori, *seù* Francs-Maçons, *aut aliâ quâvis nomenclaturâ, pro idiomatum varietate, nuncupata; in quibus cujuscumque religionis & sectæ homines, affectatâ quâdam contenti honestatis naturalis specie, arcto æquè ac impervio fœdere, secundùm leges & statuta sibi condita, invicem consociantur; quæque simul clàm operantur, tum districto jurejurando ad sacra biblie interposito;*

tum gravium pœnarum exageratione, inviolabili silentio obtegere adstringuntur.

Verùm, cùm ea sit sceleris natura, ut se ipsum prodat, & clamorem edat sui indicem; hinc societates seù conventicula prædicta vehementem adeò fidelium mentibus suspicionem ingesserunt; ut iisdem aggregationibus nomen dare, apud prudentes & probos idem omninò sit, ac pravitatis & perversionis notam incurrere; nisi enim malè agerent, tanto nequaquàm odio lucem haberent. Qui quidèm rumor eò usque percrebuit, ut in plurimis regionibus memoratæ Societates per sæculi potestates, tamquàm regnorum securitati adversantes, proscriptæ ac providè eliminatæ jam pridem extiterint.

Nos itaque animo volventes gravissima damna, quæ ùt plurimùm ex hujusmodi societatibus seù conventiculis, ne dum temporalis reipublicæ tranquillitati, verùm etiam spirituali animarum saluti inferuntur, atque idcircò, tum civilibus tum canonicis minimè cohærere sanctionibus; cùm divino eloquio doceamur, diù noctùque, more servi fidelis & prudentis dominicæ familiæ præpositi vigilandum esse, ne hujusmodi hominum genus, veluti fures domum perfodiant, atque instar vulpium vineam demoliri nitantur; ne videlicèt simplicium corda pervertant, atque innoxios sagittent in occultis; ad latissimam, quæ iniquitatibus impunè patrandis inde aperiri posset, viam obstruendam, aliisque de justis ac rationalibus causis nobis notis, easdem societates, cœtus, conventus, collectiones, aggregationes seù conventicula de Liberi Muratori, *seù* Francs-Maçons, *aut alio quocumque nomine appellata, de nonnullorum venerabilium fratrum nostrorum S. R. E. Cardinalium consilio, ac etiam motu proprio, & ex certâ scientiâ & maturâ deliberatione nostris, deque apostolicæ potestatis plenitudine, damnanda & prohibenda esse statuimus & decrevimus, prout præsenti nostrâ perpetuò valiturâ constitutione damnamus & prohibemus.*

Quocircà omnibus & singulis Christi fidelibus cujuscumque statûs, gradûs, conditionis, ordinis, dignitatis & præeminentiæ, sivè laicis vel clericis tam sæcularibus quam regularibus, etiam specificâ & individuâ mentione & expressione dignis, districtè & in virtute sanctæ obedientiæ præcipimus, ne quis sub quovis prætextu aut quæsito colore, audeat vel presumat prædictas societates de Liberi Muratori, *seù* Francs-Maçons, *aut aliàs nuncupatas, inire vel propagare, confovere, ac in suis ædibus seù domibus vel alibi receptare atque occultare; iis adscribi, aggregari aut interesse, vel potestatem seù commoditatem facere, ut alicubi convocentur; iisdem aliquid ministrare, sive aliàs consilium, auxilium vel favorem, palàm aut in occulto, directè vel indirectè, per se vel per alios quoquo modo præstare; nec non alios hortari, inducere, provocare aut suadere, ut hujusmodi societatibus adscribantur, annumerentur, seù intersint, vel ipsas quomodolibet jubent ac foveant; sed omninò ab iisdem societatibus, cœtibus, conventibus, collectionibus, aggregationibus seù conventiculis, prorsùs abstinere se debeant, sub pœna excommunicationis per omnes, ùt suprà, contra facientes,* ipso facto, *absque ullâ declaratione incurrendâ; à quâ nemo per quemquam, nisi per nos, seu romanum pontificem pro tempore existentem, præterquàm in articulo mortis constitutus, absolutionis beneficium valeat obtinere.*

Volumus insuper & mandamus, ut tam episcopi & prælati superiores, aliique locorum Ordinarii, quàm hæreticæ pravitatis ubique locorum deputati inquisitores, adversùs transgressores, cujuscumque sint statûs, gradûs, conditionis, ordinis, dignitatis vel præeminentiæ, procedant & inquirant, eosque tamquàm de hæresi vehementer suspectos condignis pœ-

nis puniant atque coërceant : iis enim & eorum cuilibet, contrà eosdem transgressores procedendi & inquirendi, ac condignis pœnis coërcendi & puniendi, invocato etiam ad hoc, si opus fuerit, brachii sæcularis auxilio, liberam facultatem tribuimus & impertimur.

Volumus autem ut earumdem præsentium transumptis etiàm impressis, manu alicujus notarii publici subscriptis, & sigillo personæ in dignitate ecclesiasticâ constitutæ munitis, eadem fides prorsùs adhibeatur, quæ ipsis originalibus litteris adhiberetur, si forent exhibitæ vel ostensæ.

Nulli ergò hominum liceat hanc paginam nostræ declarationis, damnationis, mandati, prohibitionis & interdictionis infringere, vel ei ausu temerario contraire. Si quis autem hoc attentare præsumpserit, indignationem omnipotentis Dei, ac beatorum Petri & Pauli apostolorum ejus se noverit incursurum.

Datum Romæ apud sanctam Mariam

majorem, anno incarnationis Dominicæ millesimo septingentesimo trigesimo-octavo, quarto kalendas Maii, Pontificatûs nostri anno octavo.

A. Card. Prodat.

C. Amat. Prosecret.

Visa de Curiâ.

N. Antonellus.

Locò ✝ plumbi.

J. B. Eugen.

Registrata in secretariâ brevium, &c., die, mense & anno quibus suprà, &c. Publicata fuit ad valvas basilicæ principis apostolorum, ac aliis locis solitis & consuetis, &c.

CONDANATION de la Société apelée DE LIBERI MURATORI *ou* FRANCS-MAÇONS, *sous peine d'excomunication encourue par le seul fait; & dont l'absolution est réservée au souverain pontife, si ce n'est à l'article de la mort.*

CLÉMENT XII, Evêque, serviteur des serviteurs de Dieu, à tous les fidèles, salut & bènédiction apostolique.

La divine Providence nous ayant placé, malgré notre indignité, dans la chaire la plus elevée de l'apostolat, pour y veiller sans cesse à la sûreté du troupeau qui nous est confié; nous avons doné tous nos soins, autant que le secours d'en haut nous l'a permis, & toute notre aplication, à oposer au vice & à l'erreur une barière qui en arête le progrès, à conſerver ſpécialement l'intégrité de la religion ortodoxe, & à eloigner des fidèles, dans ces tems dificiles, tout ce qui pourait être pour eux une ocaſion de trouble.

Nous avons apris, & le bruit public ne nous a pas permis de douter qu'il s'etait formé une certaine ſociété, aſſemblée ou aſſociation, ſous le nom de *Francs-Maçons* ou *Liberi Muratori*, ou ſous une apellation equivalente, ſuivant la diverſité des langues, dans laquelle ſont admiſes indiféremment des perſones de toute religion & de toute ſecte, qui ſous les dehors afectés d'une probité naturelle qu'on y exige & dont on ſe contente, ſe ſont etabli certaines lois, certains ſtatuts qui les lient les uns les autres; & qui en particulier les obligent, ſous les plus grièves peines, en vertu d'un ſerment prêté ſur les ſaintes Ecritures, de garder un ſecret inviolable ſur tout ce qui ſe paſſe dans leurs aſſemblées.

Mais come le crime se découvre lui-même, & que malgré les précautions qu'il prend pour se cacher, il se trahit par l'eclat qu'il ne peut arêter; cette Société, ces assemblées sont devenues si suspectes aux fidèles, que tout home de bien regarde aujourdui come un signe peu equivoque de perversion, quiconque s'y fait adopter. Si leurs actions etaient iréprochables, ils ne se déroberaient pas avec tant de soin à la lumière. De-là vient que depuis long-tems la plupart des Princes les ont sagement proscrites, ces Sociétés, de leurs Etats. Ils ont regardé ces sortes de gens come ennemis de la sûreté publique.

Ayant donc mûrement rêflèchi sur les grands maux qui naissent pour l'ordinaire de ces associations, toujours nuisibles à la tranquilité de l'Etat & au salut des âmes, & qui à ce titre ne peuvent s'acorder avec les lois civiles & canoniques; instruit d'ailleurs par la parole de Dieu même, qu'en qualité de serviteur prudent & fidèle, choisi pour gouverner le troupeau du Seigneur, nous devons être continuellement en garde contre des gens de ce caractère; de peur qu'à l'exemple du voleur, ils ne percent la maison, & que come autant de renards, ils ne se jettent dans la vigne, & ne portent par-tout la désolation; c'est-à-dire, de peur qu'ils ne séduisent les simples & ne blessent en secret, de leurs flèches, les âmes inocentes.

Enfin voulant arèter le cours de cette perversion, & interdire une voie qui donerait lieu de se laisser aler impunément à bien des iniquités, & pour plusieurs autres raisons à nous conues, & qui sont egalement justes & bien fondées; après en avoir délibèré avec nos vènèrables Frères les Cardinaux de la Ste. Eglise romaine, & de leur avis; & même aussi de notre propre mouvement & conaissance certaine, &

de toute la plénitude de notre puissance apostolique, nous avons résolu de condaner & de défendre, come de fait nous condanons & défendons par notre présente constitution & à perpétuité, les susdites Sociétés, assemblées des Francs-Maçons, ou désignées sous un autre nom quel qu'il soit.

C'est pourquoi nous défendons très-expressément, & en vertu de Ste. obéissance, à tous les fidèles, soit laïques, soit clercs séculiers ou réguliers, y compris ceux qui doivent être spécialement només, de quelque etat, grade, condition, dignité & prééminence qu'ils soient, d'entrer pour quelque cause & sous quelque prétexte que ce soit, dans les Sociétés ci-dessus mentionées de Francs-Maçons, de favoriser leur acroissement, de les recevoir ou cacher chez soi ou ailleurs, de s'y faire associer, d'y assister, de faciliter leurs assemblées, de leur fournir quoique ce soit, de les aider de conseil, de leur prêter secours

& faveur en public ou en secret, d'agir directement ou indirectement par soi ou par autrui, d'exhorter, de solliciter, d'induire, d'engager quelqu'un à se faire adopter dans ces Sociétés, à y assister, à les aider de quelque manière que ce puisse être, & à les fomenter. Nous leur ordonons au contraire, de s'interdire entièrement ces associations ou assemblées, sous peine d'excomunication qui sera encourue par le seul fait & sans autre déclaration, par les contrevenans dont nous avons fait mention; de laquelle excomunication ils ne pouront être absous que par nous ou par le souverain pontife pour lors règnant, si ce n'est à l'article de la mort.

Voulons de plus & ordonons que les evêques, prélats, supèrieurs & autres ordinaires des lieux, de même que les inquisiteurs, procèdent contre les contrevenans, de quelque grade, condition, ordre, dignité & prééminence qu'ils soient; qu'ils travaillent à les réprimer, & qu'ils les punissent des peines qu'ils méritent, à titre de gens très-suspects d'hérésie.

A cet effet, nous donons à tous & à chacun d'eux, le pouvoir de les poursuivre & de les punir selon les voies du droit, & d'avoir recours, s'il en est besoin, au bras séculier.

Voulons aussi que les copies de la présente constitution ayent la même force que l'original, dès qu'elles seront munies de la souscription d'un notaire public, & du sceau de quelque persone constituée en dignité eclésiastique.

Que persone, au reste, ne soit assés téméraire, pour ôser ataquer ou contredire la présente déclaration, condanation, défense & interdiction. Si quelqu'un portait jusqu'à ce point la hardiesse, qu'il sache qu'il encourra l'indignation de Dieu, & de ses bienheureux apôtres S. Pierre & S. Paul.

DONNÉ à Rome, à Ste. Marie-majeure, l'an depuis l'incarnation de

Jesus-Christ 1738, le 4 des Calendes de Mai, de notre Pontificat le huitième.

A. Card. *Prodataire.*

C. AMAT. *Vice-Secrètaire.*

La place ✝ du sceau.

J. B. EUGÊNE.

Enregistré à la secrètairie des brefs, le jour, le mois & l'année ci-dessus, & publié aux lieux acoutumés de Rome, &c.

LA BULE DE BENOIT XIV.

Sanctissimi in Christo Patris & Domini nostri Domini Benedicti, *divinâ Providentiâ Papæ XIV.*

CONSTITUTIO

QUA nonnullæ Societates seù conventicula, de LIBERI MURATORI, seù DES FRANCS-MAÇONS, vel aliter nuncupata, iterùm damnantur & prohibentur.

CUM

Invocatione brachii & auxilii sæcularium Principum & Potestatum.

BENEDICTUS Episcopus, servus Servorum Dei, AD PERPETUAM REI MEMORIAM.

PROVIDAS Romanorum Pontificum prædecessorum nostrorum leges atque sanctiones, non solùm eas, quarum vigorem vel temporum lapsu, vel hominum neglectu labefactari aut extingui posse veremur; sed eas etiam quæ recentem vim, plenumque obtinent robur, justis gravibusque id exigentibus caussis, novo auctoritatis nostræ munimine roborandas confirmandasque censemus.

Sanè felicis recordationis prædecessor noster, Clemens Papa XII, per suas apostolicas litteras, anno incarnationis dominicæ M. DCC. XXXVIII. IV. Kalend. Maii, pontificatûs sui anno VIII datas, & universis Christi fidelibus inscriptas, quarum initium est: In eminenti; *Nonnullas Societates, cœtus, conventus, collectiones, conventicula seù aggregationes, vulgò* de Liberi Muratori, *seù* des Francs-Maçons, *vel alitèr nuncupatas, in quibusdam regionibus tunc latè diffusas, atque in dies invalescentes, perpetuò damnavit atque prohibuit; præcipiens omnibus & singulis Christi fidelibus, sub pœnâ excommunicationis;*

tionis, ipso facto, *absque ullâ declaratione incurrendâ, à quâ nemo per alium quàm per Romanum Pontificem pro tempore existentem, excepto mortis articulo, absolvi posset, ne quis auderet vel præsumeret hujusmodi Societates inire, vel propagare, aut confovere, receptare, occultare, iisque adscribi, aggregari aut interesse, & aliàs prout in eisdem litteris latiùs & uberiùs continetur, quarum tenor talis est, videlicèt :*

Clemens Episcopus, servus servorum Dei, universis Christi fidelibus salutem & apostolicam benedictionem. In eminenti apostolatûs speculâ, &c., *ùt suprà.*

Cùm autem, sicùt accepimus, aliqui fuerint, qui asserere ac vulgò jactare non dubitaverint, dictam excommunicationis pœnam à prædecessore nostro, ùt præfertur, impositam non ampliùs afficere; propterea quòd ipsa præinserta Constitutio à nobis confirmata non fuerit, quasi verò pro apostolicarum constitutio-

num à prædecessore editarum subsistentiâ, pontificis successoris expressa confirmatio requiratur.

Cùmque etiam à nonnullis piis ac Deum timentibus viris nobis insinuatum fuerit, ad omnia calumniantium subterfugia tollenda, declarandamque animi nostri cum ejusdem prædecessoris mente ac voluntate uniformitatem, magnoperè expediens fore, ut ejusdem prædecessoris constitutioni novum confirmationis nostræ suffragium adjungeremus.

Nos, licèt hucusque, dum pluribus Christi fidelibus de violatis ejusdem constitutionis legibus verè pœnitentibus atque dolentibus, seque à damnatis hujusmodi societatibus seù conventiculis omninò recessuros, & numquàm in posterum ad illas & illa redituros ex animo profitentibus, absolutionem ab incursâ excommunicatione, tum anteà sæpè, tum maximè elapso Jubilæi anno benignè concessimus: seù dum facultatem pœnitentiariis à nobis deputatis communicavi-

mus, ut hujusmodi pœnitentibus qui ad ipsos confugerent, eandem absolutionem nostro nomine & auctoritate impertiri valerent; dum etiam sollicito vigilantiæ studio instare non prætermisimus, ut à competentibus judicibus & tribunalibus, adversùs ejusdem constitutionis violatores, pro delicti mensurâ procederetur, quod & ab eis reipsâ sæpè præstitum fuit; non quidèm probabilia dumtaxat, sed planè evidentia & indubitata argumenta dederimus, ex quibus animi nostri sensus, ac firma & deliberata voluntas, quoad censuræ per dictum Clementem prædecessorem, ùt præfertur, impositæ vigorem & substantiam, satis apertè inferri debuerant; sique autem contraria de nobis opinio circumferretur, nos eam securi contemnere possemus, causamque nostram justo Dei omnipotentis judicio relinquere, ea verba usurpantes, quæ olim inter sacras actiones recitata fuisse constat: Præsta quæsumus, Domine, ut mentium reprobarum non curemus obloquium; ſed eâdem pravitate calcatâ exoramus, ut nec terreri nos lacerationibus patiaris injuſtis, nec captioſis adulationibus implicari, ſed potiùs amare quod præcipis: *ùt habet antiquum Miſſale, quod S. Gelaſio prædeceſſori noſtro tribuitur, & à Ven. S. D. Joſepho Maria Cardinali Thomaſio editum fuit, in miſſâ quæ inſcribitur*, Contrà obloquentes.

Ne tamen aliquid per nos improvidè prætermiſſum dici valeret, quo facilè poſſemus mendacibus calumniis fomentum adimere atque os obſtruere; audito priùs nonnullorum ven. fratrum noſtrorum S. R. E. Cardinalium conſilio, eandem prædeceſſoris noſtri conſtitutionem præſentibus, ùt ſuprà, de verbo ad verbum inſertam, in formâ ſpecificâ, quæ omnium ampliſſima & efficaciſſima habetur, confirmare decrevimus; prout eam ex certâ ſcientiâ & apoſtolica auctoritatis noſtræ plenitudine, earumdem præſentium Litterarum tenore in omnibus & per omnia, perindè ac ſi noſtris motu proprio, auctoritate ac nomine primùm edita fuisset, confirmamus, roboramus & innovamus, ac perpetuam vim & efficaciam habere volumus & decernimus.

Porrò, inter gravissimas præfatæ prohibitionis & damnationis causas, in præinsertâ constitutione enunciatas, una est:

Quòd in hujusmodi societatibus & conventiculis, cujuscumque religionis ac sectæ homines invicem consociantur; quâ ex re satis patet, quàm magna pernicies catholicæ religionis puritati inferri valeat:

Altera est arctum & impervium secreti fœdus, quo occultantur ea quæ in hujusmodi conventiculis fiunt; quibus proindè ea sententia meritò aptari potest, quam Cæcilius Natalis, apud Minucium Felicem in causâ, nimiùm diversâ protulit: Honesta semper publico gaudent; scelera secreta sunt:

Tertia est jusjurandum, quo se hujusmodi secreto inviolabiliter servando adstringunt; quasi liceat alicui, cujuslibet promissionis aut juramenti obtentu se tueri, quominùs à legitimâ potestate interrogatus omnia fateri teneatur, quæcumque exquiruntur, ad dignoscendum an aliquid in hujusmodi conventiculis fiat, quod sit contrà religionis ac Reipublicæ statum & leges.

Quarta est, quòd hujusmodi societates non minùs civilibus quàm canonicis sanctionibus adversari dignoscuntur; cùm scilicet jure civili omnia collegia & sodalitia, præter publicam auctoritatem consociata, prohibeantur, ùt videre est in Pandectarum libro XLVII, Tit. 22, de collegiis & corporibus illicitis; *& in celebri epistolâ C. Plinii Cæcilii secundi, quæ est XCVII, lib. X, in quâ ait, edicto suo, secundùm imperatoris mandata, vetitum fuisse, ne Hetæriæ essent; id est, ne societates & conventus, sine principis auctoritate, iniri & haberi possent.*

Quinta est, quòd jam in pluribus regionibus memoratæ societates & aggre-

gationes, sæcularium principum legibus, proscriptæ atque eliminatæ fuërunt.

Ultima demùm, quòd apud prudentes & probos viros eædem societates & aggregationes malè audirent; eorumque judicio, quicumque eisdem nomina darent, pravitatis & perversionis notam incurrerent.

Deniquè idem prædecessor, in præinsertâ constitutione, episcopos & superiores prælatos, aliosque locorum ordinarios excitat; ut pro illius executione, si opus fuerit, brachii sæcularis auxilium invocare non prætermittant.

Quæ omnia & singula non solùm à nobis approbantur & confirmantur, eisdemque ecclesiasticis superioribus respectivè commendantur & injunguntur; verùm etiam nos ipsi, pro apostolicæ sollicitudinis officio, præsentibus nostris Litteris, catholicorum Principum, omniumque sæcularium Potestatum opem auxiliumque ad præmissorum effectum invocamus, & enixo studio requirimus;

quam ipsi supremi Principes & Potestates electi sint à Deo defensores Fidei, Ecclesiæque protectores; ideòque eorum munus sit idoneis quibusque rationibus efficere, ut apostolicis constitutionibus debitum obsequium, omnimodâ observantiâ præstetur; quod iis in memoriam revocârunt Tridentinæ Synodi Patres Seſſ. *XXV*, cap. 20, *multòque anteà egregiè declaraverat Imperator Carolus Magnus, ubi, post demandatam omnibus sibi subditis, ecclesiasticarum sanctionum observantiam, hæc addidit:* Nam nullo pacto agnoſcere poſſumus qualiter nobis fideles exiſtere poſſunt, qui Deo infideles, & ſuis ſacerdotibus inobedientes apparuerint. *Quapropter cunctis ditionum suarum præsidibus & ministris injungens, ut omnes & singulos ad debitam obedientiam ecclesiæ legibus exhibendam omninò compellerent; gravissimas quoque pœnas adversùs eos indixit, qui hoc præstare negligerent; subdens inter alia:* Qui autem fin his (quod absit) aut negligentes eisque inobedientes fuerint inventi, sciant, se nec in nostro imperio honores retinere, licèt etiam filii nostri fuerint, nec in palatio locum, neque nobiscum, aut cum nostris societatem aut communionem ullam habere; sed magis sub districtione & ariditate pœnas luent.

Volumus autem ut earumdem præsentium transumptis etiam impressis, manu alicujus notarii publici subscriptis, & sigillo personæ in dignitate ecclesiasticâ constitutæ munitis, eadem fides prorsùs adhibeatur, quæ ipsis originalibus Litteris adhiberetur, si forent exhibitæ & ostensæ.

Nulli ergò omninò hominum liceat hanc paginam nostræ confirmationis, innovationis, approbationis, requisitionis, decreti & voluntatis infringere, vel ei ausu temerario contraire. Si quis autem hoc attentare præsumpserit, indignationem omnipotentis Dei ac beatorum Petri &

Pauli apostolorum ejus se noverit incursurum.

Datum Romæ, apud S. Mariam-majorem, anno incarnationis dominicæ millesimo septingentesimo quinquagesimo primo, quintodecimo Kalendas Junii, Pontificatûs nostri anno undecimo.

D. Card. PASSIONEUS.

J. DATARIUS.

Visa.

De curiâ J. C. BOSCHI.

Locò ✝ *plumbi.*

J. B. EUGENIUS.

Registrata in secretariâ Brevium. Anno à nativitate Domini nostri Jesu-Christi millesimo septingentesimo quinquagesimo primo, indictione decimâ quartâ, die verò 28 mensis Maii, Ponticatûs autem sanctissimi in Christo patris, & Domini nostri BENEDICTI divinâ Providentiâ PAPÆ XIV, anno undecimo, supradicta Constitutio affixa & publicata fuit ad valvas Basilicæ Lateranensis & principis apostolorum; & cancellaria apostolicæ curiæque generalis in monte Citatorio, & in acie campi Floræ, ac in aliis locis solitis & consuetis urbis, per me Franciscum Bartolotti Apost. Curs.

ANTONIUS BEFANI *Mag. Curs.*

MANDEMENT pour la publication de la Bule de notre S. Père le Pape Bènoit XIV, qui condâne & défend de nouveau les Sociétés dites des FRANCS-MAÇONS, en implorant le bras & le ſecours des Princes & des Puiſſances ſéculières.

JOSEPH DE GUYON DE CROCHANS, par la grâce de Dieu & du S. Siège apoſtolique, Archevéque d'Avignon.

Au Clergé ſéculier & régulier, & à tous les fidèles de notre diocèſe, ſalut & bènèdiction en notre Seigneur Jéſus-Chriſt.

NOUS gémiſſons depuis long-tems, mes très-chers Frères, dans le ſecret de notre cœur, ſur l'aveuglement ſurprenant de quelques-uns d'entre vous qui ſe laiſſant ſéduire par les artifices du dèmon, & ſe livrant au gout trompeur d'une malheureuſe nouveauté, s'engageaient tèmèrairement dans des ſociétés dites *des Francs-Maçons*, & y perſévèraient opiniâtrement, malgré la défenſe qu'en avait faite le S. Siège apoſtolique, ſous la plus terrible des peines eclésiaſtiques, l'excomunication majeure réſervée au ſouverain pontife.

Le ſaint jubilé qui parait avoir réveillé la foi & la religion preſque eteintes dans pluſieurs d'entre vous, faiſant ceſſer les aſſemblées ſecrètes de ces ſuſpectes aſſociations, nous font eſpèrer d'en voir heureuſement la fin parmi notre troupeau. La Conſtitution que notre S. père le pape Bènoit XIV, heureuſement règnant, vient de publier contre ces mêmes Sociétés, va, come nous l'eſpèróns, les détruire entièrement, & mettre le comble à nos juſtes deſirs.

Nous nous empreſſons, mes très-chers Frères, de vous faire part de cette Bule si digne de son auteur. Vous y verrés de nouvelles marques du zèle & de la sagesse de ce grand pontife, que tout l'univers crètien ne cesse d'admirer; vous y verrés la confirmation solennelle de la Bule que son prédécesseur le pape Clement XII d'heureuse mèmoire, avait donée dès l'année 1738, contre les Sociétés dites des *Francs-Maçons*; & ceux parmi vous qui seraient encore de ce nombre, ne pouront qu'être saintement alarmés d'avoir mèrité d'être frapés des foudres de l'Eglise.

Il est pour cela nécessaire de vous faire un précis de ce que contiennent les Bules de ces deux grands papes. Elles concourent mutellement à vous acabler du poids de leur autorité, si vous aviés le malheur de persévèrer encore dans des Sociétés solennellement condânées par le Vicaire de Jesus-Christ.

C'est donc en vertu de la sainte obéissance, que le successeur de l'Apôtre S. Pierre ordone etroitement à tous & à chacun des fidèles, de quelque etat, rang, condition, ordre, dignité & prééminence qu'ils soient, soit laïques, soit clercs, soit séculiers, soit réguliers, quand même ils demanderaient qu'on en fit une expresse & individuelle mention; qu'aucun d'eux, sous quelque couleur & prétexte que ce soit, n'ôse & ne présume d'introduire, d'acroître & d'entretenir des Sociétés dites des *Francs-Maçons*, ou apelées d'un autre nom, ni de les recevoir & cacher dans ses maisons ou ailleurs, ni de s'y engager, de s'y associer, de s'y trouver, ni de doner la permission ou la facilité de les assembler, ni de leur fournir quelque chose, ni de leur doner conseil, secours ou faveur, de quelque manière que ce soit, par soi-même ou par autrui, directement ou indirectement, en public ou en cachette;

ni d'exhorter, d'induire, de provoquer ſes autres à s'inſcrire dans ces Sociétés, ou de leur perſuader de s'y agréger, de s'y trouver ou de les aider & entretenir de quelque manière que ce ſoit; mais qu'ils doivent tous s'abſtenir entièrement de ces Sociétés, agrégations, compagnies, aſſemblées & conventicules, ſous peine d'excomunication encourue par le ſeul fait, ſans qu'il ſoit beſoin d'aucune déclaration, & dont on ne poura être abſous, excepté à l'article de la mort, que par le ſouverain pontiſe.

Les raiſons d'une défenſe & d'une condanation ſi expreſſe, que Sa Saintеté veut bien nous expoſer dans ſa Bule, ſont dignes de ſa ſageſſe, & ſont très-propres à vous faire renoncer au plutot à des pratiques dont elles vous manifeſtent ſi ſenſiblement les inconvéniens & les dangers.

La première de ces raiſons, c'eſt que les homes de toute ſorte de religion & de secte, s'aliant & s'unissant ensemble dans ces Sociétés & ces assemblées, la pureté de la religion catolique, seule vèritable, ne peut qu'en soufrir tot ou tard un très-grand préjudice.

La seconde est la loi etroite d'un secret impènètrable, sous lequel on cache soigneusement tout ce qui se fait dans ces sortes d'assemblées.

La troisième est le serment par lequel on s'engage à garder inviolablement ce secret; come s'il etait permis, sous prétexte de quelque serment que ce soit, de se défendre de tout avouer, lorsqu'une puissance légitime nous intèroge, pour conaître s'il ne se fait rien dans ces assemblées qui soit contre la religion ou contre l'etat.

La quatrième est que ces sortes de Sociétés ne sont pas moins contraires aux ordonances civiles, qu'aux lois canoniques & eclésiastiques; le droit civil défendant les sociétés & les asſemblées qui ſe forment ſans l'autorité publique.

La cinquième eſt que ces Sociétés & ces agrégations ont eté déja proſcrites & banies de pluſieurs Etats, par l'autorité des Princes ſéculiers.

La dernière enfin de ces raiſons, c'eſt que ces mêmes aſſociations & aſſemblées ſont blâmées des perſones prudentes & de probité ; & qu'à leur jugement, quiconque s'y aſſocie, done lieu qu'on le ſoupçone de dérèglement & de déſordre.

Le pape Clément XII, dans ſa conſtitution de 1738, avait ordoné, tant aux evêques, prélats, ſupèrieurs & autres ordinaires des lieux, qu'aux inquiſiteurs de la foi, de rechercher avec ſoin les violateurs de ſa Conſtitution, de procéder contre eux, de quelque etat, rang, condition, ordre, dignité & prééminence qu'ils fuſſent, & de les punir des peines convenables, come fort-ſuſpects d'héréſie ; leur donnant libre pouvoir d'implorer pour cela ; s'il etait nécessaire, le secours du bras séculier. Sa Sainteté nous renouvelle aujourdui le comandement de son prédécesseur ; & par un effet de sa solicitude apostolique, elle implore fortement l'aide & le secours des Princes catoliques, pour l'exécution de sa Bule dans leurs Etats : elle leur déclare qu'ils sont etablis de Dieu pour être les défenseurs de la Foi & les protecteurs de l'Eglise ; & c'est pour animer leur zèle à remplir ces glorieuses qualités, que Sa Sainteté leur rapelle ces beaux mots du pieux Empereur Charlemagne, au titre premier de ses Capitulaires, chap. 2 : *Nous ne pouvons en aucune façon reconaître coment nous peuvent être fidèles, ceux qui se montrent infidèles à Dieu & désobéissans à ses prêtres.*

Tel est, mes très-chers Frères, le zèle ardent que notre St. père le pape fait paraître pour la destruction des Sociétés & assemblées des *Francs-Maçons*.

A CES CAUSES, pour rèpondre aux intentions & aux ordres de Sa Sainteté, & en exécution de sa Bule, nous ordonons qu'elle sera publiée au prône de chaque paroisse de cette vile, & que tous ceux qui seraient malheureusement engagés dans les sociétés ou assemblées dites des *Francs-Maçons*, ou apelées d'un autre nom, s'en retirent au plutot, & y renoncent pour toujours, avec un vrai repentir d'y avoir eu quelque part; & que s'adressant pour cela à nous, ou au rèvèrend père inquisiteur, ou à un de nos vicaires gènèraux, ils donnent des marques nulement equivoques de leur parfaite obéissance à la voix du vicaire de Jesus-Christ; & se mettant en etat, en profitant de la grâce du jubilé qui va expirer, de recevoir l'absolution de l'excomunication réservée au S. Siège, qu'ils ont malheureusement encourue.

Et come nous ne pouvons ignorer qu'il y a dans cette vile un livre manuſcrit, contenant divers règlemens de ces Sociétés dites des *Francs-Maçons*, auſſi-bien que la ſignature de ceux qui y ſont agrégés, nous ordonons très-etroitement, ſous peine d'excomunication, à ceux qui ont ce livre, de le remettre au plutot entre nos mains, ou celles du révérend père inquiſiteur; & nous ordonons pareillement ſous la même peine, à ceux qui ſavent où eſt ce livre, de nous en avertir inceſſament ou le R. P. inquiſiteur, ou un de nos vicaires généraux.

Que ſi quelqu'un, ce qu'à Dieu ne plaiſe, eſt aſſés aveugle & endurci pour perſévérer encore dans ces Sociétés dites des *Francs-Maçons*, ou apelées d'un autre nom, qu'il ſache que nous procéderons contre lui come ſuſpect d'héréſie, ſelon toute la rigueur du droit.

Et ſera notre préſent mandement

lu & publié aux prônes des paroisses, & dans toures les comunautés d'homes séculières & régulières, & afiché aux portes de l'eglise métropolitaine & des eglises paroissiales.

DONÉ à Avignon, en notre palais archiépiscopal, le 22 Juillet 1751.

✠ JOSEPH, *Archevêque d'Avignon.*

Par Mgr.

PHILIP, *Secrètaire.*

MANDEMENT
De M. l'Evêque de Marſeille.

HENRI-FRANÇOIS-XAVIER DE BELSUNCE DE CALTELMORON, par la Providence divine & la grâce du S. Siège apoſtolique, Evêque de Marſeille, &c. Au clergé ſéculier & régulier, & à tous les fidèles de notre diocèſe, ſalut & bénédiction en N. S. J. C.

POURIONS-NOUS, mes très-chers Frères, ſans nous rendre coupables devant Dieu & devant les homes, garder le ſilence ſur une biſare & miſtèrieuſe aſſociation qui comence à s'etablir dans cette vile, & qui y fait aujourdui tant de bruit! Pourions-nous être tranquiles, tandis que ceux d'entre vous qui, au mépris de toute autorité, ſe ſont engagés dans cette aſſociation; ſe font un faux honeur de leur déſobéiſſance, & employent les ſolicitations les plus preſſantes, pour groſſir le nombre de leurs aſſociés!

Si toutes les aſſemblées furtives ſont expreſſément défendues dans le royaume; à combien plus forte raiſon a-t'on dû proſcrire celles dont le ſecret impènètrable devrait ſeul ſufire, pour cauſer les plus juſtes alarmes?

Quelles funeſtes ſuites pour la religion & pour l'etat n'a-t'on pas ſujet de craindre d'une aſſociation & des aſſemblées, où ſont indifèrement reçus gens de toute nation, de toute religion & de tout etat, & parmi leſquels règne une union intime, qui ſe démontre en faveur de tout inconu & de tout etranger; dès-lors que par quelque ſigne concerté, il a fait conaître qu'il eſt membre de cette miſtèrieuſe Société!

Les perſones, ſans doute, d'une ſolide

lide piété, regardent avec mépris & avec indignation cette aſſociation ſi ridicule juſques dans ſon nom. Mais, mes très-chers Frères, ceux qui ſe déclarent hautement *Francs-Maçons*, & qui ſolicitent publiquement les autres à ſe joindre à eux, pouraient encore ſéduire peut-être bien des perſones faibles & non prevenues, ſi nous ne nous elevions contre un ſcandale qui n'eſt devenu que trop public. Nous devons donc, dans cette ocaſion autant que dans toute autre, nous ſouvenir que nous ſomes redevables aux faibles & aux forts.

A CES CAUSES, nous avertiſſons tous nos diocéſains, de quelque condition, de quelque etat & de quelque profeſſion qu'ils ſoient, qu'ils ne peuvent entrer dans l'aſſociation des *Francs-Maçons*; & que s'ils y ſont déja reçus, ils ne peuvent continuer de ſe trouver dans leurs aſſemblées, ſans cometre un péché dont nous nous réſervôns à nous & à nos vicaires gènèraux, le pouvoir de les absoudre.

Et sera notre prèsent Mandement lu & publié au prône des messes de paroisse & aux sermons ; envoyé & afiché par-tout où besoin sera, à la diligence de notre promoteur.

Doné à Marseille, dans notre palais episcopal, le 14 Janvier 1742.

✝ HENRI, *Evêque de Marseille.*

BOYER, *Secrètaire.*

Le M. Rien ne presse. Pourvu que vous ne les egariés pas.

Le F. J'en aurai tout le soin possible ; & vous pouvés être sûr que persone ne les lira que moi.

Le M. Quant à cela, il n'y aurait point d'inconvénient que le public en gènèral en fut instruit, & que principalement tous les Maçons sussent tout ce qui les concerne.

Le F. Vous ne craindriés donc pas qu'on fit entendre vos acusateurs à son de trompette?

Le M. Tant s'en faut, qu'au contraire.....

Le F. Pourquoi donc ?

Le M. C'est qu'il n'y aurait pas de mal que tout le monde conut la faiblesse & l'inconséquence des moyens dont on a voulu se servir pour foudroyer la Maçonerie.

Le F. Vous vous reposés donc beaucoup sur votre inocence ?

Le M. Bien mieux, c'est que nous méprisons le ridicule que, faute de plus, on voudrait jeter sur nous. Les lois de la Société, qui par nos ennemis même, ont eté avouées sages, estimables & dignes d'eloges, sufisent pour le détruire.

Le F. Mais encore, pourquoi prend-on tant de plaisir à critiquer votre Ordre, à le calomnier, à fulminer contre lui ? Pourquoi veut-on, à toute force, trouver mauvaises des choses inocentes ?

Le M. Il n'est pas surprenant que l'Ordre ait rencontré de tems en tems des gens de tout caractère, grands & petits, qui se soient arachés à le rendre ou suspect ou méprisable aux yeux du public. Le mistère impénètrable qui fait le caractère distinctif de cet Ordre, n'a pu que provoquer la curiosité dans les uns, & remuer l'envie ou la jalousie dans les autres. Des gens honêtes ont doné dans l'ecueil de bonne foi ; ou parce qu'un secret gardé aussi inviolablement aura alarmé leur conscience, ou parce qu'ils auront cru que notre Société couvait un dessein, d'où dans la suite pourait eclore quelque révolution.

Le F. Il faut être bien méchant ou bien sot ; & ceux qui refusent à la Maçonerie leur aprobation, parce qu'ils ignorent le secret, devraient au-moins en demeurer là & suspendre leur jugement.

Le M. Ne fut-ce que par la considèration qu'il n'est pas possible que quantité de gens de bien voulussent bâtir sur une chimère, & adopter du jour au lendemain, des principes vains, inutiles ou dangereux ; & le tout, par l'unique but de se distinguer du reste des homes, & d'en imposer au public, après avoir eté les premiers trompés. C'est donc pécher contre les règles de la charité, de la justice & du devoir, que de charger de blâme, de soupçons odieux ou de calomnies, un Ordre qui n'a jamais doné prise sur lui.

Le F. Vraiment ſans doute ; mais quelles ſont, dans le monde, les ſociétés qui n'ont pas ſoufert de violentes ſecouſſes ? Les diverſes religions qui ont paru dans quelque âge du monde que ce ſoit, & même toutes celles qui ſubſiſtent encore aujourdui ; aucune d'entre elles, ſans exception, ne s'eſt vüe exemte de la contradiction la plus opiniâtre, ni même de la perſécution la plus ouverte.

Le M. La vèritable religion ſur-tout, a preſque toujours eu plus de traverſes à ſoutenir, que le menſonge & l'impoſture.

Le F. Hé ! le Judaïſme, dès ſa naiſſance, & même avant qu'il fut bien eclos, ne ſe vit-il pas ſur le point de périr par la jalouſie des Pharaons ? Et pluſieurs ſiècles après, combien cette religion n'a-t'elle pas ſoutenu d'aſſauts contre l'impiété de ſes propres rois, puis contre les Antiochus, & enſuite de la part des Romains ?

Le M. Mais c'eſt peu de choſe encore, ſi l'on conſidère l'eglise crètienne noyée dans ſon propre ſang, pendant trois ſiècles conſécutifs. La vie pure & edifiante de ſes paſteurs & de ſes premiers ſaints, leurs dogmes, leur morale, les prodiges ſans nombre; rien ne peut calmer la rage des perſécuteurs : tout cela devient l'objet de leur mépris & de leur haine.

Le F. D'après des faits pareils, je trouve que les Maçons en ont eté quites à bon marché, pour n'avoir reçu que deux Conſtitutions de l'Evêché de Rome.

Le M. Il eſt vrai,

Qu'au ſage on faſſe la guerre,
Eſt-ce un prodige à nos yeux ?
Quand les enfans de la terre
Ont ôſé la faire aux Dieux.

Mais n'ajoutons aucune foi aux diſcours violens que tient contre nous une populace mépriſable; elle marche en aveugle dans tout ce qu'elle fait, il eſt aiſé de l'egarer. Rejetons ces propos captieux que ſème saintement la tendre & dolente hipocriſie. Condânons ces invectives groſſières, ces ſarcaſmes que des impies & des gens ſans meurs acréditent & multiplient contre nous.

Le F. O, quant à moi, *odi profanum vulgus* & toutes ſes ſatires.

Le M. Nous ne haïſſons pas pour cela nos ennemis, nous les plaignons, nous les servons même, si l'ocasion s'en présente : semblables à l'astre qui répand ses rayons egalement & sur les ondes d'un beau canal, & sur les limons des ètangs où naissent les serpens vénimeux.

Le F. Montre-moi ta foi par tes euvres, dit l'Evangile.

Le M. On n'a jamais vu de libelle contre nos critiques ; & les bonnes euvres, faut-il les publier ? Non, & l'

On a beau des plus noirs forfaits
Acuser nos mistères ;
Nous nous vengeons, par nos bienfaits,
Des préjugés vulgaires.

Le F. La verve Maçone est d'une etonante fertilité. . . . Mais au bout du compte, pour quel sujet les vicaires de J. C. ont-ils dévoué à l'anatême MM. les F. Maçons ?

Le M. De peur, come vous le verrés dans la première bule, *qu'à l'exemple du voleur, ils ne percent la maison, & que come autant de renards.... ils ne portent par-tout la désolation.*

Le F. Hé, Monsieur, quelle langue parlés-vous là ?

Le M. C'est-à-dire, come s'exprime charitablement Clément XII, *de peur qu'ils ne séduisent les simples, & ne blessent en secret, de leurs flèches, les âmes inocentes.*

Le F. On vous prend donc pour des larons, des renards, des séducteurs ?

Le M. Oui, Monsieur, *qui sous les dehors* AFECTÉS *d'une probité naturelle....* DONT ON SE CONTENTE..... *sont toujours nuisibles à la tranquilité de l'Etat & au salut des âmes*; ainsi qu'il est plus amplement ecrit dans notre première patente. Et voilà, Monsieur, ... *come le* CRIME *se découvre lui-même*, ibidem.

Le F. Quel crime ?

Le M. Je l'ignore; mais, selon le proverbe popuplaire, *quand on veut tuer son chien, on dit qu'il est enragé.*

Le F. En revanche, les Logiciens ont pour maxime que *quod gratis asseritur, gratis negatur* : c'est-à-dire, en bon français, quand l'on nous charge gratuitement ou pour l'amour de Dieu, d'injures atroces & de calomnies criantes, on en est quite pour ne point y rèpondre, ou pour dire, *cela n'est pas vrai.*

Le M. J'én conviens; mais ici l'axiome n'a pas lieu.

Le F. A cause ?

Le M. Parce qu'il y a des conjectures en l'air, & même de fortes suspicions contre nous.

Le F. Mais *le crime ne se supose point*, si l'on en croit les décrétales ; & par conséquent l'on ne saurait condâner persone sur de faux préjugés ni sur des supositions.

Le M. Il ne s'agit point de suposition, puisque TOUT *home de bien regarde aujourdui come un signe peu equivoque de* PERVERSION, *quiconque se fait agréger à la Maçonerie.*

Le F. Qui a dit cela ?

Le M. Sa Sainteté.

Le F. Coment ! ce serait un signe de perversion de ma part, si je m'associais aux Francs-Maçons ?

Le M. Oui, sans doute, Monsieur ; car *si leurs actions etaient iréprochables, ils ne se déroberaient pas avec tant de soin à la lumière,*

Le F. Qui dit cela ?

Le M. Son infaillibilité.

Le F. C'est incroyable.

Le M. Pourquoi donc ? .... S. Jean n'a-t'il pas dit : *Omnis enim qui malè agit, odit lucem ?*

Le F. Cela arive comunément ; mais les converses ne sont pas toujours vraies ; & qui, dans ce cas-ci, ne rougirait pas de dire : donc ceux qui evitent la lumière font du mal ?

Le M. A la bonne heure ; mais la ſentence de Cæcile vient pourtant à l'apui de notre ſecond aret.

Le F. Coment donc s'explique cette ſentence, ſi elle a une vertu ſi puiſſante ?

Le M. Honeſta ſemper publico gaudent ; ſcelera ſecreta ſunt.

Le F. Il me parait que St. Jean & Cæcile peuvent ſe doner la main. Qui en effet voudrait afirmer que tout ce qui eſt honête doit toujours ſe faire publiquement ? & ſi d'ordinaire les crimes ſe comettent dans l'ombre du ſecret, quelle conſéquence peut-on en tirer au déſavantage des Maçons?

Le M. Il eſt vrai que ſi la condanation qu'ils ſe ſont atirée n'etait pas mieux motivée, ils ſeraient bien heureux ; mais c'eſt que....

Le F. Quoi ?

Le M. Hélas ! c'eſt que *la* PLUPART *des princes ont regardé* CES SORTES DE GENS *come* ENNEMIS DE LA SURETÉ PUBLIQUE.

Le F. Qu'entendés-vous par *ces ſortes de gens* ?

Le M. Les Ptinces, les Seigneurs, les Eclésiastiques, les persones de la première distinction; en un mot tous les Francs-Maçons.

Le F. Eux? *ennemis de la sûreté publique!*... Je ne l'aurais jamais soupçoné.

Le M. Ni moi non plus; puisque

Ils servent la Patrie, & l'Etat & leurs Princes,
En citoyens zèlés, dans toutes les provinces,
Et de leurs Souverains en défendant les droits;
Avec fidèlité ils observent les lois,
Sujets respectueux aux ordres qu'ils leur donent;
Leur amour les y porte, & leurs veux leur ordonent.

Le F. Indépendament de ce sixain, j'etais très-persuadé que les Maçons n'etaient pas des perturbateurs du repos public, ni rébelles aux Puissances.

Le M. Ils sont même si pénètrés de leurs devoirs, que quand le Prince n'aurait pas la force en main pour se faire obéir; come bons & afectionés sujets, ils le feraient par amour, ne devant chercher qu'à lui plaire, & faire sans cesse des veux pour son repos & son bonheur.

Le F. Et la plupart des Souverains lês auraient regardés come des ennemis dans leurs Etats ?

Le M. J'ignore si la plupart les ont regardés come tels ; mais je sais que quelques-uns ont en effet interdit l'Art-Royal dans l'etendue de leur domination.

Le F. Qu'est-ce que cela prouve ? Les missionaires de la foi n'ont-ils pas eté banis des Etats du grand-Mogol ?

Le M. Et l'exercice de la religion la plus sainte, n'est-il pas défendu sur les trois-quarts du globe terrestre ?

Le F. Hé bien, Monsieur, d'où tenés-vous donc ces propos, que la plupart des Princes ont regardé les Maçons come ennemis de la sûreté publique?

Le M. De notre constitution apostolique de 1738.

Le F. Et ils ont eté anatématisés pour cela ?

Le M. Oui, Monsieur, *pour arèter le cours de cette* PERVERSION.

Le F. De quelle perversion ?

Le M. Je n'en sais rien ; mais toujours, c'est pour *interdire une voie qui donerait lieu de se laisser aler impunément à bien dês* INIQUITÉS.

Le F. Des iniquités...!

Le M. Sans contredit, Monsieur ; eh, consultés notre première condanation.

Le F. Elle est toute consultée, si l'on ne vous y condâne que pour les griefs à venir.

Le M. O, & encore *pour plusieurs autres raisons* A NOUS *conues, qui sont egalement* JUSTES *& bien* FONDÉES.

Le F. En ce cas, votre cause est bonne ; puisque vous dites que les autres motifs sont *egalement* bien fondés.

Le M. Ce n'est pas moi qui parle, c'est la bule.

Le F. Mais c'est inconcevable.....

Le M. On ne nous a cependant excomuniés, qu'*ayant*... MUREMENT *réflèchi sur les* GRANDS MAUX *qui naissent d'ordinaire de ces associations.*

Le F. Mûrement réflèchi sur les grands maux....?

Le M. Voilà come on nous l'anonce ; je n'en sais pas davantage.

Le F. Ce sont là les griefs pour lesquels on a foudroyé les pauvres Maçons...?

Le M. Et qu'il est ordôné de plus, par le même décret, qu'on les *punisse à titre de gens* TRÈS-SUSPECTS *d'hérésie*, & qu'on ne leur done ni secours, ni ressource, ni azile.

Le F. Les voilà donc come Caïn ; *vagi & profugi in terrâ*, errans & vagabonds ſur la terre ?

Le M. Hélas !....

Le F. Mais il n'eſt pas croyable qu'on ait procédé ſi extraordinairement contre eux, pour ces ſeules & uniques raiſons.....

Le M. Et même auſſi de DE NOTRE PROPRE MOUVEMENT *& conaiſſance certaine, & de toute la plénitude de notre puiſſance.*

Le F. Qui parle ainſi ?

Le M. Clément XII d'heureuſe mémoire.

Le F. En ce cas, ſi l'autorité s'en eſt mêlée, c'eſt, à mon avis, la meilleure ſolution.

Le M. Voilà, cependant, Monſieur, les péchés pour leſquels St. Pierre a fermé la porte du ciel aux Maçons : voilà come l'on s'eſt eforcé de flétrir la réputation de cette Société tranquile & honête, de cette Société qui s'acroit journellement, qui ſubſiſte depuis long-tems, que l'on ſoupçone toujours, que l'on tourmente quelquefois ; Société qui dans le fond a tout pour elle, beaucoup contre elle dans la forme ; mais où l'on trouverait peut-être le germe de toutes les autres ; dont les pratiques sont excellentes, les vues honêtes, la doctrine juste ; & qui semble destinée depuis plusieurs siècles, à passer les homes au crible des epreuves, pour choisir entre eux & partout, les bons citoyens, les plus fidèles sujets, les meilleurs pères, les epoux tendres, les amis vrais, les homes vertueux : voilà, dis-je, les prétextes pour lesquels les Maçons, dénoncés à l'inquisition, traduits au tribunal de l'injustice, ont eté frapés de la foudre la plus terrible pour un bon crètien : mais ce qui les console, c'est que, *Ubi non est causa, ibi deficit effectus.*

Le F. Hé bien, il ne falait pas qu'un scrupule mal entendu les empéchat de faire leurs reprèsentations respectueuses aux auteurs de ces censures. Il est essentiel à un home de bien de se justifier, lorsqu'on lui impute des choses contraires à l'honeur & à la probité.

Le M. Aussi a-t'on pris la liberté de le faire il y a long-tems ; & l'auteur de cette réponse a trouvé par-tout des armes dont il s'est servi victorieusement.

Le F. Ha... fort-bien !... Je n'ai assurèment pas de peine à croire qu'il ait trouvé par-tout des armes victorieuses.... Et qu'en est-il résulté ?

Le M. On dit qu'il eut la gloire, sinon de faire révoquer la bule, aumoins d'en faire suspendre l'effet & d'en arèter les careaux. D'autres prétendent que sur cette rèponse, le pape eut la justice de révoquer la bule trois mois aprés. D'autres encore assurent qu'elle n'a eté fulminée qu'à Rome.

Le F. Ce qui est essentiellement mal, l'est cependant par-tout.

Le M. Oui, à Paris come dans la vile sainte.

Le F. Les intentions du S. Père etaient droites, sans contredit; & probablement il aura jugé les Franes-Maçons sur des délations calomnieuses.

Le M. Ç'aurait donc eté une erreur de sa part ?

Le F. En tant que l'image & le reprèsentant du fils de Dieu, sans doute il etait infaillible; mais en tant qu'home, je crois qu'il aura pu errer pour le moment.

Le M. Et errer doublement; car n'est-ce pas pécher contre la Loi, qui exige *quod fiant tres admonitiones aut saltèm una ante excommunicationem, sitque intervallum saltèm aliquot dierum*? Où est cette admonition ? où est cet avertissement ?.... Au surplus, Sa Sainteté savait très-bien que *l'anatème ne peut avoir de force, que dans le cas où les anatématisés le mèritent*. Non valet excommunicatio, nisi adsit peccatum mortale.

Le F. Cela posé, si les Maçons sont inocens, leurs excomunications sont toutes levées ?

Le M. C'est entendu. Et si vous ajoutés encore à cela que les bules ont subi en France le même sort que celle *Unigenitus* ; vous conviendrés, Monsieur, que les F. Maçons Français, quelque timorée que soit leur conscience, n'ont pas à redouter, quant à cet objet, l'enfer de l'autre monde.

Le F. Coment ! les libertés de l'Eglise Galicane se sont refusées à leur entrée dans le Royaume ?

Le M. Oui, Monsieur, ces bules n'ont pas eté reçues solennellement dans la monarchie Française.

Le F. Ho, ho !.... en cas là, les âmes Maçones sont en sûreté.

Le M. Pas tout-à-fait.

Le F. A cause....?

Le M. Il y a des casuistes qui afirment, que malgré cela nous somes censés être excomuniés dans le for interne, come l'on s'exprime en cour d'Eglise, & que nous devons en conscience nous regarder come tels.

Le F. Oh ! c'est porter le scrupule à l'excès. La religion ne nous astreint pas à avoir une complaisance pareille au préjudice de notre salut.

Le M. Je me fais un plaisir de le croire.

Le F. Monsieur, vivés tranquilement dans ce plaisir ; & come onze heures sonent, recevés, je vous prie, mes adieux jusqu'à notre prochaine entrevue.

Le M. Monsieur, je sacrifie volontiers, pour votre repos, le plaisir d'être avec vous. J'ajouterai seulement que si après avoir lu les présentes constitutions emanées du S. Siège, vous y trouvés quelque prétexte raisonable, & que cela vous done lieu de faire quelques nouvelles imputations à notre Ordre, je tâcherai de les détruire radicalement.

Le F. Ha, ha, ... Monsieur, il me resterait encore bien des choses à dire, & que vous auriés peut-être de la peine à justifier en faveur de la Maçonerie.

Le M. Monsieur, quelles que puissent

être vos objections contre nous, je suis persuadé d'avance que je les anéantirai sans effort, & d'une manière à ne plus vous laisser aucun scrupule sur notre compte.

Le F. C'est beaucoup dire....

Le M. Vous en serés convaincu ; & j'espère que le public revenu un jour de sa folle prévention, avouera que notre Société n'est point une ecole dangereuse, dont les leçons egarent l'esprit & corompent le cœur ; que le père entêté de ses vieux préjugés, ne s'emportera plus contre un fils jeune & curieux qui s'enrôle, sans permission, sous les etendars de la vertu ; que la femmelette aigrie par sa voisine, ne criera plus contre le pacifique epoux, qui le dimanche va se délasser avec ses Frères des travaux de la semaine ; que la couche nuptiale ne retentira plus des cris perçans du divorce, que le seul nom de F. Maçon a pensé tant de fois ocasioner dans de petits ménages ; que la chaire de vérité ne sera plus ocupée par les déclamations hasardées de celui qui condâne ce qu'il ignore ; que l'epitète de Franc-Maçon ajoutée au nom-propre d'un home, cessera d'être un péché mortel ; & qu'enfin, Monsieur, vous nous dirés un jour :

Trionfés, troupe fortunée,
Vivés ilustres Citoyens ;
Remplissés votre destinée,
Des cœurs resserrés les liens.
Qu'en tous lieux par vous poursuivie,
La discorde tombe aux enfers :
Servés de suplice à l'envie,
Et de modèle à l'univers.

FIN DE LA SECONDE SOIRÉE.

TROISIÈME SOIRÉE.

LE MAÇON. HA !.... Monsieur, soyés heureusement de retour....

LE FILOSOFE. Coment ! encore à souper ?

Le M. Voilà qui est fait, voilà qui est fait.... Votre santé parait bonne....?

Le F. Excellente, & la vôtre....?

Le M. On ne saurait meilleure.... Enchanté de vous revoir bien portant... Hé bien, Monsieur, que raportés-vous de là-bas ?

Le F. Oh, rien, absolument rien.

Le M. Point de nouvelle....?

Le F. Aucune, aucune. Mais voici.... vos constitutions, ... avec les mandemens...., & dépendances quelconques, que j'ai l'honeur de vous remettre.

Le M. Déja lues ?.... Quelle exactitude....

Le F. Il ne falait pas si long-tems pour en expédier la lecture.

Le M. Hé bien, Monsieur, qu'en pensés-vous ?

Le F. Hélas, ce que doit en penser tout home de bon-sens.

Le M. Mais encore....? car vous conaissés maintenant les diférens moyens qu'on a mis en usage contre les Maçons.

Le F. Oui; ils sont au nombre d'une demi-dousaine.

Le M. Je devinerais bien celui qui vous a frapé le plus.

Le F. Cela se pourait.

Le M. C'est le sixième.

Le F. Juste : c'est celui qui courone l'euvre.

Le M. Le moyen de s'y méprendre...?

Le F. Néanmoins, ces prétextes contiennent à peu près les matières sur lesquelles je m'etais proposé depuis long-tems de vous faire diférentes questions; car, il faut tout dire, je comence à prendre gout à la Maçonerie.

Le M. Quel efort...!

Le F. Je compte même me faire recevoir Maçon dans peu.

Le M. Ha, ha....!

Le F. Vous ne secondés pas davantage mes bonnes inclinations?

Le M. A quel sujet?

Le F. C'est que vous ne m'engagés guère à persister dans ma résolution.

Le M. Je serais certainement bien aise que vous fussiés un jour des nôtres; mais croyés, je vous prie, que l'Ordre n'a jamais eté ſur le pié de chercher à atirer perſone; & qu'il a même toujours uſé de circonſpection dans la prèfèrence qu'il a donée aux aſpirans.

Le F. J'ai cependant eté ſolicité pluſieurs fois pour me faire recevoir; & ce, par des Maçons fort-expérimentés dans l'Art.

Le M. Ils n'en ont pas mieux fait; & je doute, Monſieur, qu'ils ſoient auſſi expérimentés que vous le dites; car l'uſage eſt de n'engager qui que ce ſoit à ſe faire admettre parmi nous, mais d'atendre que de ſa propre & libre volonté on en ait ſoi-même formé le deſir.

Le F. Pour moi, je ne dois ma vocation Maçonique à perſone, & il eſt bien décidé que je veux être initié à vos très-profonds miſtères.

Le M. Prenés garde, Monſieur, que vous ne paſſiés à coté.

Le F. Eſt-ce que je n'aurais pas toutes les qualités requiſes?

Le M. A la religion près.

Le F. Ha, voilà qui eſt merveilleux...! Eſt-ce que les Francs-Maçons ſe piquent auſſi de dévotion?

Le M. C'eſt eluder la dificulté. Mais le fait eſt qu'on evite ſoigneuſement d'admettre dans l'Ordre ni Atée ni Déiste, autant qu'il est possible de reconaître dans un aspirant, quelque opinion qui menat au Déisme ou à l'Apatéisme ; ou dans sa conduite, des aparences qu'il fut imbu de semblables principes.

Le F. La précaution est sage sans contredit ; mais quelle afinité cela a-t'il avec la religion ? Est-ce que l'on ne peut pas être home de bien, sans être fortement pènètré de la vèrité d'une foule de dogmes.

Le M. C'est le sentiment de bien du monde.

Le F. Mais de quel monde ? car peut-il venir dans l'esprit, peut-il exister un préjugé plus insignement déraisonable, que celui de croire que sans religion l'on ne saurait être honête home ?.... Au fait, qu'est-ce qu'une religion ?

Le M. C'est, gènèralement parlant, le culte que l'home rend à l'Être suprême.

Le F. Mais qu'entend-on d'ordinaire par religion ? ... Une doctrine qui invite les homes à fuir le mal & à faire le bien ; à adorer l'Auteur de la nature, en lui rendant un culte hérissé plus ou ou moins de cérémonies ridicules; qui leur enseigne des dogmes aussi inutiles qu'incompréhensibles; qui crée, selon son sistème, des vertus & des vices; qui fonde son autenticité sur un nombre infini de prodiges; qui encore.... Maintenant dites-moi, je vous prie, ce que c'est qu'un home qui a de la religion?

Le M. Parbleu, c'est celui qui observe avec rigueur les préceptes de la doctrine qu'on lui a enseignée.

Le F. J'entens: c'est celui qui croit ce qu'il ne peut concevoir, & qui se conduit en conséquence. Et un home sans religion?

Le M. C'est celui qui n'a pas le don de la foi.

Le F. Fort-bien: c'est celui qui ne peut croire ce qui surpasse & contredit la raison humaine. Mais qu'entendés-vous par un honête-home?

Le M. Celui qui reconait & adore, dans la simplicité de son cœur, un Dieu formateur, conservateur, rémunérateur & vengeur, & qui fait à autrui come à lui-même.

Le F. Et qui, de plus, n'est susceptible ni de superstition ni de fanatisme; qui n'inonde pas la terre du sang des incrédules; qui plaint les aveugles, & aime les hérétiques come ses frères; qui hait le vice, non par la crainte du chatiment, mais parce qu'il est haïssable; qui pratique la vertu parce qu'elle est aimable, & non dans la vue d'être récompensé.

Le M. Il est cependant une classe d'homes, que l'espèrance & la crainte seules retiennent quelquefois dans les bornes de leurs devoirs.

Le F. Eh bien; tout honête home reconait un Dieu rémunèrateur & vengeur. Et ne peut-on donc aprendre à cette classe d'homes, ainsi qu'aux autres, qu'il est une Divinité rémunèratrice & vengeresse, à qui ils doivent un tribut de dépendance, sans leur charger la tête de mile bisareries & contradictions? Faut-il donc, pour leur aprendre à être justes & humains, les plonger dans un cahos d'erreurs, & faire usage à la fois du mensonge, de la fourbe & de l'imposture? .... Ce n'est pas que je prétende que sans devenir petits come des enfans, on entrera dans le royaume des Cieux: au-contraire, je soutiens que quiconque ne croit pas fermement que deux & deux font cinq, ira à tous les diables. Mais soutenir que ſans dogmes l'on ne ſaurait être honête home : ô démence!.....

Le M. C'eſt vrai, j'en tombe d'acord; mais toujours....

Le F. Eh, Monſieur, pourquoi afecter un ſi grand ſcrupule ſur une matière dont vous ſemblés ſi peu vous inquièter dans le fait ?

Le M. Qui vous a ſi bien inſtruit, Monſieur ?

Le F. Hé! ſi la Maçonerie nourit dans ſon ſein des perſones de toutes ſortes de religions....

Le M. Eh bien, après....?

Le F. Ce tolèrantiſme peut préjudicier à la vèritable religion.

Le M. Inconſéquence.... L'Ordre réunit, en effet, ſous un même eſprit de paix & de fraternité tous ſes membres, de quelque parti qu'ils puiſſent être, & dans quelque comunion qu'ils ayent eté elevés : enſorte que chacun demeurant fidèle & zèlé pour ſa propre comunion, n'en aime pas avec moins d'ardeur des Frères ſéparés, il eſt vrai, par une difèrence d'explication dans les dogmes, & de ſervice dans le culte.

Le F. Cette réunion eſt admirable.

Le M. Elle l'eſt d'autant plus, qu'elle

paraitrait impossible, si une expérience toujours soutenue dans l'Ordre, ne prouvait qu'elle y existe réellement : réunion du cœur, telle que les homes les plus sages & les plus pieux l'ont toujours souhaitée, au défaut de celle des dogmes.

Le F. De sorte donc, Monsieur, que toutes les religions du monde, toutes les sectes en gènèral, sont admises dans la Maçonerie, come l'assurent les Bules ?

Le M. Point-du-tout ; l'on n'y admet que des crètiens, des sujets ortodoxes : hors de l'Eglise crètienne, il ne peut ni ne doit être reçu aucun Franc-Maçon. Voilà pourquoi les Juifs, les Mahométans & les Payens, en sont exclus come infidèles ; quoique les premiers soient quelquefois admis, mais très-rarement, par respect pour la Loi ancienne.

Le F. L'Apôtre nous dit cependant : *N'ayés point de comunication avec l'infidèle.* Et dans le Deuteronome, le Seigneur défend à son peuple d'avoir aucun comerce avec les nations etrangères & ennemies de son culte : il y est ordoné, au-contraire, de renverser leurs autels, de briser leurs statues, de faire brûler, &c. *Sculptilia comburite.*

Le M. St. Thomas est bien plus sévère encore : il dit que nous devons eviter jusqu'aux termes qui nous seraient comuns avec les hérétiques, *ne eorum errori favere videamur.* Mais s'il falait se conformer, au pié de la lettre, à ces saintes ordonances, quelle afreuse tour de Babel il en résulterait !

Le F. Pourquoi donc cela ?

Le M. Quel langage faudrait-il admettre ? il y a des hérétiques en toute langue.... Non, Monsieur, ce n'est pas à de simples citoyens à ne pas tolèrer les difèrentes religions dans l'Etat : c'est aux Princes à faire ce que leur sagesse & leur prudence leur dictent à ce sujet. La Société où il n'est nulement question de religion, examine moins si ceux qui se prèsentent pour y être admis, servent Dieu à leur manière ou à celle des catoliques, que s'ils sont gens d'honeur & de probité. Que prétendent donc des rigoristes outrés qui ne veulent pas qu'on rie avec tout le monde, ni qu'on entretienne aucune liaison, aucun comerce avec un honête Anglais ou Holandais ? Des gens qui prêchent qu'il faut aimer son prochain, verraient avec indiférence, je n'ôse dire avec joie, périr un hérétique qui ne va pas à la messe; tandis que ce serait une action plus agréable à Dieu de se priver d'y aler soi-même, que de manquer à sauver un home en y alant.

Le F. Ce n'est cependant pas-là l'esprit d'un Dieu ami des homes, qui vit, boit & mange avec les gens de mauvaise vie.

Le M. Non certainement; & il n'envoie pas ses disciples armés d'epées & de bâtons, come des loups au milieu des brébis. Nous faisons de même; nous plaignons ceux qui sont dans l'erreur, sans cesser de les aimer.

Le F. Faisons à notre prochain ce que nous voulons qu'on nous fasse.

Le M. Oui, tel est le principe du F. Maçon. Il est vrai que l'on ne suit pas à la rigueur les lois de l'Eglise; c'est-à-dire, qu'on n'a pas cette sévérité qui veut que chacun reçoive les sentimens de la religion romaine ou réformée. Come les vues de l'Ordre ne portent que sur cette vie; il laisse à ses Membres le soin de diriger chacun sa conscience, & de se ménager son salut, selon la pratique où il a eté nouri. Mais faites-moi la grâce, Monsieur, de ne pas penser mal d'un Docteur en Sorbone qui vit avec des gens de diférens sentimens des siens.

Le F. Hé, Monsieur, tout Docteur de Sorbone voyage avec un Juif dans la diligence de Lion, se promène avec un Turc, fait admirer à un Lutérien, à un Calviniste le superbe mausolée du Cardinal de Richelieu.

Le M. Lorsqu'il s'agit de choses purement humaines, il ne doit y avoir aucune distinction entre les homes. Dans notre Société, il ne s'agit que de pratiquer avec d'honêtes gens, des actions atachées à l'humanité. Si le pape est malade, il fait bien aprocher un habile médecin, fut-il de la religion Juive, Mahométane, Chinoise, Jansénisté.....

Le F. Ne fut-il d'aucune, come c'est l'ordinaire.

Le M. Sans doute; mais on exclue avec scrupule de notre Société, tous les impies; on n'y admet point de ces persones, enfans insensés d'une folle sagesse & du libertinage, qui sont incrédules par ton, par vanité, par habitude & sans savoir pourquoi. Il est vrai, les Maçons ne s'informent pas ſi Titius croit aux images, ni ſi Marius ſe confeſſe.....

Le F. Tant pis.

Le M. Pourquoi ? Titius peut être un fort-honête home, ſans prier les Saints ; & Marius, pour ſentir l'enormité du crime, n'a pas beſoin de le raconter.

Le F. Mais ſi Sempronius etait capable de nier l'exiſtence de l'Etre ſuprême, de lui refuſer l'encens & la reconaiſſance qui lui eſt due...?

Le M. Eh bien, ce ſerait un miſérable, un malhonête home ; caractère totalement opoſé à celui qui ſeul peut doner l'entrée dans l'Ordre des Maçons.

Le F. Toujours, vous ſoutenés, Monſieur, qu'il ne peut réſulter aucun préjudice de ce mêlange de diférentes religions ?

Le M. Si ce mêlange pouvait produire quelque effet, il en réſulterait plutot de grands avantages.

Le F. Coment cela, je vous prie ?

Le M. *Sanctificatus enim eſt vir infidelis per mulierem fidelem*, dit l'Apôtre ; & réciproquement on peut atendre cet effet ſalutaire de la cohabitation & de l'intimité des perſones qu'une bigarure d'opinions, quelquefois une dispute de mots sépare; mais que l'amitié, l'union, la confiance, la fréquentation, raproche, persuade, détermine.

Le F. C'est savoir tirer parti de tout.

Le M. Hé ! S. Paul vient encore à mon secours : *Si quis frater habet uxorem infidelem*, dit-il, *& hæc consentit habitare cum illo, non dimittat illam; idem est quoad virum.* Un infidèle, un hérétique, peut donc vivre dans les liens du mariage, avec un catolique, un batisé?

Le F. Oui, sans contredit.

Le M. Hé bien, serait-ce donc une plus forte indécence d'admettre aux mêmes pratiques, à la participation de la même table, des persones de culte dissemblable; que d'associer au partage d'un sacrement, & de joindre par un lien indissoluble un catolique & un protestan?

Le F. Oui, sans doute, Monsieur, si vous n'en avés pas acheté le privilège; car en fait de choses pareilles, on pèse le mal au poids de l'or.

Le M. Toujours est-il vrai, que bien loin que l'Ordre Maçonique ait quelque but oposé à la religion en général, ou à la religion crétienne en particulier, il en tire au-contraire une partie de ſa gloire ; en ce que n'admettant que le ſeul criſtianiſme dans ſon ſein, il done à conaître par cette conduite, que de la profeſſion du criſtianiſme, découlent les principes fondamentaux de la Société.

Le F. Cependant il ſerait poſſible qu'une des comunions s'elevat, à l'abri de cet Ordre, aux dépens des autres comunions crètiennes, & qu'elle s'etablit ſur les ruines de toutes celles-ci.

Le M. Voilà come la calomnie, féconde en reſſources, s'epuiſe contre nous : *circuit diabolus quærens quem devoret* : le crime veille, & la ſimplicité s'endort ſur la foi de ſon inocence.

Le F. Pourquoi ces eloquentes tirades ? Eſt-ce que ma réflexion n'eſt pas à ſa place ?

Le M. Coment pouvoir s'imaginer qu'une des comunions crètiennes couvat le but caché de s'etablir ſur les débris des autres ?

Le F. Rien de plus naturel.

Le M. Il faudrait donc pour cela, ſupoſer un miſtère dont le ſecret ne fut conu qu'aux Membres d'une certaine comunion ?

Le F. Sans doute.

Le M. Or, c'est absolument impossible.

Le F. A cause?

Le M. Combien de gens, passant d'une comunion dans une autre, emporteraient avec eux un aussi dangereux secret? Combien de persones à qui toutes les comunions sont à peu près indiférentes?

Le F. C'est vrai.

Le M. Ajoutés à cela, Monsieur, le danger d'être un jour envelopé dans un parti qui ne pourait que sucomber sous les eforts de toutes les autres comunions justement réunies contre lui: en voilà beaucoup plus qu'il n'en faudrait, pour ensevelir l'Ordre entier sous les ruines de ses mistères. Mais non, Monsieur,

> *Chés nous les gouts bien assortis,*
> *Produisent l'union parfaite:*
> *Jamais un esprit de parti*
> *N'y trouble notre paix secrette.*

Le F. C'est encore vrai.

Le M. Au surplus, les crètiens de tant de diférentes comunions ne s'entre-croiseraient-ils pas sans cesse dans un projet aussi insensé?

Le F. Cela se conçoit.

Le M. Ne ſeraient-ils pas autant d'eſpions perpétuels de leurs démarches réciproques ?

Le F. D'acord.

Le M. Rien, Monſieur, ne prouve tant la docilité des Maçons, & le peu d'envie qu'ils ont de faire ſecte, que le ſoin exact qu'ils prennent d'ecarter & de défendre entre eux, toute diſſertation ſur le culte & la variété de doctrine.

Le F. Voilà, à mon jugement, une bonne réplique.

Le M. S'ils etaient controverſiſtes ou controvertiſſeurs, ils examineraient de plus près la façon de penſer de chacun : mais ce ſerait entreprendre une partie dévolue de droit aux ſages & ſavans interprêtes des vèrités evangéliques. La tolèrance que ſemblent profeſſer les Maçons, eſt plutot l'apanage d'un cœur doux & humain, que celui d'un eſprit incrédule dont nous ont taxés des docteurs de la nouvelle Loi.

Le F. Qu'entendés-vous, Monſieur, par ces perſonages ?

Le M. Eſt-ce que vous n'avés jamais ouï parler d'une conſultation anonime ſur la Maçonerie, imprimée en 1748 ?

Le F. Composée par des Docteurs ?

Le M. Par des Docteurs de Paris.

Le F. Première nouvelle.

Le M. Ho ! ceux-là nous traitent au plus grâve.

Le F. Et à quel sujet ?

Le M. Ils disent que les Atées, les Déistes, les Esprits-forts, les Incrédules (ils ont oublié de dire les Diables) se sont tellement multipliés de notre siècle, qu'il y a lieu de penser qu'ils sortent du laboratoire des Maçons.

Le F. Cette imputation ne pouvait guère eclore que sous un bonet doctoral, couvée par l'ignorance & l'hipocrisie.

Le M. Ne parlons pas si haut.

Le F. Mais enfin, pourquoi ces Docteurs, au-lieu de penser, come ils font, que la Maçonerie est un assemblage de Déistes, d'esprits-forts, de gens sans religion, de Diables, si vous voulés ; pourquoi ne pensent-ils pas plutot que c'est une Société d'amusement ?

Le M. Ce serait, en effet, plus charitable. Mais non : il se répand, disent-ils, diférens bruits de ces assemblées ; & suivant ces bruits, les Francs-Maçons ont des pratiques répréhensibles, peu convenables au respect dû aux choses saintes, superstitieuses, scandaleuses même, par le mèlange du sacré & du comique.

Le F. O, pour le coup, voilà des injures d'estoc & de taille. Et à quel propos donc toutes ces epitètes ?

Le M. Parce que nous parlons du Temple de Jérusalem.

Le F. Oh! Monsieur, qu'est-ce que vous dites-là ?

Le M. C'est cependant ainsi : & voilà le répréhensible, le scandaleux, le mèlange du sacré & du comique.

Le F. On ne pourait donc pas, sans profanation, s'entretenir au bal de la catédrale de Strasbourg, par exemple, & de sa tour prodigieusement elevée ?

Le M. Eh bien, Monsieur, si quelqu'un vous demandait, d'un air dévotement brusque, ce que cette métropole a à faire dans ce cercle profâne ; que dirait-on ?

Le F. On le regarderait come un fou, dont la pieuse folie ferait hausser les epaules ; ou come une hipocrite, dont l'austérité hors d'euvre & afectée, le ferait mépriser & tourner en ridicule.

Le M. Je le pense de même. Et pour nous, si nous faisons mention du temple de Salomon, nous ne prétendons pas profaner ce temple ni ses mistérieuses colonnes.

Le F. Assurèment, je ne vois point de crime à s'en entretenir.

Le M. Sur-tout si l'on s'en entretient, non come d'un edifice sacré par la sainteté de celui qu'on y adorait, ce qui serait matière de culte; mais come d'un bâtiment célèbre par la magnificence de celui qui le fit bâtir, ce qui n'est que matière d'Architecture.

Le F. Sans dificulté; & il faudrait être bon téologien, pour trouver, dans cette conduite, des pratiques superstitieuses.

Le M. On a cependant imaginé que nos cérèmonies tenaient du paganisme.

Le F. Qui? Les Docteurs consultans?

Le M. Non, mais d'autres savans casuistes.

Le F. Eh, sortons donc une fois de ces boëtes aux péchés. Où, Diable! trouvent-ils du paganisme en Maçonnerie?

Le M. Que signifient toutes ces diférentes reprèsentations, disent-ils, dont se trouve ornée la salle de réception? Que signifient ces heures de tènèbres, cette maxime de faire presque tout par trois ? Que signifient toutes ces cérèmonies ? Elles sont relatives & raportées, sans doute, continuent-ils, aux Dieux payens & à leur culte.

Le F. O, que n'ai-je le tems de rire ! Je rirais d'ici à demain.

Le M. Ces mêmes Messieurs alèguent bien encore, que les Maçons profânent d'une manière impie, jusqu'aux termes consacrés aux choses saintes, consacrés à l'Eglise, en employant le mot *himne*, pour signifier quelquefois les chansons Maçoniques.

Le F. Ils sont donc bien peu gramairiens, s'ils ne savent pas que ce mot etant du genre epicène, s'emploie au masculin pour exprimer des chansons quelconques ; mais que le faisant féminin, il n'est apliquable, en effet, qu'aux chants de l'Eglise.

Le M. Voilà cependant come des ministres spirituels ont entrepris les Maçons, & les ont condânés brusquement d'aprés quelque mauvais livre de Maçonerie, sur quelques expressions prétendues equivoques de nos cantiques, & d'aprés la confession de quelque pènitent fanatique & imbécile.

Le F. Malgré cela néanmoins, ils ne

ſont pas parvenus à détruire votre Ordre.

Le M. Non ſans doute, quoiqu'ils ayent fait jouer tous les reſſorts de la calomnie pour le charger d'oprobre ; juſqu'à même avancer que la Maçonerie a tant de liaiſon avec toutes ſortes de ſectes, dont le ſecret a eté le bouclier pour cacher l'iniquité, qu'on a peine à préſumer qu'elle marche par d'autres voies.... Mais cette liaiſon, où eſt-elle ?

Le F. Vous riés, parlés, chantés, vraiſemblablement, come ces ſectaires à qui l'on vous compare ?

Le M. Oui; & c'eſt aſſés pour être criminel aux yeux de l'intolèrance. Mais qu'eſt-ce qui a ſervi de bouclier aux Cléments, aux Ravaillacs, aux Damiens, dont les noms ſeuls glacent d'efroi ? Ces monſtres n'ont pas eté nouris, ſans doute, dans les entrailles de la Maçonerie ; & ſon ſecret n'a jamais ſervi, come le fanatiſme & la ſuperſtition, de bouclier au crime & au forfait. Non,

S'il eſt quelque ſecret, c'eſt aux yeux du vulgaire,
Pour qui tant de vertus fut toujours un miſtère.

Le F. Hé bien donc, Monſieur, pourquoi les Francs-Maçons afectent-ils de poſſéder un ſecret important & impènètrable ?

Le M. Il y a une eſpèce d'injuſtice à nous faire cette queſtion.

Le F. Je ne vois point cela du-tout.

Le M. Parce que c'eſt en quelque ſorte vouloir dévoiler le miſtère même, que d'exiger que nous rendions raiſon des motifs qui nous portent à obſerver un ſecret impènètrable hors de l'Ordre ; ſur-tout, ſi ce miſtère en eſt un des ſoutiens fondamentaux.

Le F. En ce cas, n'y penſons plus.

Le M. Monſieur, quand je ſerais dans la diſpoſition de tout ſacrifier pour vous rèvèler nos miſtères eſſentiels, ma langue ſe refuſerait au crime de mon cœur.

Le F. Ho, ho! coment donc cela ?

Le M. Croiriés-vous qu'un F. Maçon eſt en Loge, ce qu'etaient chés les poëtes qu'on apelle payens, les âmes dans les champs Eliſées ?

Le F. Hé! quelle analogie cela a-t'il avec ce fameux ſecret ?

Le M. C'eſt que ces âmes voyaient & entendaient des choſes ſi admirables, que leur eſprit en etait enchanté, &

leur imagination enivrée : revenaient-elles ſur la terre, il leur etait abſolument impoſſible d'en faire le récit.

Le F. De manière que les F. Maçons ne ſont pas plus ſavans hors des ſanctuaires reſpectables de leur art, que ne le ſont les ignorans profânes ?

Le M. Coment, hors de nos ateliers, pouvoir inſtruire des profânes, dont les oreilles ne peuvent entendre, dont les yeux ne peuvent voir, dont l'eſprit ne ſaurait comprendre le ſens de nos ſimboles ?

Le F. S'ils ſont ſourds & aveugles des ſens & de l'eſprit, cela me parait en effet dificile. Mais c'eſt que malheureuſement....

Le M. Quoi.... ?

Le F. Malheureuſement il y a eu des Francs-Maçons qui ont parlé de l'Ordre & de ſes miſtères ſublimes, de façon à ne pas en doner une grande idée.

Le M. Obſervés, je vous prie, qu'entre ceux qui laiſſent echaper quelque raillerie ſur le compte de l'Ordre & de ſes miſtères, ou qui traitent la choſe de bagatelle, il en eſt pluſieurs qui ſe diſent F. Maçons, ſans l'être.

Le F. Je conviens qu'il peut y avoir des uſurpateurs de ce titre brillant ;

mais il s'en trouve aussi de vèritables qui en disent tout autant.

Le M. Alors c'est indiscrètion de leur part, légèreté, démangeaison de dire quelque mauvais bon-mot. Le vin peut encore produire cet effet : des esprits superficiels peuvent aussi tomber dans la même faute, pour n'avoir pas assés réflèchi sur le but de cette institution, sur les avantages qui en résultent, ou plutot parce qu'ils ignorent & qu'on leur laisse ignorer le vèritable sens de nos emblêmes.

Le F. Toujours cela arive-t'il.

Le M. Mais qu'est-ce que ce petit nombre de membres défectueux, en comparaison de tant d'autres persones, dont la probité & l'honeur savent si bien s'acorder avec le zèle & les egards qu'ils tèmoignent en tout tems & en toute ocasion, pour un ordre dont on les voit sans cesse se féliciter d'être membres ? Le caractère de ces derniers permettrait-il qu'on les soupçonat de doner dans un idiot fanatisme ou dans une lâche colusion ?

Le F. Non sans doute. Mais encore, si ces mistéres etaient si réels, pourquoi en parlerait-on avec tant d'irèvèrence & si peu de respect ?

Le M. Pourquoi une religion aussi sainte que la nôtre, est-elle exposée tous les jours à la raillerie des incrédules ? N'arive-t'il pas très-souvent que des persones d'une solide piété, se laissent entrainer par l'exemple, & se permettent des expressions dont elles gémissent ensuite dans le secret de leur cœur ?

Le F. Mais si la Société des F. Maçons renferme, come ils l'assurent, tant d'avantages, je ne conçois pas quel intèret ils croyent avoir, à cacher avec tant de soin des choses qui ne peuvent que les honorer.

Le M. Il n'est pas surprenant, Monsieur, que vous ne le conceviés point.

Le F. Toujours, ce rafinement mistèrieux a-t'il l'air d'un enfantillage ; & quant à toute cette discrètion l'on ne gagne que des soupçons injurieux, des combinaisons flétrissantes ; ma foi, je ne vois guère que le fade plaisir d'inquièter les autres, vaille la bonne opinion que l'on y perd : c'est une duperie.

Le M. Vous voulés dire par-là, Monsieur, que tant que nous ne dévoilerons pas notre secret, on nous dira des ſotiſes, & l'on calomniera ſur notre compte ?

Loin de la critique ſévère,
Nous nous rions de ces vains ſoupçons :
Il faut avoir vu la lumière,
Pour conaître les Francs-Maçons.

Le F. Il ne ſufiſait pas que la femme de Céſar fut chaſte ; il falait auſſi qu'elle ne fut pas ſoupçonée. *Ab omni ſpecie malâ abſtinete vos :* il faut s'abſtenir, dit S. Paul, non-ſeulement du mal, mais encore de tout ce qui en a l'aparence.

Le M. Tant pis pour ceux qui ſoupçonent, lorſqu'il n'y en a point de ſujet : car où ſont les aparences du mal ? à-moins qu'il n'y en ait à ſe taire, & à ne pas publier tout ce que l'on ſait. Mais nous n'avons point de canon qui nous ordone d'aficher nos ſecrets. Or ſi les ſuites de ce miſtère n'ont jamais produit que de bons effets ; ſi l'Ordre ne s'eſt jamais ecarté des principes de la religion & de l'equité, come il eſt impoſſible de prouver le contraire, le ſecret ne peut donc rien renfermer en ſoi, qui puiſſe démentir les éfets qui en ſont la ſuite ; ce miſtère ne doit causer aucun scrupule, ni scandaliser persone : il n'y a qu'une curiosité outrée qui puisse en murmurer ou s'en plaindre.

Le F. Malgré cela, le bien-être des Maçons, leur honeur, leur réputation, peut soufrir d'une réticence trop etendue. Et ce soin d'eviter le jour, cette afectation de travailler dans les tènèbres, rapelle trop dans des esprits emus par les mensonges d'un apareil bisare, le tems des catacombes & de la persécution.

Le M. Il y a long-tems qu'on nous demande :

Pourquoi travailler en secret,
Si vous réprimés le vice ?
Pourquoi travailler en secret,
Si c'est là tout votre objet ?

Mais si un laïque voulait savoir les cas qui se proposent au Sinode ; que lui répondrait-on ?

Le F. On lui dirait que la force fait la loi, que l'argent fait la force, & qu'il n'ait point à se mêler de ce qui n'est pas de sa compétence.

Le M. D'ailleurs, pourquoi tirer des inductions calomnieuses de ce que les Maçons travaillent en secret ?

Le F. Cela laiſſe toujours des doutes....

Le M. Mal à propos. Chacun ſait que les aſſemblées des premiers crètiens, ne pûrent, malgré leur intègrité & leur inocence, echaper aux odieuſes acuſations des payens, ennemis jurés de leur foi & de leur culte. La violence & la rigidité des perſécuteurs, obligèrent ces anciens fidèles à ne s'aſſembler que de nuit, & dans des lieux très-ecartés, ſouvent même dans des ſoutèrains.

Le F. C'eſt vrai.

Le M. Cependant, cette tiranie qui les forçait à rendre leurs aſſemblées auſſi ſecrettes, fut la première à leur reprocher lâchement, les fauſſes conſéquences d'une précaution à laquelle on les avait néceſſités.

Le F. Oui, le peuple, ſans examiner les cauſes, dona aveuglément dans des idées qu'on avait intèret de lui inſpirer, pour l'aliéner de plus en plus contre la religion, & contre tous ceux qui la profeſſaient.

Le M. Mais le tems ariva enfin, où l'inocence des fidèles trionfa.

Le F. Come celle des F. Maçons poura trionfer un jour.

Le M. Elle n'a pas atendu juſqu'à préſent

présent, pour remporter la victoire sur les préjugés vulgaires & les raisonemens insidieux. Mais je veux seulement conclure, que si la religion a subi les acusations les plus atroces, il n'est pas surprenant qu'on n'ait pas epargné un Corps, qui, à la vérité, se dit en possession d'un secret impénètrable à ceux du dehors; mais qui cependant n'a jamais prétendu ni à l'inspiration, ni à l'infaillibilité.

Le F. Je conçois cela à merveille. Mais come nous ne somes plus dans ces tems de trouble, de persécution & de tiranie; je ne vois pas la nécessité de tenir secrets jusqu'aux lieux où il se tient des Loges, & de s'y cacher come des péchés mortels.

Le M. Pardon, Monsieur. Les assemblées Maçones n'étant pas autorisées d'une permission expresse du Souverain, ou n'étant que tolérées....

Le F. Tolérées....; ce mot n'est qu'une porte de derrière.

Le M. Hé bien.... ?

Le F. On ne tolère pas ce qui est réputé bon: il faut réfuter ou admettre; c'est le cas du positif ou du négatif absolu.

Le M. Donc la Maçonerie, parce

qu'elle n'eſt que tolèrée chés nous, ne ſerait pas bonne? quelle concluſion! Ne ſait-on pas qu'il y a des choſes bonnes ou mauvaiſes de leur nature, & d'autres qui ne ſont telles que ſuivant l'opinion & les conventions.

Le F. C'eſt juſte.

Le M. Or ſi la F. Maçonerie eſt ſoutenue dans un gouvernement, tolèrée dans un autre, interdite dans une troiſième; qu'eſt-ce que cela prouve? Il en eſt de même de quantité de choſes, & de toutes les religions; elles ſont autoriſées, tolèrées, défendues tout à la fois dans les difèrens péis, ſuivant la politique qui y règne. Mais qu'infèrer delà à leur egard?

Le F. Pas grand'choſe.

Le M. Je dis donc que les Loges n'ètant pas autoriſées ouvertement du Souverain, ou n'ètant que tolèrées, ou ne ſe tenant jamais qu'à huis clos, même dans le péis où l'aveu du Prince leur permet de s'aſſembler publiquement; il ſerait injuſte de tirer d'odieuſes conſéquences de ces précautions.

Le F. Pourquoi donc injuſte....?

Le M. Parce que le reſpect pour le Souverain, exige qu'on uſe avec mènagement d'une tolérance qu'on tient de sa seule bonté.

Le F. Mais à l'egard des Loges publiques.... ?

Le M. Pour ce qui est de ces Loges, il est très-naturel de ne les tenir qu'à huis clos; le secret étant un des poins les plus essentiels de l'Ordre. Il ne faut donc pas lui reprocher ses assemblées secrettes; puisqu'il ne lui est pas plus possible de changer une telle pratique, que de découvrir ses mistères.

Le F. Nimia precautio dolus. La forte inhibition que l'on fait aux aspirans, ce secret qu'on leur recomande avec tant de soin, ce mistère important qu'on leur confie avec une si grande réserve, doit les induire à croire qu'on les trompe, ou que les choses qu'on va leur enseigner, sont vicieuses, puisqu'on n'oserait les publier; ou qu'elles sont frivoles, & qu'il faut que d'autres s'y atrapent.

Le M. Quelle pauvreté! Peut-on suposer de pareilles choses...!

Le F. Pourquoi donc pas? L'Apôtre nous dit bien : « N'ayés aucune part à » ces euvres qu'ils font sous le voile » des tènèbres; parce qu'il serait hon-

» teux pour eux de manifester, ce » qu'ils prennent tant de soin de te- » nir secret «.... *Quæ enim in occulto fiunt ab ipsis, turpe est dicere.*

Le M. St. Paul voulait-il parler des Francs-Maçons ?

Le F. Il prévoyait peut-être bien leur etablissement.

Le M. Hélas, Monsieur.... je regarde votre objection, plutot come un badinage imaginé pour aracher de nous quelqu'aveu, que come une dificulté que vous voulussiés me proposer sérieusement.

Le F. Point-du-tout; j'ai souvent entendu dire que l'observation du secret Maçonique, pouvait être due à quelque pratique vicieuse, honteuse, ou ridicule. Je n'invente point.

Le M. Coment peut-on avancer la possibilité d'une chose aussi absolument impossible ?

Le F. Oh, pour absolument impossible, cela est dificile à croire.

Le M. Atendu que....?

Le F. Atendu que... Mais cela se conçoit aisément.

Le M. Coment donc concevoir que des gens de bien, que des persones respectables puissent être atrapées, & se soumettre à des choses deshonêtes & vicieuses ?

Le F. On pourait dire que ces persones n'ayant pas prévu, avant leur initiation, les désordres qui se pratiquaient dans ces assemblées, au moment du fait il ne leur etait plus libre de reculer ; ayant eté contraintes, soit par la voie de la persuasion, soit par celle de la violence, soit par les deux ensemble, de laisser parachever leur réception ; ensorte que la faute une fois comencée, il ait absolument falu la consomer.

Le M. Mais ces mêmes persones, dont la probité, la religion, ne s'etaient jamais démenties ; les vèrait-on, après avoir été si cruellement trompées, embrasser ensuite le parti & les intèrets de l'Ordre avec un zèle aussi soutenu ?

Le F. Non.

Le M. Leur conscience ne leur reprocherait-elle pas eternellement leur faute ? Et une juste indignation contre des assemblées aussi contraires à la piété & aux bonnes meurs, ne les engagerait-elle pas à abjurer, au-moins de cœur, une semblable Société ; & à s'absenter pour jamais de la fréquentation de cette espèce de lieux de débauche ; quand même d'ailleurs certains engagemens les mettraient dans l'impossibilité d'oser rèvèler le secret ?

Le F. On pourait cependant répliquer, que la même nécessité qui les aurait contrains de consomer l'ouvrage de leur réception, a pu aussi les engager, par un serment des plus solennels, à fréquenter, au-moins de tems en tems, les assemblées de l'Ordre ; quelque répugnance qu'ils eussent naturellement pour ces mistères.

Le M. Mais qui ignore qu'un serment qui nous engage au mal, eut-il même eté prêté volontairement, porte absolument sa nulité avec soi ; & qu'il y aurait plus de crime encore à l'observer, qu'à l'avoir prononcé ? *Suprà crimen enim juramentum non ligat.*

Le F. Rien de plus vrai.

Le M. A plus forte raison sentirait-on l'indispensable nécessité de révoquer un serment de cette nature, lequel n'aurait eté araché que par la fraude ou par la violence.

Le F. Sans contredit. Mais ce secret si inviolablement gardé pourait au-moins être dû à une pratique honteuse, qui obligeat l'initié à se taire, après avoir subi l'initiation.

Le M. Cela n'est pas plus vraisemblable que le reste. Car quand on suposerait tout ce qu'il y a de plus honteux; (je mets le crime à part, n'ayant egard ici, qu'à ce qui est regardé come honteux, selon les idées que le Public s'est formées de certaines choses) je ne vois pas qu'un honête home fut déshonoré par l'aveu d'une semblable initiation.

Le F. Pour déshonoré, non; mais il rougirait d'avouer qu'il a doné dans le piège.

Le M. Il n'y aurait pas même lieu de rougir; car il ignorait, avant sa réception, à quoi il alait s'exposer; & s'il y a eu quelque imprudence à s'exposer, il n'a comis la faute qu'après quantité de persones dont la probité, le rang, la naissance, etaient autant de motifs à le rassurer sur bien des doutes.

Le F. En tout cas, il aurait tant d'ilustres compagnons de sa faute....

Le M. Oui, qu'en les nomant, il se débarasserait des huées du Public, & les renvèrait sur un grand nombre de persones de tout ordre & de tout caractère.

Le F. J'ajoute même, que quand il y aurait quelque chose de fort-humiliant à déclarer un tel mistère ; il conviendrait qu'un honête home se surmontat assés soi-même, pour se sacrifier en quelque sorte à l'intèret du Public, lequel efectivement se trouverait lésé par l'etablissement d'une Société, dont le but serait d'être en possession de se jouer, pour ainsi dire, d'une bonne partie du genre-humain.

Le M. Je veux cependant acorder l'impossible, & suposer que parmi ceux que le rang, la naissance, ou la réputation, distinguent de la foule, il ne se soit encore trouvé persone qui ait pu surmonter la confusion d'un tel aveu. Mais combien n'y a-t'il pas de gens initiés dans l'Ordre, & qui sont elevés dans des sentimens moins délicats à l'egard du *qu'en dira-t'on* ?

Le F. Combien d'autres, qui poussés par une humeur naturellement badine, n'auraient pas hésité long-tems à découvrir des mistères aussi ridicules, en començant par se railler eux-mêmes les premiers, d'avoir eté pris pour dupes, & d'en avoir vu duper tant d'autres à leur tour ?

Le M. Combien de gens encore,

dont le front n'a jamais rougi, & que l'exemple sur-tout aurait empêchés de rougir ?

Le F. Et l'indiscrètion ? & le vin ? n'auraient-ils pas tot ou tard produit leur effet ordinaire ? n'auraient-ils pas joué leur rôle ?

Le M. L'avarice, la seule avarice aurait surmonté toute honte.

Le F. Toutes ces raisons, en effet, balancent sufisament le préjugé.

Le M. On en trouvera toujours au-delà du besoin pour le confondre; les Maçons se sentant sans reproche, & persone n'ayant jamais eté fondé à leur en faire d'essentiels. Mais parmi les homes qui s'avisent d'observer, de combiner & de s'expliquer, combien d'examinateurs diférens qui ne sont afectés que relativement à leurs passions !

Le F. A la vèrité, ils sont inombrables.

Le M. Politiques, dévots, curieux, savans, ignares, oisifs, grans seigneurs, petit monde, magistrats, artisan, casuiste, historien, artiste; c'est bien le même peuple, mais non le même coup d'euil. Les moins mal intentionés se retranchent à croire que notre unique but eſt celui de l'amuſement, & que tout le ſecret n'eſt qu'une chimère.

Le F. Ou qu'il conſiſte ſimplement à faire ſoupçoner que l'on en a un.

Le M. C'eſt come cela.... Le gourmand nous aprécie ſur la délicateſſe de nos repas; l'ivrogne ſur les petits excès, que malgré la ſévèrité des règles, la longueur des ſéances ocaſione quelquefois; l'home charitable, ſur quelques aumones faites à propos.

Le F. Voilà come chacun juge à ſa façon.

Le M. Oui; le dévot nous juge ſur un ſervice ſolennel chanté avec pompe dans telle ou telle egliſe; le magiſtrat ſe décide ſur le miſtère que nous mettons à nos aſſemblées; le grand ſeigneur, ſur le mélange des conditions; l'artiſan ſur l'honeur d'être aſſis près du gentilhome; le ſavant ſur la cronologie de notre inſtitution; l'ignare ſur la ſcience que nous enſeignons; l'home oiſif ſur la politeſſe de nos euvres réelles; l'hiſtorien ſur nos croniques; l'artiſte ſur nos bijoux; le politique ſur notre diſcrètion, qui néceſſairement, à ſon avis, cache quelque projet dangereux pour l'Etat.....

Le F. Et le caſuiſte....?

Le M. O! le casuiste..... celui-là.....

Le F. De sorte enfin, qu'à rassembler les opinions de tout ce monde, le but des F. Maçons serait à la fois, de rire d'autrui, d'inquièter sur leur compte, de se brouiller avec les magistrats, de.....

Le M. Oui, & d'efrayer les sots, d'embarasser les gens d'esprit, soulager le prochain, manger beaucoup, boire davantage, avilir le noble, ilustrer le roturier, faire gagner les marguilliers, tromper les historiografes, ocuper les artistes, machiner la sédition, & fâcher les prêtres.

Le F. Dieu! quel contraste...!

Le M. Voilà come ce qui est marqué au coin du secret, & environé des voiles du mistère, inquiète les uns, tourmente les autres; intrigue ceux-ci, chagrine ceux-là. Mais vous avés beau faire,

> *Profânes curieux*
> *De savoir notre ouvrage;*
> *Jamais vos faibles yeux*
> *N'auront cet avantage.*

Le F. Êtes-vous bien persuadé, Monsieur, qu'il n'ayent jamais eu ce précieux avantage?

Le M. Très-persuadé.

Le F. Ce secret confié à tant de monde, ne se serait jamais evaporé ?

Le M. Jamais. Et cependant, malgré l'impossibilité de pénètrer un mistère caché dans les ombres du silence depuis tant de siècles ; des tèmèraires se vantent aujourdui d'avoir percé les voiles epais qui nous dérobent à leur vue. Abusés par quelques Frères indignes de ce nom, ils insultent journellement à notre discrète réserve par de fausses plaisanteries ; traduisent au tribunal de l'orgueil & de l'ignorance nos plus respectables cérèmonies.

Le F. Ces tèmèraires, puisque vous les apelés tels, sont assurèment en grand nombre.

Le M. N'importe ; le mépris que nous avons lieu de faire de leurs conaissances ilusoires doit nous réjouir, & nous fortifier dans l'usage permanent & inviolé, de renfermer plus exactement les poins les plus indifèrens de notre Art.

Le F. Il faut devenir, à cet egard, come la sensitive, qui retire ses feuilles dans son sein, aux aproches d'une main indiscrète.

Le M. Nous tâchons en effet d'imiter la nature dans la conduite de ses opèrations : l'euil le plus perçant & le plus atentif ne peut distinguer les mistères qui s'opèrent par elle dans la naissance & l'acroissement d'une fleur, dont on admire la formation, sans voir les secrets ressorts qui l'ont fait sortir de ses trèsors cachés. Je desire qu'il en soit à jamais de même parmi nous ; & que nous nous conduisions de telle sorte, que l'univers contemple avec etonement les vertus des Maçons, & qu'il ignore toujours les mistèrieux agens qui les font germer.

Le F. Mais tout en contemplant leurs vertus, ce même univers sera fondé aussi à dire que la promesse du secret est une précaution vicieuse ; & que le secret qu'ils possèdent, ou qu'ils afectent d'avoir, peut contenir quelque chose de pernicieux & de répréhensible. Or, des homes honêtes sont jaloux de l'opinion de ceux même qui ne les conaissent pas.

Le M. Je le veux. Mais je dis que la promesse du secret n'est point une précaution vicieuse. Tous les jours, dans les meilleures sociétés, on regrèterait que demain l'on fut informé chés le voisin des bagatelles inocentes qui ont ocupé la veille, & rempli le vide de la ſoirée.

Le F. Toujours n'en recomande-t'on point le ſecret.

Le M. Je ne vois nulle part un comandement précis, qui oblige d'aficher ce que l'on fait entre amis.

Le F. Je n'en ſache point non plus. Le plaiſir d'ailleurs, conſiſte ſouvent au miſtère dont on l'aſſaiſone.

Le M. C'eſt ce que dit le poëte Maçon :

Qu'un impènètrable bandeau
Nous voile au profâne vulgaire :
Ce plaiſir èſt toujours nouveau,
Lorſqu'il eſt ſuivi du miſtère.

Le F. Voilà qui vient come mars en carême.

Le M. On ne ſaurait plus à propos.... Mais en outre, ſi lès Maçons ſont jaloux de leurs procédés, de leurs uſages, de leurs formes, & qu'ils impoſent la loi de ne pas les rèvèler ; quelle induction fâcheuſe peut-on tirer de cette conduite ?

Le F. Je ne vois pas trop le crime qu'il y a. Ils ſont jaloux des formes ; hé bien, que l'on ſoit diſcret : ils ont de l'afection pour leurs uſages ; à la bonne heure, il ne convient pas de les rèvèler.

Le M. Ce ſerait troubler leur joie.

Le F. Sans doute. Mais cette diſcrètion que l'on demande aux nouveaux initiés; s'ils y conſentent ſans ſavoir pourquoi, ce ſecret auquel ils s'engagent *re ignotâ*, eſt-il une partie egalement abſolue de leurs devoirs?

Le M. N'en doutés point, Monſieur. Lorſqu'on me demande le ſecret ſur une choſe qu'on me confie; avant de la conaître, je done ma parole de n'en point parler. Le publié-je, ce ſecret, je ſuis un lâche; parce que le ſecret n'eſt qu'un dépot; ce n'eſt pas mon bien, je ne puis en diſpoſer.

Le F. Cependant, ſi ce ſecret renfermait quelque choſe de contraire, par exemple, aux Puiſſances....?

Le M. Si mon ami me diſait un ſecret qui le rendit coupable envers le Souverain, je maudirais la confidence, & je me croirais dans le cas de la rèvèlation; mon Prince ètant mon premier ami. Mais les Maçons ne ſont pas dans cette hipotèſe; car ſi l'eſprit de fidèlité, de ſoumiſſion & de patriotiſme etait evaporé, on le trouverait chés eux, la ſource n'y tarira jamais.

Le F. Point de doute à cet egard. Mais nonobſtant les meilleures raiſons du monde, vous n'oterés point de l'eſprit du peuple que ce ſecret, ou ce prétendu ſecret, come on voudra l'apeler, eſt à coup ſûr quelque choſe de dangereux & d'ilicite; puiſque vous fuyés avec tant de ſoin la lumière du Soleil.

Le M. On s'imagine aparemment que nous nous entrenons, dans l'obſcurité, avec les puiſſances infernales.

Le F. Oh! quel conte.....

Le M. Quel conte....?

Bien des gens diſent qu'au grimoire
Nous nous conaiſſons,
Et que dans la ſcience noire
Nous nous exerçons.

Le F. Ha! ha! ha! ha! ..... les ſorciers.....

Le M. Vraiment oui; il n'y a pas un payſan qui ne regarde les Francs-Maçons come des magiciens, des enchanteurs, des enſorceleurs, des maléficiers, qui ont un pacte en bonne forme avec le diable.

Le F. Lequel leur fournit, ſans doute, de l'argent à diſcrétion?

Le M. Oui, voilà pourquoi ils sont si riches.

Le F. Cela ètant, n'en aurait-on jamais fait griller à Rouen, Toulouse, Madrid, Venise....?

Le M. Je n'assurerais point le fait. On a brûlé des savans qui n'etaient pas si sorciers que *Comus*; il s'en falait de plus d'un tour de gibecière.

Le F. Et de plus d'un tour de piquet.

Le M. Ainsi, quand les atiseurs du tribunal Vénitien auraient fait rotir des Francs-Maçons *ùt sic*, en tant que tels; il n'y aurait rien là de surprenant.

Le F. Pour cela non; puisqu'ils possèdent de si grands secrets, que le Diable lui-même n'y conait goute, tout Diable qu'il est.

Le M. Plaisanterie à part, il n'y a pas une femme de campagne, qui en voyant un Franc-Maçon, ne fasse un signe de croix, au bout duquel elle atache un *Libera nos*, *Domine*.

Le F. Ho, c'est impayable!

Le M. J'assistai même un jour à un service solennel que les F. Maçons firent faire pour le repos de l'âme d'un certain curé, un de leurs confrères magiciens; &....

Le F. Est ce que les F. Maçons font aussi chanter des grand'messes?

Le M. Des plus pompeuses.

Le F. C'est, à mon jugement, une afectation bien déplacée de leur part.

Le M. Je le pense de même. Aussi, dans certains diocèses, nous est-il défendu de prier pour les morts.

Le F. Ha! c'est unique....

Le M. Enfin, pour rachever le service en question.... Je me trouvai par hasard entre plusieurs bonnes-femmes qui avaient les yeux dévotement atachés sur les F. Maçons, & qui s'entretenaient d'eux on ne saurait plus charitablement.... Tenés, disait l'une, come ils ont les yeux hagars, come ils ont un air efarouché.... Regardés, ma comère, disait l'autre, ils sont tout troublés, décontenancés, interdits.... Les Maçons remuaient-ils les lèvres pour le défunt; ils s'entretenaient avec Lucifer.... Faisaient-ils quelque mouvement; Satan les tourmentait... Oui, résumaient-elles, ils sont visiblement obsédés du Démon.

Le F. Ha! ha! ha! .... Ces comèrages devaient vous divertir etrangement.

Le M. Aussi falait-il tout le respect dont j'etais pènètré, dans ce moment, pour le saint sacrifice, pour arêter mes eclats de rire. Ce ne fut qu'en sortant de l'eglise, que ces dévotes conçûrent une idée plus catolique de ceux qui venaient de payer une grand'messe.

Le F. A quel sujet....?

Le M. Les Maçons ayant fait distribuer vingt ecus aux pauvres qui etaient devant le portail; elles se mîrent à dire: Ils ne sont pourtant pas si diables qu'on le pense.

Le F. Voilà come l'argent fait l'honête home.... Que le préjugé a donc d'empire sur les sots!

Le M. Il en a au point, que l'on a vu une femme se chagriner jusqu'à la mort, d'avoir apris que son fils s'etait fait recevoir F. Maçon.... Ah! que je suis malheureuse, s'ecriait-elle; que je suis à plaindre! Je n'ai qu'un fils, un fils unique; & le voilà devenu Franc-Maçon! Que Dieu me punit sévèrement....! Enfin, dans l'espace de trois mois, elle fit toucher aux Capucins quarante-deux piéces de douse sous, pour le convertir & lui faire abjurer la foi Maçonique.

Le F. Quel excès de folie!.... Mais

eſt-ce que les R. R. P. P. Capucins ſont les exorciſtes des F. Maçons?

Le M. Ce n'eſt pas qu'ils ayent plus de pouvoir d'exorciſer que les autres, ni de chaſſer plutot l'eſprit malin des entrailles F. Maçoniques: mais la bonne dame eſpèrait que la vertu de quarante-deux meſſes ferait enfin apoſtaſier ſon fils, en faiſant de lui un Maçon renégat.

Le F. Quelle pieuſe extravagance!.... Voilà cependant, Monſieur, come votre ſecret alarme les conſciences femelles, & laiſſe toujours, dans le public, des doutes fâcheux ſur le compte des F. Maçons.

Le M. Injuſtice toute pure. Si le ſecret de la Maçonerie etait abſolument inacceſſible aux profânes, & qu'il n'y eut que les Membres de l'Ordre qui, à l'excluſion de tout autre, euſſent la clé de ſes miſtères; c'eſt alors tout ce que l'on pourait faire de ſoupçoner qu'il y a quelque choſe de vicieux dans ſes principes. Mais le grand nombre de ſujets auxquels on confie ce ſecret tous les jours, par leur initiation à l'Ordre, & cela dans tant de péis diférens; fait bien voir, que loin de chercher à l'enſevelir, on ne craint pas de le répandre de tous cotés, au hasard qu'il soit découvert.

Le F. Cela ètant, un mistère comuniqué à tant de persones de tous etats, de toutes conditions, de tout caractère, ne saurait presque plus être apelé un mistère.

Le M. Il reste toujours un mistère pour les non initiés dans l'Ordre; mais cette initiation n'ètant refusée à aucun honête home, à aucun digne sujet; il dépend de la plupart de ceux qui ont des doutes sur notre compte, d'être mis au fait en peu de tems, par la voie de l'initiation. Or cette voie n'ètant interdite à persone d'honête; cela prouve démonstrativement qu'il n'y a rien de vicieux dans la F. Maçonerie.

Le F. Cela me parait conséquent.

Le M. Je demanderai de plus à nos critiques, si la seule raison d'un secret conservé par tant de persones, depuis si long-tems, & d'une manière aussi inviolable, ne rend pas la Maçonerie d'autant plus digne de l'estime & de l'atention du Public? Si ce motif, d'où résultent de si grands avantages à l'Ordre, n'est pas plus que sufisant pour ne point divulguer le mistère?

Le F. Mais le moyen de concevoir que ce ſecret n'ait pu encore être découvert, & ſe ſoit conſervé entre vous ſeuls, ſur la foi de ſimples promeſſes; quoique confié à un ſi prodigieux nombre d'homes, parmi leſquels il ne s'en trouve que trop qui n'ont pas la force de taire des choſes qui ètant rèvèlées, nuiſent à leur réputation, très-ſouvent à leur intèret, & leur ocaſionent mile chagrins?

Le M. On n'a pu, en effet, juſqu'ici concevoir qu'il fut poſſible qu'un Ordre auſſi répandu, conſervat ſon ſecret parmi un ſi grand nombre d'initiés.....

Le F. Et cela, ſans avoir de récompenſes à propoſer come le fruit de la diſcrètion, ni l'autorité d'infliger aucune peine aux violateurs du ſecret; la puiſſance coactive ètant toujours une emanation du pouvoir ſouverain, elle n'eſt pas entre les mains des Maçons, parce qu'ils ne ſont avoués ni du Prince ni de l'Etat.

Le M. Auſſi la juriſdiction des F. Maçons eſt-elle gracieuſe; l'Ordre n'ètant en poſſeſſion de juger ni de condaner perſone; & n'ayant à cet effet aucun tribunal dans quelque péis que ce ſoit, ni jamais fait la moindre démarche qui tendit à empiéter le moins du monde ſur le pouvoir des Magiſtrats; bien plus, y ètant lui même ſoumis quant au temporel, come à l'Egliſe pour le ſpirituel.

Le F. Il eſt ſûr que n'ayant pas le droit de faire des lois poſitives, vous n'avés pas celui d'infliger des peines fiſiques.

Le M. Sans contredit. Auſſi nos règles & nos obligations ſont-elles purement morales.

Le F. Par conſéquent, le délit ou la contravention ne peut être, en ce cas, ſujet qu'à des peines morales?

Le M. C'eſt clair.

Le F. Or, coment donc juſtifier la poſſibilité de la conſervation de votre ſecret?

Le M. Par la crainte qu'on a d'être aſſaſſiné.

Le F. Vous croyés plaiſanter, Monſieur....?

Le M. Coment! plaiſanter.... Rien de plus vrai.

Le F. Vous avés beau dire, c'eſt pourtant l'opinion de bien du monde.

Le M. Je le ſais; mais ce n'eſt ſûrement point la vôtre.

Le F. Je n'oserais, en effet, me persuader, Monsieur, que les Membres de votre Ordre dûssent leur discrétion inviolable à l'egard de ses mistères, à la crainte de perdre la vie en cas de violation.

Le M. Il n'est pas possible de concevoir que d'honêtes gens voulussent adopter des idées aussi indignes de l'humanité en gèneral; beaucoup moins en particulier, s'imaginer pareille chose d'un corps parmi les Membres duquel on remarque quantité de sujets dont la probité & l'honeur n'ont jamais eté suspectes, même hors de l'Ordre.

Le F. Le soupçon est, à la vèrité, des plus grâves.

Le M. Oui, & il ne se trouve que trop d'esprits faibles, capables de se laisser abuser par des gens, dont la malice n'a pour but que de se divertir de leurs scrupules, en leur inspirant des idées, dont eux-mêmes ont toujours reconu le travers.

Le F. Je ne vois pourtant pas qu'il eut eté possible que la Maçonerie se fut maintenue en possession de son secret, par des voies si sanguinaires.

Le M. Au-contraire, en employant de telles voies, c'eut eté le moyen

d'ensevelir

d'enſevelir l'Ordre ſous ſes ruines, par une juſte punition, & d'expoſer ſon ſecret à ceſſer de l'être en peu de tems.

Le F. Cependant je pôſe en fait que l'Ordre, à ma réception, ait deſſein de m'aſſaſſiner, ſi je relève le ſecret; & cela, ſans pourtant m'avertir que telle ſera ma punition, ſi tot ou tard je manque à mes engagemens?

Le M. Si j'ignore, quoique dans l'Ordre, ſi j'ignore que l'aſſaſſinat doit être la punition de l'indiſcret; voilà un miſtère qui m'eſt caché: or j'ai prouvé, il n'y a qu'une demi-heure, qu'il n'etait pas poſſible que quelques-uns des Membres de l'Ordre participaſſent à un ſecret, à l'excluſion perpétuelle des autres Membres.

Le F. Mais encore, je veux ſupoſer que l'Ordre ait pu me laiſſer ignorer, à moi, une menace auſſi terrible?

Le M. Hé bien, Monſieur, la crainte d'être aſſaſſiné, ne ſerait donc pas ce qui vous retiendrait? N'y a-t'il point de menace, il n'y a plus de crainte.

Le F. Mais que l'Ordre, à ma réception, non-ſeulement ait deſſein, ſi je relève le ſecret, de m'en punir par la voie de l'aſſaſſinat, n'en ayant point d'autre à employer ; mais même m'avertisse, que telle est la loi contre les transgresseurs du serment, & que telle sera ma fin, si j'ai le malheur d'être indiscret ?

Le M. Si j'en suis averti, il me reste une voie bien facile de parer le coup.

Le F. De quelle manière ?

Le M. En en rendant responsable toute la Loge, & cela, dès le moment que j'aurais laissé echaper le secret.

Le F. C'est vrai. Mais je supose pour un moment, qu'un F. Maçon ait trahi son secret, soit dans le vin, soit par trop d'envie de parler, ou par un esprit de trahison....

Le M. Enfin, il n'importe coment. Hé, alors ne fera-t'il pas de sérieuses réflexions sur le perpétuel danger qu'il va courir désormais, dans quelque lieu qu'il se rencontre ?

Le F. Oui.

Le M. Il est trop avancé pour reculer ; le soin de conserver sa propre vie, le portera à consomer sa trahison.

Le F. Il sait d'ailleurs, que l'Ordre n'exerce aucune magistrature en tant qu'Ordre, & ne peut disposer du bras séculier.

Le M. Que fera donc cet ex-F. Maçon ?

Le F. Son plus sûr sera d'implorer le secours du magistrat.

Le M. Sans doute; & pour mériter toute sa confiance, il lui révèlera le secret d'un bout à l'autre; il se mettra sous sa protection, en déclarant ses craintes & son danger; il rendra tous les Membres de sa Loge, ou de toutes les Loges du lieu, responsables de sa vie, en les nomant tous nom par nom; & dans la crainte que le tems ne laissat oublier une déclaration, qui désormais va faire son unique sûreté, il aura aussi soin de la renouveler au-moins tous les ans une fois.

Le F. Cet expédient pourait paraître un peu recherché.

Le M. Point-du-tout; il se présente tout naturellement, & chacun sait que la crainte de la mort, peut fournir d'excellens moyens aux caractères les plus simples, pour ne pas dire les plus idiots. Il est donc ridicule de prétendre que la crainte d'une mort tragique fasse la sûreté du secret.

Le F. Je ne serais pourtant pas surpris qu'il se trouvat des persones assés prévenues, pour s'imaginer que parmi ceux qui ont fini par une mort tragique, il pouvait y en avoir eu dont l'indiſcrètion par raport au ſecret de l'Ordre, eut ocaſioné la mot.

Le M. De ſupoſer pareille choſe, ce ſerait la penſée la plus ridicule qui eut jamais pu tomber dans l'eſprit : car ſi ces gens ont rèvèlé le ſecret ; coment n'a-t'il donc pas tranſpiré juſqu'ici ? Et ſi le ſecret reſte juſqu'à prèſent ignoré hors de l'Ordre ; coment pouvoir penſer que quelqu'un ait payé de ſon ſang la rèvèlation de ce ſecret ? Non, Monſieur, non :

La vive lumière des cieux,
Malgré l'envie & l'ignorance,
Dans ſon eclat brille à nos yeux ;
Elle eclaire notre inocence.

Le F. Hélas ! Monſieur, je crois qu'il eſt facile de juſtifier de votre inocence ; car au bout du compte, il ferait plus equitable de penſer que les ſecrets & miſtères de la F. Maçonerie, ſome toute, doivent leur conſervation à leur non-exiſtence.

Le M. C'eſt bien jugé.

Le F. Ou que le tout conſiſte à parler, marcher & geſticuler.

Le M. Encore plutot....

Le F. Pourquoi pas ?

Le M. Parce que ce ne ſont pas nos

ſignes, notre langage, nos marches, ni même toutes nos cérémonies, qui donent la conaiſſance du ſecret de l'Ordre. Il faut ſavoir d'où cet Ordre dérive, pourquoi il a eté inſtitué, & quel eſt ſon but; toutes leſquelles choſes ſont même ignorées des trois-quarts & demi paſſé des F. Maçons des deux hémisfères. La Maçonerie n'eſt point une fable, elle n'a pas comencé d'exiſter ſans raiſon; & ſupoſer que ſon ſecret n'eſt rien, c'eſt ſupoſer que tous les gens de bien qui profeſſent cet Art, ſont autant de charlatans qui ſe jouent avec impudence de la bonne foi du Public, & qui cherchent à en impoſer au profâne, en ſe diſant poſſeſſeurs d'un ſecret, qui dans le fond ſerait une chimère qui aurait la ſupercherie pour auteur. Cela ne ſaurait ſe préſumer ſans injuſtice & déraiſon.

Le F. En ce cas, ſi ce ſecret a quelque choſe de réel, je me borne à dire qu'il n'y a qu'un ſerment qui puiſſe le rendre auſſi inviolable.

Le M. Cette ſupoſition eſt même dénuée de vraiſemblance.

Le F. Dénuée de vraiſemblance!

Le M. Dénuée de vraiſemblance: car ſi la clauſe du ſerment etait un moyen tout-à-fait infaillible pour assurer aussi religieusement un secret ; je demande coment les Princes ont pu être si souvent trahis, nonobstant la précaution du serment qu'ls ont toujours exigé de leurs sujets, & plus particulièrement encore de ceux auxquels ils confiaient des choses de la dernière conséquence ?

Le F. Oui, cela n'a pas empêché qu'ils ne fussent trahis souvent.

Le M. Bien plus, à la religion du serment ils ont ajouté des motifs, souvent beaucoup plus forts chés les homes, que la crainte d'ofenser Dieu & de hasarder son salut ; ils ont décerné contre les violateurs du serment, l'infamie, la perte des biens, la peine de mort, souvent même celle d'une mort très-cruelle, selon l'exigence des cas. Les peines ont eté exécutées contre les transgresseurs, toutes les fois qu'on les a convaincus.

Le F. A-moins que la suite, ou la clémence du Prince, ne les ait soustraits à une punition justement méritée.

Le M. Sans doute. Mais ces exemples si tèribles, ont-ils jamais empêché que l'on ne vit de tems en tems des traîtres ;

& chaque siècle ne produit-il pas de ces afreuses victimes de l'avarice & de la dépravation du cœur humain ?

Le F. Sans contredit.

Le M. Si donc l'Ordre ne conserve aussi inviolablement son secret, qu'à la faveur d'un serment solennel, qui lie & engage ses initiés ; coment ôse-t'il se flater, cet Ordre, que son secret ne puisse jamais transpirer, obligé de le confier à un si grand nombre d'initiés ?

Le F. Il serait imprudent d'y compter.

Le M. Coment d'ailleurs, peut-il espèrer que le serment retiendra eternellement tous ses Membres dans le devoir ; & qu'en tout tems, & à toute epreuve, ils auront toujours assés de probité & d'honeur pour le garder ?

Le F. L'espèrance serait en effet mal fondée.

Le M. Mais coment sur-tout prétendre un tel avantage par le serment, pendant qu'on manque de la ressource à laquelle les Princes & les Magistrats ont seuls le droit de recourir ; je veux dire, de châtier les transgresseurs ?

Le F. Il est vrai que n'ayant pas ce droit, le serment ne garantirait guère vos secrets de la publicité.

Le M. Il eſt d'autant moins probable qu'il puiſſe les en garantir, que ce ſerment, ſuivant quelques-uns, n'eſt pas obligatoire. Il eſt, dit un anonime, il eſt un parjure manifeſte & horrible, qui ataque avec autant d'evidence que d'efronterie, ce que la religion a de plus divin & de plus auguſte.

Le F. Paſſe pour les injures de l'anonime; mais où eſt donc cette evidence du parjure?

Le M. Je ne vois pas ſi clair que notre critique.

Le F. Mais coment encore, ce ſerment ataquerait-il la religion, plutot que les lois civiles?

Le M. Il eſt vrai que le nom de ſerment porte avec lui l'idée d'une promeſſe ou religieuſe ou juridique: & certainement le nôtre n'eſt point de la catégorie du droit canon.

Le F. Aparemment que l'anonime ne conaiſſait ou ne reconaiſſait que les ſermens de cette eſpèce-ci.

Le M. Je ſuis tenté de le croire, & même tenté de croire que c'eſt un digne prêtre qui nous habille auſſi généreuſement; car il dit qu'il eſt à comprendre que des homes inſtruits & elevés au milieu des crêtiens, puiſſent s'oublier à transgresser si ouvertement le second précepte que nous tenons de notre Dieu : *Non perjurabis in nomine meo*. C'est, continue-t'il, réellement profaner le St. nom de Dieu & sa parole sacrée.

Le F. Mais l'on ne profâne la parole de Dieu, qu'en prenant son St. nom en vain : *Non assumes in vanum*, dit le Décalogue.

Le M. C'est vrai, Monsieur, & si les F. Maçons ne le prennent pas en vain, il n'y a point de profanation.

Le F. Non certainement.

Le M. Or je dis qu'un juge jure de rendre justice, sans distinction, à l'opulent & au pauvre ; un avocat, à ne se charger que de bonnes causes ; un notaire, un procureur jure d'être honête home ; tout Français fait à son Roi le serment de fidèlité. Mais un Maçon jure d'être plus particulièrement honête home, & de ne point rèvèler les mistères de la Société, où il ne se passe rien que de légitime ; il prend le grand Architecte de l'Univers pour tèmoin, pour garant, pour juge de ses veux. Où est la profanation ? où est le crime du serment ? Au-contraire, en cette rencontre n'est-il pas glorieux ? &

cette expreſſion ne contient-elle pas l'aveu formel de la croyance, de la dépendance, de la confiance, de l'adoration la plus directe ?

Le F. A l'entendre ainſi, il eſt conſtant que le ſecond comandement n'eſt pas violé. Mais des eſprits malins ne ſe déterminent que ſur les aparences, & ſaiſiſſent toujours les choſes au tragique, lorſqu'il eſt queſtion de juger le prochain.

Le M. Il eſt vrai que le nom de ſerment eſt le motif d'un reproche très-grâve qu'on nous fait. C'eſt, dit-on, un atentat à l'autorité ecléſiaſtique & civile. On ne doit jurer que ſur des vérités palpables & reçues. On ne peut jurer qu'entre les mains des dépoſitaires de la force légale ou ſpirituelle. De ſimples particuliers n'ont pas le droit de proférer aucun ſerment; & il eſt d'ailleurs trop défectueux pour être obligatoire, puiſque même quand on le prête, on ignore à quoi l'on s'engage. Enfin, il n'y a point de procès que l'on ne nous intente au ſujet de notre ſerment Maçonique.

Le F. Il ne laiſſe pourtant pas, Monſieur, que d'y avoir bien des choſes de vraies dans tout ce que vous venés de dire ; car en effet, pour rendre un serment légitime, il faut bien des conditions.

Le M. Notre anonime dit que pour le rendre tel, tous les téologiens, d'après Jéremie, en demandent trois.

Le F. Est-ce que ce sont les téologiens qui ont etabli la nature du serment, & arèté les conditions caractéristiques & essentielles qui constituent sa légitimité ?

Le M. Je crois qu'il y en avait de légitimes & d'autentiques, avant que ces MM. ne vinssent au monde.

Le F. Hé ! les Romains ne conaissaient ni tonsure, ni Jéremie, ni Moïse ; & cependant ils nous ont laissé un code de lois très-judicieuses, qu'ils n'ont certainement concertées avec aucun téologien.

Le M. Les sermens d'ailleurs, etaient en usage de tout tems, conus & sacrés chés toutes les nations, même les plus hérétiques.

Le F. Qui à coup sûr en conaissaient toutes les clauses & conditions possibles, soit à l'egard de leur validité ou invalidité.

Le M. O pour cela oui. Mais enfin, pour en revenir aux conditions Jérémiques ; il faut, dit notre censeur, qu'un serment, pour être légitime, soit fait avec vérité, discernement, equité : *Jurabis in veritate, in judicio, & in justitiâ.* C'est-à-dire, 1°. que ce, en faveur de quoi se fait le serment, doit être véritable & moralement certain.

Le F. Sans contredit.

Le M. Or, assure notre critique, les Maçons ignorent parfaitement ce à quoi ils s'engagent.

Le F. Si c'est ainsi, cela devient diférent.

Le M. A la bonne heure ; mais c'est que cela n'est point ainsi ; puisque l'on n'exige du candidat la discrétion sur les mistères de l'Ordre, qu'après les lui avoir confiés, je ne dis pas tous, mais en partie ; & qu'aprés l'avoir prévenu que les autres secrets de la Maçonerie qui lui seront révélés, si son silence sur les premiers les lui mérite, sont aussi honêtes & aussi légitimes que ceux qu'il vient d'aprendre.

Le F. En ce cas, la première condition se trouve remplie.

Le M. Si elle ne l'etait pas encore, l'on pourait ajouter que quiconque desire conaître un secret ; il est juste, qu'avant de le lui révéler, il s'engage à ne s'en ouvrir à persone, si ce n'est à ceux qui ont le droit de conaître de tout ; quoiqu'en dise la seconde Bule.

Le F. Cela me parait légal. Et quelle est la seconde condition qui légitime un serment ?

Le M. La seconde condition qui doit acompagner le serment légitime, dit toujours notre antagoniste, consiste à examiner, à prépondèrer, à discerner la qualité de la chose qui engage à faire serment. Il faut qu'elle soit d'une grande conséquence, *gravis momenti* ; que l'utilité ou la nécessité en soit grâve, *gravis utilitatis aut necessitatis.*

Le F. Il y a long-tems que les Jurisconsultes savent tout cela.

Le M. Or, conclut le même, est-il d'une grâve nécessité de s'agréger dans la Maçonerie ? Est-ce d'une grande conséquence en fait de religion & de salut ? Cet etat conduit-il à rendre le crétien plus home de probité & de piété, à le sanctifier ?

Le F. Or, dirais-je, est-il d'une grâve nécessité de se faire moine ? Est il d'une grâve nécessité d'abandoner parens & amis, & même de les laisser quelquefois dans la misère, pour aler manger ſon patrimoine dans un monaſtère; tandis qu'en faiſant uſage de ſes bras, on aiderait ſes père & mère indigens ? Eſt-il d'une grâve néceſſité de ſe marier, ou de faire veu de chaſteté ? Eſt-il d'une grâve néceſſité de, &c., &c., &c ?

Le M. Sans rétoquer, moi je rèpondrais que l'on ne fait point de ſerment pour s'agréger dans la Maçonerie; qu'en ſecond lieu, il eſt toujours d'une grâve néceſſité de ne point publier des miſtères que l'on confie ſous la clauſe du ſecret, toutefois que la choſe eſt légitime; que 3°. il n'eſt pas eſſentiel, pour rendre le ſerment valide, que ce, en faveur de quoi on le prête, ſoit d'une grande conſéquence en fait de religion & de ſalut....

Le F. Hé! Il ſufit que cela intèreſſe le bien temporel, ſans pourtant enfreindre le ſpirituel. Il n'eſt pas d'une grande conſéquence en fait de religion & de ſalut, de ſe faire paſſer M.tre en Chirurgie; pourtant lorſqu'on y paſſe, on jure & promet de ne charlataner perſone, & de ne ſaigner qu'au beſoin.

Le M. Oui, quoique l'etat de Maitriſe ne conduiſe point à le rendre plus home de probité & de piété, ni à le ſanctifier.

Le F. Hélas, Monsieur, un novice qui jure d'observer toute sa vie les règles de St. Bernard; sa prestation de serment conduit-elle à le rendre plus sobre, plus home de probité & de piété?.... De grâce, sautons au troisième point; car cela fait compassion.

Le M. Et 3°. il doit se faire avec equité; c'est-à-dire, que la chose pour laquelle on fait serment, doit être bonne & honête par elle-même; *ut res cum juramento promissa, sit bona & honesta.*

Le F. Rien de plus juste.... Eh bien après.....?

Le M. Cette Société, s'ecrie pieusement notre gloseur, est-elle donc revétue de cette bonté, de cette honêteté qui font que le serment est un acte de religion & de piété? Les démarches secrettes & toute cette conduite misterieuse, prouvent-elles cette bonté? Ceux qui s'y engagent, s'y engagent-ils par vertu, & peuvent-ils y trouver des moyens d'une plus grande perfection crètienne?

Le F. Quelle liste de déraisonemens!

Le M. Et quelle perfection crètienne de douter si gratuitement & si calomnieusement de la bonté ainsi que de l'honêteté des principes de la Maçonerie ! .... *D'ailleurs*, pour que le ferment soit bon, faut-il qu'il soit toujours un acte de religion & de piété ?

Le F. Non sans doute. Les sermens juridiques, quoique très-bons & très-légitimes, ne sont pas des actes de piété.

Le M. En outre, faut-il que partout où l'on s'engage, ou ne peut-on jamais s'engager nule part, sans que ce soit par un motif de vertu, & que pour y trouver des moyens d'une plus grande perfection crètienne ?

Le F. . . . .

Le M. Vous avés raison, Monsieur, de hausser les epaules. Mais il n'en est pas moins vrai, que le comentateur de notre serment, aprés n'avoir rien prouvé, s'ecrie avec chaleur & en conscience : le parjure se trouve donc parfaitement vérifié ! Voil....

Le F. Parfaitement vérifié....!

Le M. Oui, Monsieur, & voilà, dit-il, come ces associés deviennent coupables d'un péché enorme : persone n'ignore que le parjure ne soit une injure des plus grandes envers le Seigneur & sa religion.

Le F. Et s'il est jurique, envers Dieu & la Société civile ?

Le M. Non, il parait que chés le ſermoneur en queſtion, tout eſt en faveur de l'Egliſe.

Le F. A la bonne heure; mais eſt-ce-là toute ſa déclamation ?

Le M. Pardon, Monſieur..... Apeler Dieu à tèmoin, continue-t'il, & ſa parole ſacrée; apeler tous les elémens de.....

Le F. Qu'apelés-vous, Monſieur, tous les elémens.....?

Le M. Oui, apeler tous les elémens de la nature & les puiſſances de l'enfer; ap.....

Le F. Vous n'auriés pas aſſés de Dieu, ſans evoquer encore le Diable.... ?

Le M. Enfin, apeler, conclut-t'il, tout cela à tèmoin pour le menſonge & l'iniquité; quel crime, & quelle enormité du crime !

Le F. Quelle noirceur, & quelle enormité de la noirceur !

Le M. Monſieur, vous ne l'avés pas encore vue portée à ſon comble; & je ſuis bien-aiſe de vous faire voir juſqu'où la calomnie peut lancer ſes traits. J'ai dit pluſieurs fois, que dans la Société des Francs-Maçons, il ne ſe paſſait rien de contraire à l'etat, à la foi, ni aux meurs.

Le F. Eh ! qui ôserait afirmer sérieusement le contraire ?

Le M. Le même catolique qui a la bonté de dire que nous apelons tous les elémens de la nature à tèmoin.

Le F. Il avoit donc la fièvre chaude, en vomissant le fiel de son iniquité ?

Le M. Je l'ignore ; mais dans l'idée de cet aveu, dit-il, il faut entendre que dans la Société il n'y a rien de contraire à la foi qu'ils doivent à leur secret, qui doit être inviolable ; rien de contraire aux meurs, reçues parmi eux ; rien de contraire aux lois de l'etat, c'est-à-dire, aux lois de la Société & de l'etat des Maçons. Ajoutés à cela, Monsieur, que l'auteur de ces distinctions a le front de dire, que c'est nous-mêmes qui interprêtons ainsi ces trois poins.

Le F. O, pieuse Société de Jesus, si elle avait le malheur d'exister encore ; je dirais que c'est du jésuitique tout craché.

Le M. Hélas, Monsieur, il y a encore d'autres loups sous la peau de l'agneau. La calomnie, l'insatiable calomnie, distile journellement sur nos Temples d'albâtre son poison infect ; & de toutes parts,

J'apperçois l'envie
Qui dans sa furie,
De son cœur impie,
Repait ses serpens :
Sa bouche impure
Vomit l'imposture ;
Mais tous ses accens
Seront impuissans.

Le F. Au-moins chés ceux qui se payent de raison.

Le M. Ceux qui n'ont que la figure humaine, on les paye autrement.

Le F. Mais.... ; car je pense toujours auxdites puissances de l'enfer..., pourquoi vous prête-t'on des formules aussi impies qu'elles sont extravagantes ?

Le M. Voici le pourquoi. On a abusé de nos usages & de nos expressions, en les chargeant de circonstances etrangères & odieuses. L'Abé le Mascrier, dans ses religions du monde, nous fait faire des sermens qui sont impertinens : c'est de-là qu'est venue la prévention.

Le F. Ha.... fort-bien....

Le M. Oui, Monsieur ; & nos Docteurs de l'an 1748, ont encore renchèri sur leurs prédécesseurs, en enrichissant la teneur de notre serment, d'un suplément de formes agravantes.

Le F. Qu'y a-t'il donc au-dessus des puissances de l'enfer ?

Le M. L'Evangile.

Le F. L'Evangile..... Qu'est-ce cela veut dire.... ?

Le M. Cela veut dire que l'on nous acuse encore de profaner ce saint livre, en jurant par lui d'être discrets sur les misteres de l'Ordre.

Le F. Si c'est ainsi, on n'a pas tort de vous en faire un reproche.

Le M. La raison.... ?

Le F. C'est qu'outre que cela ne done pas à votre serment une vertu coroborative ; je trouve encore que ce livre divin n'est point à sa place, ne fut-ce même qu'à cause de la prévention ; & que c'est à toute force vouloir s'atirer des censeurs, en ce qu'il ne rend pas l'engagement Maçonique plus virtuel.

Le M. Aussi, cet usage rare de promettre sur l'Evangile, est-il....

Le F. L'usage en existe donc... ?

Le M. Il existe dans quelques péis & certaines Loges ; mais cette forme n'est point de l'essence du cèrèmonial.

Le F. Elle parait même tout-à-fait contradictoire.

Le M. En ce que... ?

Le F. Vu l'extrême silence que vous prescrivés sur-tout ce qui est matière de croyance, ou qui en renferme les objets.

Le M. C'est vrai. La Maçonerie, soigneuse d'eloigner tout ce qui peut porter ateinte à ce sentiment tranquile de l'amitié, n'a rien oublié : nos conversations ont des bornes prescrites ; tout objet de contestation est proscrit, controverse, politique, idiomes etrangers, dissertations profânes, germes funestes d'opinions & de sistèmes, tout cela est bani de nos cercles.

Le F. Il n'en falait pas tant, pour dire qu'en Loge il n'est question jamais ni de dogmes ni de culte.

Le M. C'est pourquoi, & je le répète, cet usage rare de promettre sur l'Evangile, est un abus que le zèle mal dirigé a introduit ; il est presque aboli par-tout, & chaque jour on le suprime.

Le F. Et chaque jour l'on fait bien de le suprimer. Et d'ailleurs, à coup sûr, les Maçons eclairés n'exposeraient point à profanation le dépot des vérités evangéliques, envers des gens qui n'auraient pas pour ce trésor, la foi & la vénération qu'il mérite.

Le M. Assurément non, ils ne l'exposent point. Mais ce qu'il y a de remarquable, c'est que ceux-mêmes qui taxent magnanimement les Maçons d'être des gens impies & sans religion; deux pas plus loin, ils leur font un crime de lèse-majesté Divine, de croire à St. Matieu, à St. Marc, à St. Luc & à St. Jean; ou pour être plus court & plus long en même tems, ils leur reprochent d'ajouter foi aux quatre Evangélistes.

Le F. Quelle contradiction de leur part! Coment donc allier ces deux extrêmes?

Le M. C'est pourtant ainsi; puisqu'en même tems qu'on nous reproche notre prétendu défaut de croyance, on nous fait la grace de nous croire assés bons crètiens pour ajouter foi aux Oracles du Messie; puisqu'on s'imagine que nous jurons par les écrits de ces divins Missionaires des vèrités célestes, & même, suivant Clément XII, sur les Saintes Ecritures.

Le F. Efectivement, c'est une distraction bien grande. Mais dans le fond, je vois bien à cette heure que l'on n'a pas tous les torts de vous chicaner, Messieurs, sur le fait de votre serment.

Le M. Parce que....?

Le F. Je ne veux point dire pour cela, que le ſerment que vous faites prèter en Loge, ne ſoit pas revétu de tout ce qui caractériſe un ſerment bon en lui-même; mais puiſque vous ne jouiſſés d'aucune puiſſance coactive, vous conviendrés ſans doute, Monſieur, que les Maçons ne ſont point en droit de faire prononcer aucun ſerment en Loge. Il y avait d'ailleurs un moyen fort-ſimple pour eviter toute cenſure en pareil cas.

Le M. Un moyen pour eviter toute cenſure...?

Le F. Oui, Monſieur; car, à mon avis, il y aurait eu plus de nobleſſe, plus de décence, à n'aſtreindre les initiés que par le gage de l'honeur, & ſous la triſte condition de le perdre, en cas qu'ils devinſſent réfractaires. Mais auſſi, ne falait-il admettre abſolument que des perſonages capables de bien ſentir toute la valeur du terme, & de conaître le prix de la réputation. Il y a bien un grain d'honeur pour tous les homes; mais la délicateſſe de l'âme, la préciſion des idées ſur un article de pur ſentiment, tient beaucoup aux organes & à l'education.

Le M. C'eſt vrai. Mais celui qui eſt capable de ſe jouer de ſa parole d'honeur ; croyés-moi, Monsieur, il est dans le cas d'enfreindre le serment le plus solennel, si un intèret l'y engage, & qu'il croye pouvoir le faire avec sûreté.

Le F. C'est présumable.

Le M. Cependant, Monsieur, il est tems que je me rétracte d'une expression profâne, apelée *vulgò* serment, dont j'ai fait usage jusqu'ici ; & que je vous aprenne que nous somes parfaitement convaincus du principe, que le premier lien des homes est l'honeur : aussi, la promesse qu'un candidat fait en Loge, n'a-t'elle point d'autre garant ; come le manquement à cette promesse, ne saurait avoir d'autre peine.

Le F. Les F. Maçons ne font point de serment...? Les Bules disent cependant le contraire.

Le M. Nous faisons promesse d'observer nos lois ; si c'est ce que l'on doit entendre par serment, je conviens du fait.

Le F. Non, sans contredit, une promesse n'est point un serment. Hé, Monsieur, que ne parliés-vous donc plutot ? nous aurions coupé au court de plus d'une demi-lieue.

Le M. Il est vrai, j'ai tenu mal à propos votre esprit en suspens.

Le F. C'est mal à propos aussi que l'on qualifie une simple promesse, une simple obligation, terme qui ne choquerait persone, du nom de serment qui révolte bien du monde.

Le M. Abus des termes, lequel ne s'est introduit que par ceux qui ne voyaient point la diférence qu'il y a entre serment & obligation; & qui croyaient doner plus de poids à leur acte de promesse, en l'apelant du nom de serment.

Le F. Ils se sont lourdement abusés; en ce que leur serment devient ilégal & infructueux, par cela même qu'ils ne sont pas autorisés juridiquement à en prononcer aucun, quelque bon qu'il soit d'ailleurs de sa nature: tandis que les Maçons ne sont pas répréhensibles, en exigeant une promesse. Tous les jours on done sa parole, c'est un gage infaillible pour ceux qui pensent; le dépositaire l'accepte, il est fondé à s'en prévaloir: il ne manque à l'obligation aucune qualité pour la valider & la rendre indispensable.

Le M. Il est vrai que tout acte volontaire est bon; toute persone à qui l'on reconait soi-même le droit de recevoir une promesse, l'aquiert dans le moment ; c'est un contrat sinalagmatique, parfaitement exact, régulier & solide.

Le F. Toutefois cependant, que l'objet pour lequel on promet, pour lequel on s'engage, est licite & honête.

Le M. Bien entendu ; & c'est le cas où se trouvent les Francs-Maçons ; car ils ne font presque que réitérer ce que leurs parains & maraines ont promis pour eux quant au culte, ce que leurs pères & mères leur ont inspiré quant à l'amour & à la fidèlité due au Souverain, ce que l'humanité leur impose envers le prochain, ce que l'esprit d'ordre & d'harmonie leur prescrit à l'egard des lois : ils y joignent quelques devoirs particuliers de secours mutuel, d'union plus intime, de charité réciproque, d'urbanité respective, d'observances de pratiques, &c., &c.

Le F. En ce cas, la promesse est bien faite, elle est de rigueur.

Le M. Au surplus, les Canons distinguent trois sortes de sermens, *Juramentum triplex est*, volontaire, nécessaire, & judiciaire ; *voluntarium scilicèt, necessarium & judiciale.* Or le serment des Maçons étant de la première espèce ; étant une parole d'honeur rédigée en formulaire, pour faire une plus vive impression à celui qui la done, il est certainement bien fait, il est de rigueur, quoiqu'en disent nos critiques.

Le F. C'est qu'ils s'imaginent que vous faites faire des sermens, & que, dans ce cas, vous empiétés sur l'autorité eclésiastique & civile.

Le M. Non-seulement cela ; c'est qu'ils se figurent que nous assaisonons nos prétendus sermens, d'imprécations horribles, de juremens exécrables qui font frissoner la nature.

Le F. Encore du nouveau. Les Maçons ajoutent donc quelques formulaires pour consolider, pour caractériser la promesse ?

Le M. Quelques-uns, il est vrai, revêtent l'obligation de formalités qui, dans le fait, ne la rendent ni plus solide ni plus terrible : mais come une grosse epouvante afecte tout le monde, elles en solennisent la prestation avec assés d'apareil, pour imprimer, dans certaines persones, une souvenir permanent qui les empêche de s'en écarter.

Le F. Puis-je, Monſieur, ſans indiſcrètion, vous demander quelles ſont ces formules, apelées vulgairement imprécations horribles, juremens exécrables?

Le M. Il n'y a point-là de miſtère. Si je contreviens à ma promeſſe, dit le Récipiendaire, je conſens d'avoir la gorge coupée, le cœur araché, les entrailles, &c..... Mais ces formulaires n'ont eté ſupléés, par quelques-uns, poſtèrieurement au veu ſtrict, que pour en tirer le modèle de difèrens ſignes, geſtes & poſitions qui diſtinguent les premiers grades; car, dans le fond, c'eſt une liſte de pléonaſmes, & une ſurface qui ne corobore pas l'engagement.

Le F. Au-contraire; la vie d'un particulier n'apartenant à perſone privativement, cette ſentence exorbitante ſerait ſeule capable de l'anuler.

Le M. Auſſi, ces formules, come je viens de le dire, n'ont eté miſes en uſage que par quelques Maçons, & elles ſont abſolument inconues dans toutes les Loges come il faut.

Le F. On fait fort bien de ne point s'en ſervir; car ces expreſſions, outre qu'elles ſont entièrement inutiles, elles ſont toujours déplacées, & fourniſſent encore matière à diſcuſſion.

Le M. Cependant, nous ajoutons quelques paroles à notre promesse; mais bien certainement, elles ne sont pas susceptibles d'engendrer la plus petite dificulté.

Le F. D'abord qu'il n'y a rien de superflu ni de déplacé....

Le M. Rien du-tout; car le Candidat, après avoir dit, je m'oblige & m'engage sur l'honeur, sentiment sacré chés toutes les nations, &c.; finit ainsi: j'aimerais mieux avoir la gorge coupée, que d'encourir le mépris & l'infamie que mèrite un home qui n'a point d'honeur, & que je mèriterais si je manquais à ma parole.... Qu'on juge s'il y a de la témèrité dans un pareil engagement.

Le F. Non, il n'y en a point.

Le M. Sans contredit, il n'y a pas là de jurement; c'est une parole d'honeur, & n'emporte pas peine de mort si on la viole, come plusieurs l'interprêtent.

Le F. Un home à qui l'on confie un secret, dit tous les jours: j'aimerais mieux avoir la gorge coupée, que de n'être pas maître de ma langue; avoir le cœur araché, que de l'avoir infidèle; mourir, que de faire une telle bassesse.

Le M. Vous voyés donc, Monsieur, par tout ce que nous venons de dire, que les F. Maçons ne prêtent point de serment, qu'ils ne prêtent point de serment sur les Stes. Ecritures, & qu'ils ne prêtent point de serment mêlé de juremens & d'imprécations abominables, qui les oblige, *sous les plus griéves peines*, de garder un secret inviolable, sur tout ce qui se passe dans leurs assemblées; mais qu'ils font simplement une promesse, qu'ils prêtent une simple obligation.

Le F. Oui, Monsieur, m'en voilà parfaitement bien instruit.

Le M. Ajoutés encore, que dans une Société libre par elle-même, qui sans sortir de l'ensemble & du corps des citoyens, en forme cependant un à part; qui, hors la dépendance génèrale, ne ressortit à aucun chef qu'à ceux qu'elle s'est elle-même donnés, d'après les règles qu'elle-même s'est faites, il est tout simple que celui que l'on y admet, promette une entière discrétion, une entière obéissance. L'attribution de l'autorité qui résulte d'un neud libre, est elle-même un effet libre; l'aveu de cette autorité, l'engagement de s'y soumettre, la promesse du secret, sont des actes légitimes, & des actes qui ne sont point en contradiction, ni avec les lois de l'Etat, ni avec les lois de l'Eglise.

Le F. Qui dit, Monsieur, que les Maçons contreviennent aux lois de l'Etat, à celles de l'Eglise?

Le M. Nos constitutions de Rome.

Le F. O, là il est dit, que ce sont les Sociétés Maçoniques qui sont contraires aux lois canoniques, ainsi qu'aux ordonances civiles.

Le M. C'est aussi là ce que je veux dire.

Le F. Mais a-t'on jamais publié des edits contre les F. Maçons?

Le M. Il n'en est pas encore venu à ma conaissance. Si l'on en a publié dans certains gouvernemens tiraniques, on ne peut pas dire pour cela que notre Société soit contraire aux lois civiles; il faudrait, pour que cela fut, qu'elle eut eté généralement interdite dans tous les peïs.

Le F. Il est cependant vrai, que le droit civil défend les sociétés & assemblées qui se forment sans l'autorité publique.

Le M. Oui; mais il ne défend pas celles que l'Etat tolère. Or, si la Société des F. Maçons, quoique destituée de tous les arcs-boutans civils, & sans être ouvertement autorisée, la bonté du Prince & la douceur du gouvernement veulent pourtant la tolèrer come bien d'autres ; & que cette même Société soit soutenue & protégée dans nombre d'Etats ; alors elle n'est pas censée ilégale, & ne contraste point avec les lois.

Le F. Cela me semble assés juste.

Le M. D'ailleurs, n'est-on pas d'acord qu'en bonne police, les spectacles sont nécessaires dans les grandes viles, pour eviter d'autres excès ?

Le F. On en est assés d'acord.

Le M. Hé bien, qu'on laisse au-moins aux Loges le privilège d'une pareille utilité ; elles l'auront, sans-doute, & bien supèrieure encore, si l'on remet en vigueur un vieux statut qui ordonait à chaque membre de produire un morceau d'architecture, dans le genre qui plait le plus à l'ouvrier ; c'est-à-dire, de traiter, en vers ou en prose, un sujet d'histoire, de morale ou de fisique, relatif aux travaux de l'Ordre.

Le F. Ce serait, en effet, une raison de plus, pour laisser aux Loges Maçones le privilège d'exister. Mais, indépendament de ce ſtatut, je ne penſe pas que les ordonances civiles ſe trouvent léſées par les aſſemblées que tiennent les F. Maçons.

Le M. Nos ſavans de 1748, afirment pourtant que les lois de l'Etat les défendent, & ils nous aprennent que des atroupemens clandeſtins n doivent pas être tolèrées.

Le F. Ils ont raiſon. Mais come les Sociétés Maçoniques ſont tolèrées d'une part, & ſoutenues d'autre part; il ſuit qu'on ne leur fait pas l'injuſtice de les mettre au rang des atroupemens clandeſtins.

Le M. Vous ne croyés donc pas, Monſieur, que le glaive de la juſtice temporelle, de concert avec celui de la juſtice ſpirituelle; vous ne croyés donc pas, dis-je, que ce glaive à deux tranchans, qui fait reſpecter la Religion & l'Etat, a interdit les aſſemblées des F. Maçons ſur la plus grande partie du globe terreſtre?

Le F. Je reconais là l'éloquence doctorale. Ne ſerait-ce pas-là, Monſieur, du fruit de l'anée 48?

Le M. Je crois que vous ètes ſorcier?

Le F. Non pas, Monſieur, je vous

prie ; je ne ſuis pas encore F. Maçon. Mais en parlant d'interdiction, de proſcription, de baniſſement, j'ai un cas de conſcience à vous propoſer.

Le M. Le ciel ne m'a pas fait la grâce d'être caſuiſte ; mais enfin, quel éſt, je vous prie, ce cas de conſcience ?

Le F. J'ai lu dans votre brevet de 1738, que les Sociétés des F. Maçons avaient eté proſcrites & banies, & même chaſſées, ſuivant l'expreſſion papale *eliminatæ*, (*in plurimis*) de la plupart des Etats ; & dans le ſecond il eſt dit, de pluſieurs, (*in pluribus.*) Je ne ſais qui croire, à quel ſaint me vouer.

Le M. Et vous pouvés, Monſieur, apeler cela un cas de conſcience ?

Le F. Mais.... cela m'a mis du trouble dans l'eſprit.

Le M. Des contes...., des contes..... Come ſi vous ne ſaviés pas que d'abord l'on ne proſcrit, ni ne banit, ni ne chaſſe jamais les Sociétés en notre langue ; mais que gramaticalement on les interdit. Et en ſecond lieu, n'éſt-il pas aiſé de comprendre que ſi la ſeconde bule dit *de pluſieurs*, au-lieu de dire *de la plupart* ; c'éſt ſa Sainteté qui a voulu mitiger l'expreſſion, &

epargner aux Maçons la honte d'entendre qu'ils etaient proſcrits, banis, chaſſés dans la plupart des Etats ?

Le F. Monſieur, vous interprêtés bien charitablement. Un malhonête aurait pu croire que cette ſeconde expreſſion etait plutot l'effet d'un remord de conſcience, & pour rendre plus homage à la vèrité.

Le M. Qui pourait croire cela ? .... Au ſurplus, c'eſt s'arêter à des vétilles. Reſpectons le glaive de S. Pierre, frémiſſons à l'aſpect de ſon tranchant ; & revenons-en au glaive de la juſtice temporelle, pour dire avec vèrité, que les F. Maçons n'ont jamais eté proſcrits, banis, exilés, ni chaſſés come F. Maçons, d'aucune partie du monde, ni regardés, par les Princes, come ennemis de la ſureté publique. Des veux oferts à l'Eternel dans des circonſtances de marque, leur tranquilité ſur tout ce qui eſt afaires publiques, leur union & leur intelligence plaident en leur faveur. Si la Maçonerie forme une eſpèçe de corps, c'eſt ſans jamais diſſoudre ni anéantir les autres corps : il ne cherche à atirer qui que ce ſoit, ni à fortifier ſon parti ; convenant de très-bonne foi, qu'on peut être home de bien, indépendament de l'Ordre: jamais non plus, il n'influe come corps dans aucun parti, quel qu'il puisse être; chaque membre restant le maître de faire, à cet egard, ce que le devoir & la conscience lui prescrivent.

Le F. Aussi n'est-il guère probable qu'on ait jamais regardé les F. Maçons come des séditieux, come des ennemis de la sûreté publique.

Le M. A la vérité, il n'est encore venu à la conaissance de persone, qu'un des Membres de l'Ordre ait jamais eté tiré en cause en qualité de Membre de l'Ordre. On n'en a point vu d'exilés, d'emprisonés, ni d'autres être privés de leurs biens, en punition d'avoir fait corps avec la Maçonerie.

Le F. Toujours est-il constant qu'elle a eté interdite dans plusieurs royaumes?

Le M. Dans quelques etats, il est vrai, la F. Maçonerie a eté interdite: mais celles d'entre les puissances qui lui ont eté les moins favorables, n'ont jamais poussé la rigueur au-delà d'une défense de s'assembler en Loge. En Angleterre même, quelqu'asile sûr qu'elle y ait trouvé, en jetant ses fondemens, on prétend qu'elle n'y a pas toujours eté protégée.

Le F. En Angleterre....?

Le M. Oui, Monſieur ; ou raporte que ſous le règne d'Eliſabeth, elle y fut condânée par le Parlement, avec peine de mort contre les amateurs. Mais, ſi cela eſt, il n'y a rien là de ſurprenant : la jalouſie eſt un défaut comun aux deux ſexes ; & la reine Eliſabeth ſe trouva peut-être ſcandaliſée que le ſien, qui, à bon dro t, fait le charme de toutes les Sociétés, n'eut pas le privilège d'être admis dans nos aſſemblées.

Le F. Mais pourtant, le Magiſtrat, la Police, a droit d'improuver toute congrégation formée ſans autorité, & ſans l'agrément d'une puiſſance légitime ?

Le M. Bien certainement elle a ce droit. Auſſi la F.. Maçonerie, quoiqu'elle ne ſoit point inquiètée en France, n'a pas eté ſans eprouver quelquefois des entraves à Paris.

Le F. A Paris même....?

Le M. Oui, Monſieur. On y a vu des tems critiques, des tems de trouble pour les aſſemblées des F. Maçons : on les a vues pourſuivies & perſécutées, come toutes les ſociétés du monde, avec intèret & chaleur : patrouille,, guet à pié, guet à cheval, comissaire de quartier, & tous les arcs-boutans de police ; tous ferrés, armés, cuirassés, bayonette au bout du fusil, marchaient, trotaient, galopaient, & suivaient les Loges Maçones à la piste ; y descendaient avec toute leur artillerie, envahissaient martialement, come d'autres Assiriens ; ces Temples dédiés à la paix & à la vertu, faisaient mainbasse sur les ateliers, se saisissaient nerveusement des ouvriers, & les conduisaient en lieu de sûreté dans un château proche de Paris. M. Hérault, Lieutenant de Police d'alors, fit même mûrer, en 1735, une hotellerie au faubourg St. Antoine, où les Maçons s'assemblaient.

Le F. Cela ètant, le glaive temporel etait bien afilé alors au préjudice des F. Maçons.

Le M. Oui, Monsieur ; & come des huguenots, ils etaient obligés de maçoner dans les caves, les souterreins, les catacombes. Mais heureusement, le tems de la persécution n'est plus, le bandeau de l'erreur est tombé : & puisque la Société n'est plus inquiètée come autrefois, on doit penser que les Magistrats, avec conaissance de cause, ont cessé de la regarder come dangereuse ; & que le Prince, lorsque les F. Maçons lui ont alégué pour motif de leur silence, non un serment, mais une parole d'honeur, s'est contenté de cette excuse, ou qu'il a daigné sourire lui-même à l'aveu qu'on n'a pas dû lui taire, & dont il a voulu être confident.

Le F. En effet, il y a un siècle qu'il n'a pas eté question de troubler les assemblées Maçoniques.

Le M. Du-moins dans la plupart des Etats où elles sont etablies ; car il n'y a pas long-tems qu'elles ont eté tracassées dans quelques gouvernemens etrangers ; & même tout *novissimè* elles viennent d'être défendues par le roi de Naples.

Le F. Ha ! ha !.... Voilà qui est bon.... Et pourquoi, s'il vous plait... ?

Le M. Parce qu'un charbonier est maître chés lui ; & que d'ailleurs, come on prétend qu'il fait fort-chaud dans les Loges d'Italie, on craint qu'en sortant, les F. Maçons n'atrapent des fluxions de poitrine..

Le F. L'excellente précaution !.... Mais à propos.... En parlant de ces sortes péis, il me vient en pensée....

Le M. Quoi ?

Le F. J'ai apris que dans le Comtat d'Avignon on avait volé, l'anée dernière, aux F. Maçons pour plus de mile ecus d'ornemens de Loge en plein jour.

Le M. Ha! ha!.... Et les voleurs ont-ils eté pendus?

Le F. Je l'ignore: on ne m'a ecrit la chose qu'en bloc.

Le M. Et d'où?

Le F. De Roquemaure.

Le M. Ha a a a a, je vous entens; je vois ce que c'est.

Le F. En effet, vous devés en savoir quelque chose.

Le M. Avec d'autant plus de raison, que cette avanture a eté publiée principalement dans toutes les provinces méridionales, come un acte d'autorité & de violence des plus insignes, des plus iniques, des plus inouis, & qui crie vengeance dans le cœur equitable de quiconque en conait le détail.

Le F. Ho, ho! qu'est-ce donc que cette avanture, ce violement, cet acte d'hostilité?

Le M. Voici ce que c'est. D'abord vous n'ignorés pas, Monsieur, que le Roi fit valoir, en 1768, les droits incontestables que la Courone de France a sur le Comtat Venaissin, & notament sur Avignon, par ses Lettres-

Patentes du 11 Juin de cette añée, portant réunion de ce péis à la Courone.

Le F. Je ne sais, en vèrité, pas ce que vous voulés me dire, encore moins à quoi tout ceci a raport.

Le M. Coment, vous ne savés pas que ce jour-là même le Roi cassa tous les anciens tribunaux du péis, avec défenses aux oficiers d'en exercer les fonctions, à peine de faux ? Vous ne savés pas que dès-lors la Rote, la Sainte Inquisition, & les autres jurisdictions de Sa Sainteté n'existèrent plus, & qu'il n'y eut que les tribunaux etablis par Sa Majesté ?

Le F. Non, vraiment, je n'en sais rien.

Le M. Il faut donc continuer de vous instruire, Monsieur, que le 25 Avril 1774, Sa Majesté voulut remettre ce péis au pape, sous la promesse que ce dernier fit, d'exécuter les anciens traités faits entre les Cours de Bourbon & de Rome.

Le F. A la bonne heure; mais jusqu'ici je ne vois pas encore d'acte d'autorité ni de violence.

Le M. Ni moi non plus; mais voyons si dans la persone du prélat de Manzi, nous ne trouverons rien d'aprochant,

& qui confirme ce que je viens de dire.

Le F. Voyons donc encore le prélat de Manzi, & à quoi tout ceci aboutira.

Le M. Ce prélat etait archevêque d'Avignon; & en sa qualité de comissaire apostolique, le jour que le Roi remit le Comtat au pape, il reprit possession de ce péis, qui etait alors divisé en deux partis, l'un royaliste, l'autre papiste. Le prélat de Manzi qui n'etait que trop porté à faire sentir toute son autorité aux Royalistes; dans le transport de sa passion, & sans prévoir les suites de son emportement, cassa, deux heures après la reprise du péis, tous les etablissemens faits par le Roi, & rétablit tous les tribunaux du pape. Mais cette ordonance ètant contraire à l'intention & aux acords des deux Cours, elle fut révoquée dans le mois de Juin suivant, par un bref du pape Clément XIV, qui exila M. l'archevêque, & désavoua tout ce qu'il avait fait, en rétablissant toutes les choses dans le même etat qu'elles etaient quand le Roi possèdait le Comtat. En conséquence, les tribunaux, apelés royaux par les papistes, reprîrent leurs fonctions; & ceux rétablis par l'archevêque, fûrent de nouveau suprimés.

Le F. D'où il faut conclure...?

Le M. D'où il faut conclre qu'il n'y avait plus, dans Avignon, le tribunal de l'Inquisition.

Le F. Fausse conclusion. Ce tribunal tient ses pouvoirs imédiatement de Dieu ; c'est Dieu qui est le premier instituteur du St. Ofice, & par conséquent il ne relève d'aucune puissance terrestre.

Le M. En effet, je conçois qu'il y a quelque chose de divin dans l'institution de cet admirable tribunal ; car il est incompréhensible que les homes ayent soufert ce joug patiemment. Mais Dieu dona-t'il aussi aux Frères prêcheurs le doux pouvoir de confisquer, à leur profit, les biens de tous ceux qu'ils condânent ?

Le F. Eh oui, sans-doute, Monsieur ; car vous savés bien qu'Adam fût privé de tous les biens imeubles qu'il possèdait dans le paradis terrestre ; & c'est de-là que le St. Ofice confisque crètiennement les biens de tous ceux qu'il a condânés.

Le M. O, par St. Dominique, abandonons aux simples ces ridicules prétentions & puérilités ; & disons avec les persones de bon-sens, qu'après la supression des tribunaux du pape, il n'existait plus d'Inquisition dans Avignon.

Le F. Rien de plus clair ; ou il y aurait contradiction dans les traités faits entre les deux Cours.

Le M. Donc le R. P. Jacobin qui, avant 1768, faisait, à Avignon, le métier d'Inquisiteur, perdit tous ses droits de basse, moyenne & haute justice, à l'epoque de la cassation de tous les anciens tribunaux du pape ?

Le F. Bien entendu.

Le M. Donc il ne pouvait continuer ses fonctions, sans se rendre coupable de faux, & criminel envers son Souverain : *Qui non obedit Principi, non obedit & Deo.*

Le F. Sans le moindre doute.

Le M. Cela posé, que feriés-vous d'un home qui s'arogerait une jurisdiction qu'il n'a pas ; qui se dirait inquisiteur sans l'être réellement, & qui, au mépris audacieux des ordonances, en exécuterait les odieuses fonctions, dans un péis où l'Inquisition aurait eté abolie ?

Le F. Je le ferais mener en Espagne come un second *Savedra*, qui étant venu à Lisbonne avec deux autres fripons, ſous le titre de légat du pape, pour y etablir la divine Inquiſition ; & qui, après avoir fait brûler deux cens perſones & recueilli plus de deux cent mile ecus, fut condâné au fouet par le Conſeil de Madrid, & à dix ans de galères.

Le M. Maintenant, Monſieur, repréſentés-vous le bon roi David, cet home ſelon le cœur de Dieu, qui, à la tête de 600 bandits, va exercer les droits de l'Inquiſition chés les aliés de ſon bienfaiteur Akis. Repréſentés-vous cet oint du Seigneur, mettant tout à feu à ſang, pillant tout, tuant tout, egorgeant tout, vieillars, femmes, enfans à la mamelle. Repréſentés-vous encore une bête féroce, afamée de chair humaine, qui, au milieu des déſerts, tombe dans un précipice où elle demeure long-tems expoſée aux horreurs de la faim. Elle fait d'inutiles eforts pour vaincre les parois qui l'entourent ; elle gémit, ſe débat, ſe lamente ; juſqu'à ce qu'enfin, par un excès de courage, & come tranſportée hors d'elle-même, elle vienne à franchir la priſon qui la tient captive. Alors, parcourant avec des yeux avides tous les objets qui l'environent ; la première proie qui s'ofre à sa vue, la bête afamée se précipite dessus avec fureur, & dévore la victime inocente.

Le F. A quoi, Diable! servent toutes ces représentations, ces *in-folio* de préliminaires? Qu'avons-nous besoin d'aler chercher des bandits, des bêtes féroces dans les déserts, pour en venir à un malheureux vol d'ornemens de Loge?

Le M. Prenés-vous-en à l'auteur qui a doné matière à toute cette digression.

Le F. Et qui est-il donc ce malheureux auteur? Ce n'est pas notre ami David; ce n'est pas votre bête féroce, afamée de chair humaine?

Le M. Non; mais c'est le père *Mabil.*

Le F. Le père Mabil.... Me voilà bien avancé.

Le M. Oui, Monsieur, c'est le père Mabil; c'est le père Mabil lui-même, ce saint home: & voici le fait.

Le F. Ah, Dieu soit loué, voici donc le fait.

Le M. Le R. P. Mabil, avant la réunion du Comtat d'Avignon à la Courone de France, exerçait amplement tous les pouvoirs atachés à sa qualité d'Inquisiteur; mais sans pourtant egorger les enfans à la mamelle.

Lors de la supression de tous les tribunaux du Comtat, au nombre desquels etait, sans contredit, celui de l'Inquisition, notre pauvre père Mabil se vit rogner les grifes & limer les dents.....

Le F. On voulut donc en faire un home ?

Le M. Eh, sans-doute; ou qui eut au-moins la figure humaine.

Le F. On entreprenait là un grand travail : je doute qu'on y ait réussi.

Le M. Votre doute, Monsieur, est assés bien fondé. Le Jacobin Mabil se voyant culebuté dans la fosse, dont il tentait en vain de combler la profondeur; voyant sa puissance anéantie, son crédit perdu, & se voyant déchu de sa noble qualité d'Inquisiteur, gémit long-tems sur la perte de son autorité. Jaloux de la paix & de la liberté dont jouissait le Public, depuis l'abolition du monstrueux & redoutable tribunal dont il avait eté le chef, il envoyait tous les jours des veux au Ciel pour le rétablissement du St. Ofice, & priait Dieu qu'il voulut lui ralonger ses dents & ses grifes.... La nuit du 2 au 3 de Février 1775, notre saint home s'endormit au milieu de sa fervente prière, & fit le songe suivant....

Le F. Mais, juste ciel! nous n'en viendrons donc jamais au dénouement de cette misérable afaire?

Le M. Eh, puisque nous alons y être....

Le F. Çà donc, encore un grain de patience....

Le M. Le P. Mabil, dans son profond someil, s'imaginait être devant une glace qui le représentait avec tous les caractères de sa première dignité. Il s'y voyait le corps hérissé de pointes de fer, avec des grifes de tigre & des broches de sanglier. Sur sa tête s'elevaient en simétrie deux cornes d'abondance, dont l'une etait remplie de paille & de fagots, & l'autre enrichie des dépouilles des malheureuses victimes, condânées par les juges intègres & désintéressés du St. Ofice. De la main gauche il tenait un crucifix d'or massif, de la droite une torche alumée; & dans cette horrible métamorfose, son miroir ingénu le représentait à la tête d'une légion de diables & diablotins qui afermissaient son empire. Enchanté de cette douce ilusion, il s'empressait à trouver des coupables, pour exercer son zèle apostolique. L'esprit malin qui dirigeait l'imagination echaufée du bon

père,

père, lui ſuggèra bientot les moyens de pouvoir faire un coup d'eclat. L'Inquiſiteur imaginaire porte des yeux etincelans ſur tous les habitans de la vile d'Avignon : il croit voir dans la maiſon de M. B**, des Francs-Maçons aſſemblés en nombre au milieu d'une Loge richement décorée : auſſitot ſon cœur treſſaillit de joie ; mais pour ſon malheur, il rêvait encore. Atentif aux travaux dont s'ocupaient les Maçons, il ne perdait de vue aucun geſte ; aucune parole n'echapait à ſa vigilance. D'un coté du temple il apperçoit la Sageſſe, dictant des lois ; de l'autre la Juſtice, tenant une balance à la main. Il ecoute, & n'entend parler d'aucune matière de politique ; il regarde, & voit règner des meurs pures, une honêteté ſans fard, une liberté ſans licence, une amitié fraternelle, une egalité parfaite, une modeſtie exemplaire : il voit punir l'indécence, banir les equivoques, amender les délinquans : il voit ſecourir la veuve, ſoutenir l'orfelin, acueillir le pauvre avec humanité, aſſiſter le malheureux, conſoler l'afligé, viſiter les malades, protéger l'inocence : il voit des actes d'hoſpitalité de toute eſpèce ; il voit le vice enchainé ; il voit le trionfe de la vertu ; il voit une joie douce règner sur tous les visages, au milieu d'une paix profonde. Il s'aproche plus près, pour examiner quels sont ces homes qui se conduisent avec tant de sagesse : il aperçoit plusieurs Dominicains, ainsi que des membres de son prétendu tribunal : mais qu'aperçoit-il encore ? Il aperçoit que toute l'assemblée est composée de Royalistes. Des Royalistes ! s'ecria-t'il : ha ! que ces malheureux soient livrés à ma vengeance ! .... Et à l'instant il se réveille en sursaut, tout ecumant de colère.

Le F. Et toujours les bras liés come auparavant ?

Le M. Oui, mais il prit ce songe pour une inspiration divine.

Le F. O ! l'excellent home....

Le M. Il s'imagina que Dieu avait exaucé sa prière, qu'il lui inspirait de continuer ses fonctions d'Inquisiteur, & que le songe qu'il venait de faire, etait l'image de son prochain trionfe. Las d'être depuis si long-tems sans pouvoir exercer de jurisdiction sur les consciences, d'être sans empire & sans considération ; impatient de rompre ses fers, & de reparaître environé de toute sa puissance primitive; animé d'ailleurs d'une haine mortelle contre le parti royaliste, à qui il voulut faire voir que malgré l'*in statu quo* ordoné par le pape qui etait alors décédé, il avait recouvert son autorité, qui de fait n'existait que dans son imagination, il résolut de doner au public, à quelque prix que ce fut, même au prix de sa réputation & de la justice, une scène eclatante, capable d'efrayer les sots & de révolter tous les gens raisonables.

Le F. Courage! nous voilà donc enfin au début.

Le M. L'ex-inquisiteur Mabil, dès le lendemain de sa vision, tout echaufé ençore du feu céleste qui l'avait eclairé en songe, rumine sur quelle contrée il peut impunément lancer ses foudres & assouvir sa haine. Les Francs-Maçons qu'il a vus la nuit dernière, s'ofrent à sa pensée; & c'est sur eux, come sur des homes incapables de chercher à tirer vengeance d'une injustice, que va fondre la bête afamée... Notre Jacobin, sans craindre de s'exposer à subir au-moins le même traitement qu'avait essuyé l'archevêque, marche à la tête d'une brigade de maréchaussée, armée de pied en cap, de M. *Rigaud* dit Ragotin, son promoteur, de M.tre *Asinissimus*, son greffier, & de quelques autres recors de St. Dominique, & va tout droit investir la maison de M. B**, persuadé d'y trouver la pie au nid. L'alarme se répand dans la vile; le peuple acourt; le scandale est universel..... *Sa Révèrendissime Paternité* ne s'éfraye point; elle monte, avec ses satélites, les dégrés du logis; & d'une voix menaçante, elle demande à M. B** où se tient l'assemblée des F. Maçons. Celui-ci qui ne reconaissait plus, dans le conducteur de la brigage, la qualité d'inquisiteur, fut un peu surpris de cette invasion; mais il répondit, sans s'émouvoir, que jamais des F. Maçons ne s'etaient assemblés chés lui....

Le F. Eh, que ne lui fermait-il la porte au né?

Le M. Contre la force nul ne peut, & il n'avait d'ailleurs rien à craindre.... Le R. P., malgré la réponse qu'il vient d'entendre, soutient qu'il y a Loge, qu'il y a chés lui assemblée de F. Maçons. On lui réplique qu'il se trompe, & qu'il n'y a point chés lui d'assemblée de F. Maçons. Mais ne voulant s'en raporter qu'à ses yeux, & trouver à toute force des coupables ; il furete dans tous les apartemens, monte d'etage en etage, va de coridor en coridor, de chambre en chambre, sans trouver ni des Maçons ni des coupables. On voyait sa joie tiranique faire place par dégrés, à la confusion & à la rage. Enfin le désespoir alait s'emparer de lui, si après avoir fouillé dans tous les coins & recoins de la maison, il n'avait trouvé, en recomançant sa ronde, de quoi le dédomager de ses peines. C'etait de gros balots de tapisseries & autres éfets ; c'etait diférens meubles en bois, jetés sans ordre dans le coin d'un grenier, & tout couverts de toiles d'araignées, qui les rendaient presque méconaissables..... On s'aproche de ce réduit : Ragotin veut savoir ce que c'est que tout ce bagage ; & en même tems il adresse aux juges un discours préliminaire dont l'eloquence eclipsait le bon-sens. Le P. Mabil, excédé du fatras de l'orateur, va au fait : il coupe les cordes des balots, en déchire les toiles, arache la paille qui les entoure ; & à l'ouverture, il aperçoit les Armes d'un des plus grands Princes de la terre. Ces Armes imposantes & majestueuses, au-lieu de le pénètrer de respect & de répandre dans son âme la terreur, ne servent qu'à l'encourager & à lui faire consomer son acte de violence. Ha ! s'ecria-t'il avec alégresse, voilà les Armes de leur Grand-Maître : ces meubles apartiennent à des Francs-Maçons ; il ne faut pas en douter. En même tems il dresse procès-verbal de saisie, & fait enlever tous les meubles, jusqu'à ces mêmes Armes qui seules auraient dû arêter son bras vengeur, pour les faire servir de preuve come les effets parmi lesquelles elles se trouvaient, apartenaient à des Maçons. -Cette trouvaille ayant doné bone bouche au loup ravissant ; avant de quiter une maison si lucrative, il voulut repasser par les difèrentes salles. Il jette çà & là des yeux de concupiscence ; il croit rencontrer par-tout les Armes qu'il vient de profaner ; & saisit tout ce qui se trouve sur son passage, tables, chaises, & autres effets de pareille nature ; & part à demi-trionfant, à la tête de ce ces dépouilles.

Le F. C'est donc là ce qu'on a voulu me marquer de Roquemaure ?

Le M. Il y a toute aparence. Et que vous done à penser cette conduite ?

Le F. Elle me fait souvenir que lorsqu'on ne peut s'en prendre au maître, on s'en prend à son chien ; & qu'il faut qu'un chien enragé morde, dut-il mordre dans un tison ardent.

Le M. Telle encore que la fame de Putifar, qui n'ayant pu mettre en défaut la vertu du chaste Josef, lui arache son manteau & crie au viol : tel on a vu le furieux Mabil, cherchant des F. Maçons & en eux des coupables ; mais qui n'ayant trouvé ni F. Maçons ni coupables, jette sa fureur intéressée sur des meubles qu'il juge leur avoir apartenu, & crie à la désobéissance, tout F. Maçon qu'il est lui-même.

Le F. Coment ! il est aussi F. Maçon ?

Le M. Oui, Monsieur ; & semblable à ces enfans dénaturés qui déchirent les entrailles de leur mère, il porte ses coups vengeurs sur une Société qui lui a doné la lumière.

Le F. Le cruel home que ce P. Mabil !

Le M. Point de surprise : il etait inquisiteur. Mais convenés donc que c'est là un acte de violence bien têmèraire ?

Le F. Oui, puisqu'il n'etait plus qu'ex-inquisiteur.

Le M. Mais falut-il encore lui prêter une jurisdiction qu'il n'avait pas, & qui fait honte à l'humanité ; il n'en est pas moins vrai que cette saisie, *prétendue d'une Loge*, est le fait d'un home altèré du sang du juste: car ces meubles ne portant avec eux aucun caractère de prohibition; persone ne pouvait s'en emparer, sans enfreindre le droit des gens.

Le F. Parbleu, si cela n'etait pas ainsi; en suposant que je fusse à Avignon, & que j'eusse, dans ma cassette, pour dix mile francs de bijoux bien empaquetés & ficelés; tout inquisiteur, ou plutot tout P. Mabil aurait le droit de me les confisquer à son profit, en les suposant apartenir à des Maçons: cela révolte la raison.

Le M. Cela ne révolterait pas celle du soi-disant inquisiteur; & il l'a confirmé par un acte tout-à-fait semblable à votre hipotèse.... D'un autre coté, les effets saisis par lui, etaient sous corde & sous bale, jetés dans un galetas: mais eussent-ils apartenu auparavant à des Maçons Avignonais; la destruction de la Loge etait le plus ample sacrifice qu'ils eussent pu faire à la volonté du souverain pontife; à-moins que l'on ne prouve qu'ils auraient dû brûler leurs meubles, ou les jeter dans le Rône: mais l'on n'en use pas ainsi à l'egard des biens de ceux qu'on a condânés à l'inquisition. Je dis de plus, que quand bien même ces meubles eussent apartenu à des Maçons d'Avignon; la démolition de la Loge etait une preuve non equivoque que les Maçons savent, mieux que persone, se soumettre aux lois des Souverains: tout autre qu'un inquisiteur l'aurait jugé de même. Mais un home ambitieux & intèressé, lorsqu'il peut s'emparer du bien d'autrui, ne veut trouver que des coupables: il ne craint point de renverser la forme, l'ordre & l'harmonie de la société, & l'equité même, pour faire regarder les assemblées des Maçons come une pépinière de gens sans meurs & sans religion; tandis que ce ne sont que des homes vertueux.

Le F. Je voulais vous intèrompre, Monsieur, pour vous demander à qui donc apartenaient ces meubles; puisque vous dites qu'ils n'etaient point à des Maçons Avignonais.

Le M. Non, Monsieur, ils ne leur apartenaient pas: ils apartenaient à des MM. de Roquemaure, qui les avaient entreposés dans la maison où se fit la saisie; ainsi que M. B** le protesta à sa Révérendissime Paternité ; & observés, je vous prie, que le Comtat ètant regnicole de France, les Français peuvent y entrer & en sortir tous les meubles & effets que bon leur semblent.

Le F. Et ils n'ont pas réclâmé leur bien en justice règlée ?

Le M. On a tenu quelques actes judiciaires à ce sujet, mais qui n'ont point eu de succès ; atendu qu'ils ne veulent pas aler à Rome soliciter une justice, quoiqu'elle leur soit légitimement due ; & d'ailleurs, ce serait heurter le pot de terre contre le pot de fer.

Le F. Mais pourquoi ces MM. de Roquemaure ne se sont-ils pas adressés plutot au Ministère de France ? il les aurait soutenus, sans-doute ; puisque ce rapt a eté fait à des sujets du Roi.

Le M. Aussi n'ont-ils pas encore jeté le manche après la cognée.... Mais pour ce qui nous concerne, disons & concluons en atendant, que le soi-disant inquisiteur Mabil est coupable, 1°. de s'être arogé une jurisdiction qu'il n'avait plus, & d'avoir exercé les fonctions d'un des tribunaux suprimés par convention des deux Cours ; 2°. pour avoir violé le droit des gens, en se saissisſant d'effets qui ne portaient aucune empreinte de prohibition; 3°. pour avoir saisi ces effets, quoiqu'ils apartinssent à des Français; 4°. pour avoir atenté, par cet enlèvement, aux droits qu'ont tous les sujets de Sa Majesté; 5°. pour avoir cherché à faire paraitre criminelles des persones qui, par la destruction de leur Loge, s'etaient soumises aux volontés du St. Père; 6°. enfin, le soi-disant inquisiteur s'est rendu coupable, pour avoir eté l'auteur d'un scandale universel dont les effets subsistent encore.

Le F. Rien de plus evident. Mais toujours le ravisseur tient-il de bons meubles.

Le M. Hélas! voilà le train de la vie; voilà come les animaux se mangent les uns les autres; voilà come les Maçons essuyent de tems en tems, des revers, & des révolutions dans diférentes contrées: mais ces revers ne sont rien, lorsqu'on songe à la paix, à la tranquilité inaltérable dont notre Ordre jouit presque par-tout où il est conu; lorsqu'on songe à la bienveillance & à la protection dont plusieurs Souverains veulent bien l'honorer; & lorsqu'on ſonge à l'eclat & à la gloire qu'il s'aquiert journellement ſur une grande partie du globe. Et, pour vous doner, Monſieur, une idée de la conſidèration où nous ſomes dans diférentes grandes viles, & entr'autres à Berlin, je veux vous faire le récit de la proceſſion qui s'y fait tous les ans, le jour de la S. Jean.

Le F. Eſt-ce que vous vous mèlés auſſi de faire des proceſſions?

Le M. Proceſſion eſt un terme générique : à celle dont il eſt queſtion, il n'y a point de litanies; on ne prie ni ne chante.

Le F. Tant pis; car, quoique je ſois fort-enrumé, j'aime beaucoup le plain-chant.

Le M. Coment donc faire...?

Le F. N'importe, ſi vous voulés vous doner la peine de me raconter la manière dont ſe fait cette proceſſion, je l'ecouterai avec atention & plaiſir.

Le M. Vous alés l'entendre; & je penſe qu'elle ne vous paraitra pas indiférente.... Il faut d'abord vous dire que la veille de la fête, tous les Maçons s'aſſemblent pour règler l'ordre de la marche, & l'on invite les ſeigneurs & les dames à prèter leurs caroſſes pour la cérémonie du lendemain, où chacun se fait un plaisir de contribuer de quelque chose, afin de lui doner plus d'eclat.

Le F. Voilà déja qui s'anonce bien.

Le M. Un instant.... Le jour de S. Jean, dès le matin, on se met en marche dans l'ordre que vous alés entendre.

Le F. J'entens déja les timbales, les trompettes....

Le M. Ne nous pressons point.... Le *Tuileur* est à la tête....

Le F. C'est le tuilier, sans doute?

Le M. Non, Monsieur, c'est le Tuileur qui est à la tête, à cheval, un glaive flamboyant à la main, avec un bonet à la housarde....

Le F. C'est donc carême-prenant...?

Le M.... Il est suivi de quatre cavaliers & d'autant de trompettes bien montés....

Le F. Cela m'a l'air martial.

Le M. Six Frères servans acompagnent le carosse du Vènèrable, qui est atelé de six chevaux, & dans lequel est le Frère Orateur.

Le F. Le Vènèrable...., n'est-ce pas l'echevin de la vile?

Le M. Non, Monsieur, c'est un reprèsentant du premier Architecte de Salomon, qui fut cruellement mis à mort par trois scélèrats de Compagnons.

Le F. Salomon fut mis à mort...!

Le M. Je dis son premier Architecte.

Le F. Et ils l'ont mis à mort par ordre de ce Roi ?

Le M. Non, Monsieur, c'est l'ambition qui aiguisa leur poignard, l'avarice présida au complot, & la perfidie guida leur main sacrilège.

Le F. Je crois cependant n'avoir trouvé nule part d'Hiram assassiné dans le livre des Rois ?

Le M. Ce que je dis là est emblématique. Le vèritable Hiram est le secret de l'Ordre : l'indiscrètion de ceux qui le divulgueraient ou l'exposeraient à profanation ; voilà le meurtre, voilà les assassins.

Le F. Et me voilà bien instruit, me voilà bien savant.... Ma foi, j'aurais mieux fait de suivre le carosse à six chevaux du Vènèrable.... Monsieur, continuons-en, je vous prie, la marche. . . .

Le M. Volontiers ; jusqu'à nouvelle incartatade. — Je poursuis donc en disant que les autres Oficiers suivent deux à deux dans des carosses atelés come celui du Vènèrable. Enſuite marchent les Frères Viſiteurs auſſi deux à deux, dans des caroſſes. Ils ſont ſuivis par les muſiciens, qui ſont ſix à ſix dans des chars où ils jouent la marche des Maçons. Les timbales & les trompettes don....

Le F. Je l'ai bien dit, que nous entendrions des timbales & des trompettes....

Le M. Oui, Monſieur; & elles donent alternativement juſqu'au palais Kam... Après cela marchent tous les Frères de la Loge, deux à deux, dans des caroſſes; puis les deux Surveillans, revétus des marques de leur dignité, viennent à la queue dans un pareil equipage. La marche eſt fermée par deux Sou-Tuileurs qui ſont à cheval, l'epée nue à la main. Ceux qui ont des domeſtiques reçus Frères ſervans, les font marcher à la portière de leur caroſſe.

Le F. En guiſe de gardes-du-corps.

Le M. Lorſqu'on eſt arivé au palais où ſe fait la fête, on paſſe entre une double haie, formée par deux compagnies d'infanterie, qui ſont ſous les armes pour ecarter la populace....

Le F. De l'infanterie maçonique....?

Le M. Non, Monſieur, non; c'eſt de

la troupe de la vile...... Et quand le Vènèrable met pié à terre, les trompettes donent encore des fanfares, & l'on entend aussi-tôt une décharge de 9 piéces de canon.

Le F. Quel carillon...!

Le M. Tous les Frères entrés & placés, le Vènèrable ouvre la loge, & les.....

Le F. C'est donc lui qui se charge des clés du palais?

Le M. Vous aprendrés un jour, Monsieur, quelles sont ces clés. Mais en atendant, il faut vous dire que les Frères servans se tiennent aux environs de la Loge, pour empécher que les soldats qui gardent les dehors, ne laissent entrer quelques profânes, ou n'entrent eux-mémes; ce qui leur est expressément défendu. Le Vènèrable qui sort d'exercice, fait un discours conforme aux circonstances de la féte, & l'on procède ensuite à l'election d'un nouveau Maitre & de nouveaux Oficiers; ce qui se fait à la pluralité des voix. L'election faite, on instruit les Frères nouvellement initiés; puis le Vènèrable ferme la Loge, & l'on se promène encore jusqu'au moment de se mettre à table....

Le F. Il faut donc être fort-avancé en âge pour pouvoir prétendre à la charge de Maître ?

Le M. Pourquoi ? s'il vous plait.

Le F. Puisque vous les apelés Vènérables....

Le M. Monsieur, ce nom est simbolique ; il est analogue à l'Architecte du Temple de Jérusalem, home très-vènérable d'ailleurs par sa vieillesse, & sur la fin de ses jours, devenu respectable encore par son rang, sa dignité, & les titres brillans dont Salomon l'avait décoré.

Le F. Toujours de la misticité..... Mais çà ! mettons-nous à table à Berlin....

Le M. Pendant tout le repas, un nombre choisi de Frères à talens, placés dans des espèces d'orchestres bien décorées, exécutent difèrens morceaux de simfonie. La premère santé se porte au roi de Prusse, come Grand-Maitre de toutes les Loges d'Alemagne : elle est célèbrée par sept coups de canon ; & celle des Oficiers par trois.

Le F. Nombres mistèrieux....!

Le M. Le repas fini, l'on va s'amuser à difèrens jeux. Entre le dîner & le souper, on trouve dans le jardin du palais, des bufets garnis de toutes ſortes de vins, & autres rafraichiſſemens.

Le F. La bone choſe...! Que les Francs-Maçons ſont prévoyans !

Le M. Une fête doit ſe reſſentir des caractères qui la ſignalent.

Le F. Sans contredit. Et le ſoir, n'y a-t'il pas quelqu'ilumination ?

Le M. A huit heures tout le palais eſt iluminé, & l'on ſe met à table. Le repas, & ſur-tout le fruit, eſt plus ſomptueux le ſoir; parce que les dames y ſont introduites, & ſe promènent pendant le ſoupé autour des tables, où on leur préſente des rafraichiſſemens & des confitures....

Le F. Des confitures.... C'eſt fort-joli, fort-galant.... Il ne manquerait plus qu'un feu d'artifice.

Le M. Auſſi la fête eſt-elle terminée par un très-beau feu d'artifice. Enſuite chacun ſe retire ; & le Vènèrable elu dans cette Loge, eſt inſtalé dans la première par celui qui quite.

Le F. Vous l'aviés bien dit, Monſieur, que la proceſſion ne me paraitrait pas indifèrente. Elle eſt en effet très-majeſtueuſe : le gout m'en plait au poſſible.

Le M. Il eſt bon de vous obſerver

encore, Monsieur, que l'on se rend à Berlin pour voir cette fête, de quarante & de cinquante lieues de distance. Et voilà un léger crayon de la liberté dont les Maçons jouissent dans cette vile par la douceur du gouvernement.

Le F. Quand donc jouiront-ils d'une permission aussi ouverte parmi nous?

Le M. Cela poura venir un jour; car

Sous l'Auguste LOUIS, *dont l'amour le plus tendre*
Courone les vertus, que ne doit-on atendre!
En lui l'humanité, prodigant son trésor,
Ouvre, par l'Esprit Saint, l'entrée au siècle d'or.

Le F. Nous en eprouvons, à la vérité, des influences continuelles. Mais, pour ce qui concerne la Société des Francs-Maçons, je pense que toute la faveur qu'elle poura obtenir, sera une continuation de liberté tacite acordée à l'exercice de ses travaux.

Le M. Quoique cette faveur soit toujours reçue come une grâce; pourquoi, Monsieur, pensés-vous pareille chose?

Le F. C'eſt qu'en gènéral, toute aſſociation qui s'envelope de l'ombre du miſtère, eſt toujours ſuſpecte; & d'ailleurs, coment pouvoir autoriſer explicitement une choſe dont on ne conait ni la nature ni les ſuites?

Le M. Les ſuites....?

Le F. Vraiment, l'on ſera toujours en droit de préſumer, que des aſſemblées miſtèrieuſes roulent ſur des matières d'importance, & peut-être contraires à la politique du gouvernement.

Le M. Des contes que tout cela.....

Le F. Des contes.....! Ce ne ſerait pas d'aujourdui que l'on aurait vu naître du ſein de conventitules ſecrets, des révolutions ſiniſtres, ſouvent même atentatoires à l'autorité des puiſſances.

Le M. Hé bien, s'il eſt vrai que cela ait pu ariver, qu'eſt-ce que cela prouve?

Le F. Cela prouve qu'il ne ſerait pas miraculeux, que des homes en nombre, recueillis de concert dans le miſtère & le ſilence, couvaſſent, ſous une cendre paiſible, le feu de la diſcorde; qu'ils tramaſſent contre l'etat; & qu'après avoir compoſé un parti formidable, ils vinſſent à ſe déclarer contre les ſouverains.

Le M. C'eſt donc à dire qu'il ne ſerait pas miraculeux que la Société des Francs-Maçons, par exemple, recèlat un parti contraire aux puissances ?

Le F. Pour du miracle, je n'en vois point.

Le M. Le soupçon est grâve. L'abolition du pouvoir suprême, de quelque façon qu'il s'exerçat, soit par des rois, soit par des princes ou des seigneurs particuliers, soit enfin par des magistrats, revétus de toute autorité dans un etat; cette abolition n'irait pas à moins qu'à renverser tout l'ordre de la société civile, à introduire le désordre, la confusion, le crime, par l'impunité qui s'en ensuivrait.

Le F. Sans contredit; mais qu'est-ce que cela dit en faveur des sociétés clandestines ?

Le M. Je ne prétens pas en tirer aucune preuve à leur avantage; je dis seulement qu'il est de toute impossibilité de suposer dans notre Ordre un dessein si pernicieux, & qui n'aurait d'autre but que le seul plaisir de renverser un pouvoir emané de Dieu même.

A l'Architecte des humains
Nous rendons le premier homage;
Et respectons les Souverains
Come sa plus parfaite image.

Le F. Toujours de beaux principes ; mais ils ne détruisent pas les conjectures.

Le M. Qu'on recherche la conduite de l'Ordre dans tous les lieux où il a eté conu ; & l'on sera obligé de convenir de la vérité de mon assertion.

Le F. Cela demanderait trop de tems, trop de détail.

Le M. Point-du-tout. L'Angleterre ètant le royaume où la Maçonerie ait paru avec le plus d'eclat, & où elle ait eté le plus répandue, & cette Monarchie ayant eté la plus sujette à de grandes révolutions ; que l'on se fixe à la conduite qùe l'Ordre y a constament tenue dans tous les tems ; & cet examen sufira pour tirer la conséquence de l'intégrité de notre Ordre, de sa sagesse, & de sa parfaite impartialité en tout ce qui a quelque raport à ce que, dans un etat, l'on apelle *esprit de parti.*

Le F. Cet examen pourait en effet sufire ; mais il faudrait donc parcourir toute l'histoire, la tradition, les chartres des parlemens, les anales de ce vaste royaume ?

Le M. Dispensés-vous-en, Monsieur ; vous ne trouveriés nï d'un coté ni de l'autre, aucun trait qui fît ſoupçoner le moins du monde que l'Ordre ait trempé en quoi que ce fut, dans aucune des révolutions qui ont mis plus d'une fois le royaume d'Angleterre à deux doigts de ſa ruine, ſelon les partis qui prévalaient pour ou contre la royauté.

Le F. J'aime mieux m'en raporter à votre parole, que d'en faire la vérification.

Le M. En effet, Monſieur, vous y gagnerés infiniment plus. Mais coment d'ailleurs pouvoir ſoupçoner l'Ordre de minuter quelque deſſein contre la ſouveraineté; ſoit qu'on la conſidère ſur le pié d'un etat monarchique, ſoit qu'on ait en vue le gouvernement républicain, ſoit enfin qu'il s'agiſſe de quelque forme de gouvernement que ce ſoit?

Le F. Pourquoi donc ne le pourait-on pas?

Le M. Le miſtère n'eſt pas un ſecret impénètrable à la majeſté des rois; on en compte d'initiés dans l'Ordre, auſſi-bien que pluſieurs grands princes, qui, ſans être iluſtrés de la courone & du ſceptre, ſont pourtant chés eux autant de ſouverains. Il en eſt de même des magiſtrats de tous les ordres, ſans en excepter ceux qui, à la tête d'un etat républicain, tiennent la place du ſouverain.

Le F. Hé bien après...?

Le M. Après...? Ne ſerait-ce pas le comble de la folie, que d'admettre des têtes ſi reſpectables aux miſtères d'un Ordre, dont le but & la fin tendraient à anéantir leur pouvoir? Ou plutot ne faudrait-il pas avoir renoncé au bon-ſens, pour croire que deux choſes auſſi incompatibles que le ſeraient le but & la pratique, puſſent ſubſiſter dans un tel acord?

Le F. Ce ne ſerait, à la vèrité, pas trop raiſonable à croire.

Le M. Auſſi a-t'on pu remarquer que les ſouverains & les magiſtrats, une fois initiés dans l'Ordre, en ſont devenus les plus fermes apuis, les défenſeurs les plus zèlés, les protecteurs les plus déclarés. Pourait-on bien croire qu'une promeſſe, qu'un ſerment même qui tendrait à l'abolition de leur pouvoir, put les lier juſqu'à ce point? Un home qui voudrait ſoutenir une telle choſe, ou la rendre ſeulement probable, paſſerait à bon droit pour un inſenſé.

Le F.

Le F. On pourait répliquer à cela, que peut-être ne révèle-t'on pas le vrai mistère aux souverains ni aux magistrats.

Le M. Suposition tout-à-fait impossible.

Le F. A cause...?

Le M. Si la Maçonerie consistait dans quelque mistère dont le but tendit à abolir un jour l'autorité des puissances, ou tout-au-moins à l'enerver; elle conviendrait vèritablement d'avoir un secret réservé, auquel les rois, princes & magistrats initiés, ne fussent ni ne pussent jamais être admis....

Le F. Vraiment sans doute.

Le M. Il faudrait de plus, que ces têtes si respectables, ces pères du peuple, quoiqu'initiés dans l'Ordre, ignorassent qu'il y eut dans cet Ordre quelqu'autre mistère qui leur fut caché, & qu'ils crussent de bone foi être entièrement au fait de tout le secret.

Le F. Bien entendu, il faudrait qu'ils le crussent.

Le M. Or, tout ceci ne serait pas d'une pratique bien aisée.

Le F. Mais si l'on voulait suposer que la chose fut possible?

Le M. Hé bien, l'on n'en serait pas plus avancé.

Le F. Pas plus avancé....?

Le M. Non ; car ce ne ſerait rien que de cacher un tel miſtère aux puiſſances ; il faudrait encore le cacher à des miliers de perſones que l'on admet tous les jours dans l'Ordre, & dont le zèle pour la domination ſous laquelle ils vivent, ne ſaurait être révoqué en doute. L'amour pour leur prince, le bien de tout le public, leur propre intèret ; ce ſont là autant de motifs qui les atacheraient toujours à la pratique de leur devoir envers leur légitime ſouverain, & qui les porteraient (indépendament de toute autre obligation) à révèler un ſecret dont le ferment même ne ſaurait juſtifier, lorſqu'il a un but auſſi pernicieux.

Le F. D'acord. Mais enfin, il y a probablement dans l'Ordre de la F. Maçonerie, quelque chef, quelque maître ſouverain, quelque tête diſtinguée qui la ſoutient, qui la protège ?

Le M. Oui, Monſieur ; il y a dans chaque royaume où la Maçonerie eſt répandue, une puiſſance de l'etat qui la protège, & que l'on apelle le Grand-Maître. En France, depuis que notre Ordre y a pris conſiſtance, on compte pour premier Grand-Maître & Protecteur des Loges régulières de ce royaume, le duc d'Antin, auquel ſuccéda le prince de Clermont, dont la perte a eté remplacée par ſon Alteſſe le Séréniſſime Prince & Duc de CH.... qui a bien voulu ſe rendre au veu des F. Maçons Français, & en devenir le G. Maître, le Protecteur & le Père; à qui journellement l'on fait répèter par Virgile :

Semper honos, Nomenque tuum, laudeſque manebunt.

Le F. Cela ètant, je me joins au poëte pour chanter les qualités eminentes de votre Auguſte Protecteur; puis j'en reviens à ma penſée. Je ſupoſe que ce ſecret qui tendrait à doner quelque echec au ſouverain pouvoir, ne fut conu que d'un Grand-Maître de l'Ordre, & tout au plus, de quelque peu de Membres dont il fut bien ſûr, & que ce ſecret ſe tranſmit de Grand-Maître en Grand-Maître? .....

Le M. Hé bien, Monſieur, ne s'en ſerait-il donc jamais trouvé un, aſſés honête home pour avoir découvert le projet, par principe d'honeur & de devoir; un autre aſſés ambitieux pour avoir dénoncé le mistère, poussé par l'idée de se voir avancé dans les charges; ou bien l'avarice, l'espoir d'un gain considérable pour la vente d'un tel secret, n'aurait-elle pas remué la passion chés un troisième?

Le F. Je veux cependant que, par une espèce de hasard, le cas ne soit pas arivé....

Le M. Alors, il faudra du-moins suposer un certain tems fixé pour l'exécution du projet; car enfin, l'Ordre, s'il a de telles vues, ne restera pas eternellement les bras croisés.

Le F. Vraiment oui, il faudra suposer un certain tems.

Le M. Mais coment ce peu de persones, seules initiées dans le vrai mistère, pouront-elles ebranler tout ce corps, pour faire exécuter le plus criminel de tous les complots?

Le F. Elles auraient de la peine.

Le M. Ce corps, d'ailleurs, qui s'etait cru de bone foi dans une société d'honêtes gens, que pensera-t'il, non-seulement d'avoir eté si long-tems la dupe d'un petit nombre de persones, mais du dessein de se prêter à la plus noire de toutes les conspirations? Avant de soutenir que de telles choses soient possibles, il faudrait acorder l'eau & le feu.

Le F. A la bone heure ; mais c'est trop peu que des probabilités ; il faut prouver par des exemples.

Le M. Oui, le soupçon ètant des plus grâves, il faut le détruire par des exemples, & cela n'est pas dificile. L'Angleterre, come je l'ai déja remarqué, est le péis où notre Ordre soit le plus conu : c'est-là aussi que son inocence & l'intégrité de sa conduite, par conséquent de ses principes, ont eclaté dans tous les tems ; sans qu'il s'y soit jamais atiré la moindre ombre de reproche ni de soupçon, non plus que dans aucun autre péis du monde : c'est pourtant là que ses principes & ses maximes ont dû être mis le plus à l'epreuve.

Le F. Cette démonstration ne me parait pas des plus claires.

Le M. Non, puisque je n'en ai point fait ; mais je puis clairement démontrer ce que je viens d'avancer.

Le F. Je n'en doute nulement.

Le M. Premièrement, à l'egard de la religion, chacun sait que le parti protestant domine gènèralement en Angleterre ; mais subdivisé en deux autres partis, lesquels bien loin d'avoir toujours eté d'acord, se sont fait, pendant un tems, une guerre des plus ouvertes, chacun des partis voulant être le dominant, jusqu'à ce qu'enfin l'un des deux ait prévalu sur l'autre: je parle du parti episcopal & du presbitérien....

Le F. Je l'entens bien; mais que s'en suit-il delà?

Le M. Je veux dire que l'Ordre des Francs-Maçons, depuis tout le tems qu'il est conu en Angleterre, a reçu parmi ses Membres, autant d'honêtes gens qu'il s'en est présenté de tous ces diférens partis; catoliques & protestans, episcopaux & presbitériens, wighs & torys; tout esprit de division mis à part. Cependant l'Ordre, quoiqu'il renfermat dans son sein des persones dont les vues, les sentimens & le but, etaient aussi oposés; cet Ordre, dis-je, a subsisté dans toute son intégrité & dans toute sa gloire, à travers des tems aussi epineux.

Le F. Vraisemblablement, en entrant dans l'Ordre, on dépouillait tout esprit de parti?

Le M. Non; la Maçonerie n'opère point de prodiges; chacun demeurait fidèle à sa croyance: mais toutes ces divisions ne pouvaient fermenter dans un Ordre où il n'en fut jamais question. Un Ordre institué pour entretenir la paix entre des Frères, ne pouvait ni ne devait embrasser aucun parti. L'aigreur & l'esprit de dispute etaient banis de la loge : effet admirable des principes de cette Société ; elle réunissait tous les partis, sans jamais en former elle-même aucun, quelque diféremment que les Membres pensassent entre eux, quant aux afaires du dehors.

Le F. C'est assurément là un effet admirable des principes de la Maçonerie.

Le M. Aussi, dans toutes les exécutions à mort, ou autres peines infligées à quelques membres d'un des partis, selon que l'autre parti prévalait sur lui ; on n'a jamais entendu dire qu'aucun Franc-Maçon ait eté puni come Franc-Maçon.

Le F. On peut donc conclure de tout ceci....?

Le M. Et j'en conclus, en effet, que la conduite de l'Ordre ayant toujours eté telle dans tous les péis du monde où on l'a vu etabli, & en particulier en Angleterre, où il aurait eté le plus exposé à la tentation de former un corps redoutable dans l'etat ; sur-tout, comptant parmi ſes Membres quelques-uns des premiers du royaume : je conclus, dis-je, de toutes ces preuves, que les Francs-Maçons, bien loin d'en vouloir à l'autorité des puiſſances, en ont eté & en ſeront toujours de fidèles & de zèlés défenſeurs, chacun pour le ſouverain duquel ils ſe trouveront être les ſujets ou nés ou aquis.

Le F. La concluſion me parait juſte.

Le M. Ainſi, Monſieur, une ſociété qui n'a d'autre but que de procurer la paix & l'union entre les homes, croit avoir droit de ſe flater d'atirer de plus en plus ſur elle l'aprobation, la bienveillance & la protection des puiſſances.

Le F. Pour moi, je ne m'y opoſerai point : mais j'ai grand'peur que les F. Maçons n'ayent de la peine à atirer ſur eux une aprobation gènèrale de la part des puiſſances.

Le M. Pour quel ſujet ?

Le F. Parce que l'on peut dire, que bien que leurs intentions ſoient pures à l'égard de tout ce qui eſt matière de gouvernement, leurs aſſemblées miſtèrieuſes pouraient faciliter à des conſpirateurs.....

Le M. J'entens, j'entens.

Le F. Pouraient faciliter à des conſpirateurs le moyen de former des assemblées clandestines.....

Le M. Tout juste.....

Le F. Sous prétexte qu'ils seraient de cet Ordre.

Le M. Autre dificulté du même genre : mais, Monsieur, vous n'en ètes pas l'inventeur.

Le F. Je n'en suis pas l'inventeur.....?

Le M. Non Dès 1748, des docteurs de la faculté ont prétendu que sous le nom de F. Maçon, des mal-intentionés pouraient tenir des conventicules séditieux, & tramer contre l'etat. C'est ainsi, Monsieur, qu'il se trouve des gens, qui par intèret, malice ou mauvaise humeur, afectent de suposer mile dangers dans la tolèrance que notre Société rencontre presque par-tout où elle forme des Loges.

Le F. Je trouve cependant que cette crainte est motivée, qu'elle est raisonable & juste.

Le M. Et moi je trouve qu'il serait très-injuste de faire retomber sur l'Ordre, le danger imaginaire que ses assemblées mistèrieuses ne servissent de prétexte à des conspirateurs, pour en former, sous le même titre, qui tendissent au domage de l'etat.

Le F. Pourquoi donc injuste.....?

Le M. Hé! si cette maxime etait une fois reçue, à quoi le public n'en serait-il pas réduit? Combien de sociétes utiles, combien d'etablissemens avantageux ne faudrait-il pas suprimer, eu egard aux abus qui pouraient en résulter dans la suite, & qui en effet en résultent quelquefois?

Le F. C'est vrai; mais ceci ne touche pas directement le sujet.

Le M. Hé bien, sans m'ecarter du sujet, je suis en droit de dire, que jamais assemblées clandestines de conspirateurs n'ayant encore eu aucun lieu, sous le nom ou le prétexte d'assemblées de l'Ordre; ce serait la plus grande de toutes les injustices, que de vouloir insister sur un danger si peu fondé.

Le F. Ce n'est pas tout-à-fait là une raison; parce qu'il est de la prudence d'un gouvernement sage, de prévenir les dangers avant qu'ils n'arivent.

Le M. En ce cas, je vais plus loin encore, & je soutiens qu'il n'est pas possible que jamais de telles assemblées puissent avoir lieu sous le prétexte alégué, ou que la cause indirecte puisse en être imputée à l'Ordre.

Le F. Et moi, je soutiens qu'il n'est pas possible de prouver pareille chose.

Le M. Pas possible..... ! Je vais le démontrer par quatre considèrations.

Le F. Par quatre...... ? C'est un peu long : j'alais partir.

Le M. Je ne laisse pas cette dificulté en soufrance : il ne falait point me la faire, ni me doner de défi à ce sujet.

Le F. Çà donc..... ! première considèration.....

Le M. I°. Le public convient gènèralement que les Francs-Maçons ont entre eux certains signes, & une espèce de langage auquel ils se reconaissent infailliblement.....

Le F. Oui, tout le monde le sait & en convient. Mais, sans vous intèrompre, ces signes & ce langage mistèrieux sont déja seuls capables de doner de l'ombrage sur le compte des Maçons.

Le M. Coment cela, je vous prie.... ? Ne voudriés-vous pas prétendre aussi, que nos signes peuvent décider du bonheur ou du malheur d'un etat, du gain ou de la perte d'une bataille..... ?

Le F. Oh ! de quelle extravagance vous me supposés capable..... !

Le M. Je plaisante. Vous ètes trop

raisonable pour atribuer à nos signes une vertu miraculeuse.

Le F. Par conséquent, pourquoi donc cette apostrofe ?

Le M. C'est qu'il se prèsente à l'instant à ma mèmoire, le trait arivé à la bataille de Fontenoi, & dont un de nos censeurs a tiré les conséquences les plus oposées au sens-comun.

Le F. Qu'est-ce que c'est donc que ce trait ?

Le M. Dans la dernière bataille de Fontenoi, le 10 Mai 1746, un militaire Français ayant eu son cheval tué sous lui, & ne pouvant se tirer de la presse, deux cavaliers Anglais se prèsentent pour le massacrer.....

Le F. Ah, les boureaux.....!

Le M. Mais heureusement il a le tems de prévenir le coup fatal, à l'aide des signes Maçoniques qui lui sauvent la vie.

Le F. Parbleu ! j'en suis bien-aise..... Il me semble voir l'ange qui arête le bras d'Abraham.

Le M. Oui, pret à imoler son cher Isaac. Mais enfin, le garde est acueilli par ces Anglais, & reçu avec amitié.

Le F. Et quand viendront les conséquences ?

Le M. Voilà, s'ecrie notre auteur apocrife, voilà come ces associés, (en parlant de nous) peuvent, à leur gré, faire le bonheur ou le malheur d'un etat! voilà come le sort d'une bataille peut dépendre des signes de la Société!

Le F. Come si toutes les sociétés du monde ne pouvaient pas convenir entre elles de certains signes....

Le M. Come si la fraternité Maçonique empéchait de prendre les intèrets de sa patrie.

Le F. Come si, des rois venant à se faire la guerre, la victoire pouvait dépendre des signes de la croix, qui sont la marque d'un crètien.....

Le M. Si cela etait seulement probable, il faudrait défendre toutes les religions, toutes les sociétés; parce qu'elles ont chacune des signes, des caractères particuliers, des marques distinctives de leur institution.

Le F. Regardons cela come non avenu, & ecoutons les quatre considèrations avant d'aler m'endormir.

Le M. I°, Car je recomence, le public convient gènèralement que les Francs-Maçons ont entre eux certains signes & une......

Le F. Mais nous ſavons cela il y a long-tems.....

Le M. Non, non; & un eſpèce de langage auquel ils ſe reconaiſſent ſi infailliblement, qu'un home qui voudrait paſſer pour F. Maçon, ſans l'être réellement, ne pourait jamais ſoutenir l'examen de ces ſignes & de ce langage.

Le F. Je n'en doute pas.

Le M. Donc des conſpirateurs, ou des gens mal intentionés pour l'etat, tenteraient en vain de s'aſſembler après s'être dits F. Maçons; ils ſeraient démentis par les véritables Membres de l'Ordre, & déclarés faux frères à la face de tout le public.

Le F. Ce ſerait bien fait. Eſt-ce pour en venir à la ſeconde conſidèration?

Le M. 2°. Quand ces conſpirateurs, ſous le prétexte alégué, parviendraient à former tranquilement quelques aſſemblées, où il leur ſerait plus facile de traiter des moyens de parvenir à leurs fins, que s'ils ne conſultaient entre eux que ſéparément, & avec un trop grand air de miſtère; que réſulterait-il de tout ceci?

Le F. Je l'ignore.

Le M. C'eſt que leur ſecret n'ètant pas de la nature de celui des F. Maçons, il aurait le ſort du ſecret de tous les autres conſpirateurs; il ſerait bientot eventé, & entrainerait avec ſoi ſa punition.

Le F. Choſe indubitable. Mais je ſuis curieux d'entendre la quatrième conſidèration.

Le M. La troiſième, ſans doute?

Le F. Ha, oui, la troiſième.

Le M. 3°. Dans les lieux où les Loges ſont publiques, & autoriſées de l'aveu du ſouverain, il ſerait impoſſible que des conſpirateurs formaſſent des eſpèces de fauſſes Loges, ſous prétexte d'aſſemblées de l'Ordre.

Le F. Qui empécherait?

Le M. Il n'y a point de Franc-Maçon qui n'ait plein droit à toutes les Loges du monde, ſuivant ce mauvais quatrain:

Nos plaiſirs ſont doux & tranquiles,
Et par-tout nous nous conaiſſons;
Dans les diverſes régions
Nous rencontrons de ſûrs asîles.

Le F. Vous l'avés bien nomé, en le nomant mauvais.

Le M. Peu importe. Si donc tout Maçon a droit à toutes les Loges du monde, coment ces assemblées d'iniquités pouraient elles fermer leur porte aux F. Maçons qui en demanderaient l'entrée ?

Le F. Le moyen en serait cependant fort-simple.

Le M. Alors, ce serait aler contre l'institution de l'Ordre même, & dementir le titre dont on aurait voulu faire bouclier. Mais aussi pouraient-ils bien admettre dans leurs assemblées un home qui les reconaitrait aussi-tôt pour autant d'imposteurs, & qui répandant le fait dans le public, donerait lieu au magistrat de rechercher exactement les motifs d'une telle assemblée.

Le F. Le cas serait, en effet, périlleux.

Le M. 4°. A l'egard des lieux où les Loges ne sont simplement que tolérées, & où l'Ordre ne pourait s'assembler que sous une espèce de secret, le risque d'assemblées pernicieuses n'en peut-être plus ou moins grand.

Le F. Coment donc ?

Le M. Parce que les uns & les autres ètant egalement obligés à se cacher ; des gens mal intentionés n'en tiendraient pas moins leurs aſſemblées, quand il n'y aurait aucun F. Maçon dans de tels lieux : elles y ſeraient même bien plus ſûres alors.....

Le F. Plus ſûres..... ?

Le M. Oui, Monſieur ; parce qu'elles ſe verraient à l'abri d'être découvertes par quelque F. Maçon, qui, aprenant par haſard le lieu d'une aſſemblée, formée ſous le nom de l'Ordre, ne manquerait pas de prétendre y être reçu.

Le F. C'eſt vrai.

Le M. Ainſi, Monſieur, je crois qu'en voilà plus qu'il n'en faut, pour renverſer votre objection & celle de nos docteurs.

Le F. Et auſſi, plus qu'il n'en faut pour avoir ſujet, Monſieur, de vous tirer ma révérence ; car une heure ſone.

Le M. Mais enfin, Monſieur, quand donc ceſſerés-vous de militer contre la Maçonerie ? Juſqu'à quand la prévention aura-t'elle lieu ? Quand eſt-ce que vous ſerés convaincu de la nobleſſe & de la pureté de notre Ordre ?

Le F. Quand j'aurai vu la lumière dans le lieu triplement fort.

Le M. Hélas ! oui ; c'eſt alors que

vous pourés dire avec une entière conviction :

C'est-ici le séjour
Qu'habite l'inocence ;
Nous qui formons sa cour,
Respectons sa prèsence ;
Que nos cœurs & nos voix
Célèbrent son empire,
Et que ses douces loix
Règnent sur tout ce qui respire.

FIN DE LA TROISIÈME SOIRÉE.

QUATRIÈME SOIRÉE.

Le Filosofe. MONSIEUR, c'est pour avoir l'honeur de vous faire ma cour, & vous.....

Le Maçon. Ha! Monsieur, bien charmé de vous revoir.... Coment vous êtes-vous porté depuis huit jours?

Le F. A ravir; & votre santé.....?

Le M. Excellente..... Donés-vous la peine de.....

Le F. Hé! l'on dirait que vous ne faites que de rentrer.

Le M. En effet, j'arive à l'instant.

Le F. Est-ce que..... vous reviendriés de campagne?

Le M. De campagne.....! Je viens du grand Orient; voilà tout le voyage que j'ai fait.

Le F. Du grand Orient.....!

Le M. Cela vous surprend?

Le F. Et vous voilà déja de retour?

Le M. Déja......! Il y a deux heures que je devrais être rendu chés moi.

Le F. Vous avés donc pris la poste, contre votre ordinaire?

Le M. Quel conte ! J'y ai eté & j'en ſuis revenu dans ma voiture.

Le F. Mais c'eſt vouloir tuer vos chevaux....

Le M. Vous plaiſantés donc, en diſant cela ?

Le F. Coment......, d'aler à Port-Louis, & d'en revenir en huit jours !

Le M. Qu'apelés-vous, Monſieur, à Port-Louis ? Je ne conais pas de rue come cela à Paris.

Le F. Je ne parle pas de rue ; je parle de Port-Louis vis-à-vis l'Orient.

Le M. Et moi, je parle du grand Orient de France.

Le F. Hé bien, juſte, en baſſe-Bretagne.

Le M. Encore un coup, je parle du grand Orient de France.

Le F. Préciſément ; là où ſont les marchandiſes de la compagnie des Indes.

Le M. Ha, ha, ha ! ..... quelle charge ! ..... Et j'y vais trois fois par ſemaine à cet Orient.

Le F. En ce cas, entendons-nous. Vous y alés trois fois par ſemaine.....

Le M. Et ſans ſortir de Paris.

Le F. Et ſans ſortir de Paris.... Bon ! nous voilà encore enclavés dans les miſtères. Quel eſt, je vous prie, le mot de l'enigme ?

Le M. Le mot de l'enigme ? C'eſt que dans l'Ordre de la F. Maçonerie, on apelle grand Orient ou grand'Loge, la Loge Métropolitaine, la Mère Loge, la Loge Souveraine, de laquelle dépendent librement toutes les Loges particulières répandues dans un etat, & qui eſt établie dans chaque royaume, de l'aveu & du conſentement de tous les Maçons ſoumis à un même prince, pour veiller à la régularité & à l'uniformité des travaux Maçoniques, & pour délivrer des patentes de conſtitution, à ceux qui, par leur conduite, leur caractère civil & leur aptitude, ſont eſtimés dignes de préſider à une Loge. Voilà, Monſieur, ce que nous entendons par grand Orient, & quelles en ſont en partie les fonctions.

Le F. Vous m'auriés doné cent un ans pour deviner le mot, que je ne m'en ſerais jamais douté. Je conçois maintenant qu'il vous eſt aiſé, Monſieur, de faire le voyage de l'Orient trois fois la ſemaine.

Le M. Et vous penſiés ſérieuſement que j'arivais en droite ligne de la baſſe-Bretagne ?

Le F. Bien d'autres que moi s'y ſeraient mépris.

Le M. Ha ha ! quel conte.... ! En tout cas, j'en aurais peut-être raporté des marchandiſes, qui auraient mieux valu que les drogues qu'on m'aporte-là.

Le F. Eſt-ce un mèmoire d'apoticaire ?

Le M. Non ; c'eſt une liſte de grades que j'avais donée à mettre au net cet aprés-midi.

Le F. De grades Maçoniques ?

Le M. Maçoniques & dits Maçoniques.

Le F. Quelle enciclopédie Franc-Maçone ! Mais l'on doit être archi-ſavant, après avoir monté cette echelle de Jacob ?

Le M. Hélas ! c'eſt en partie un ramaſſis de viſions miſtèrieuſes, que le nom de grade colore mal-à-propos d'un vernis reſpectable.

Le F. Cela ètant, Monſieur, pourquoi avoir fait copier ces litanies avec tant d'ordre ?

Le M. Parce que je veux en faire uſage ; & qu'il eſt bon de mettre au jour tout ce qui eſt faux, pour ramener à ce qui eſt vrai.

Le F. Mais ce ne ſont que les noms de ces grades que vous avés-là ?

Le M. Les noms, purement & ſimplement.

Le F. Quoique profâne, voudriés-vous, Monsieur, m'en permettre la lecture?

Le M. Oh! sans le moindre scrupule.

Le F. Puisque ce n'est que le *caput mortuum* de la Maçonerie.

Le M. Les vèritables grades s'y trouvent aussi, à-peu-près; mais la conaissance des noms ne done pas celle de la chose.

Le F. O, pour sûr, je n'en serai pas moins profâne après come auparavant.... Çà donc:

CATALOGUE

DES GRADES de la FRANC-MAÇONERIE, *& de la plupart de ceux qu'on dit Maçoniques.*

LOGE BLEUE.

Aprenti.
Compagnon.
Maitre.
Maître parfait.
Maître secret.

ELUS.

Petit Elu, ou *Elu des neuf.*
Elu de l'inconu, ou *de Pèrignan.*

Elu des douſe.
Elu des quinze.
Elu parfait.
Elu ſuprême.
Chevalier du Lion.
Chevalier de l'Ancre.
Elu Comandeur.
Grand Inſpecteur, ou *Grand Elu*.
Elu Dépoſitaire.

ECOSSAIS.

Chevalier iluſtre, ou *Maître Simbolique*.
Petit Maître Anglais, ou *par curioſité*.
Maître Irlandais.
Petit Ecoſſais.
Ecoſſais des trois J.
Ecoſſais de Franville.
Ecoſſais de Montpellier.
Ecoſſais de Clermont, { Aprentif. Compagnon. Maître. }
Ecoſſais Trinitaire.
Sublime Ecoſſais.
Sublime Ecoſſais d'Angleterre.
Prévot.
Juge.
Ecoſſais des petits apartemens.
Ecoſſais de Jâque VI.
Chevalier de la Gerbe d'or.

Ecossais purificateur.
Ecossais d'Alcidoni.
Prince de Jérusalem.
Maçon couroné.
Maitre *ad vitam*.
Chevalier du mont Liban.
Lévite-Ecossais-martir.
Ecossais d'Hiram.
Ecossais de Prusse.
Académie d'Ecosse.
Ecossais des Frères aînés.
Ecossais des Fils aînés.
Ecossais de la quarantaine.
Ecossais d'Angers.
Ecossais de Messine.
Ecossais d'Anjou.
Ecossais de Paris.
Royale Arche.
Sublime choix.
Petit Architecte, ou *Architecte Prussien*.
Grand Architecte Prussien.
Chevalier d'onction.
Souverain Comandeur du Temple.
Parfait Maître Anglais.
Ecossais de St. André.

AUTRES GRADES.

Chevalier d'Orient, ou *de l'Epée*.
Chevalier d'Occident.

Chevalier de l'Etoile du Nord.
Chevalier de l'Etoile de Jérusalem.
Grand-Maître de l'Ordre.
Maître de Loge.
Grand Inquisiteur.
Noachite, ou *Chevalier Prussien.*
L'Initié dans les mistères.
Chevalier de la Palestine.
Chevalier du St. Sépulcre.
Chevalier de Rose-Croix, ou *Maçon d'Hérédon.*

GRADES FILOSOFIQUES.

Petit Filosofe.
Chevalier du Soleil.
Chevalier du Fénix ou *du Pélican.*
Chevalier de l'Aigle noir.
Sublime Filosofe.
Cosmopolite.
Vrai Maçon.

&c. &c. &c. &c. &c. &c. &c.

&c. &c. &c. &c. &c.

&c. &c. &c.

GRADES HERMAFRODITES.

LOGE D'ADOPTION.

Aprentisse.
Compagnone.
Maitresse.
Maitresse parfaite.
La Courone.
L'Elue.

&c.

&c. &c.

&c. &c. &c.

Le F. Quelle grêle de grades, juste ciel!... En voilà-t'il, des Ecossais de tous les cantons de la terre....!

Le M. On nous en a empestés.

Le F. Mais je suis surpris de ne pas rencontrer parmi ces noms originaux, des Parisiens de Londres, des Chinois d'Espagne, des Polonais de Turquie, des Amériquains de l'Afrique....; car à mon choix, cela ferait de beaux grades.

Le M. Oui, & qui ne seraient pas plus Maçoniques que tous les Ecossais & autres grades que vous venés de passer en revue; car il n'y en a pas même un seul qui ait raport à l'Ordre.

Le F. En ce cas, d'où, diable! vous vient toute cette marchandise? Qui est-ce qui l'a créée?

Le M. Auri sacra fames, la vanité & l'ignorance. Trop de gens se mèlaient autrefois du métier; cela le gâtait. Sans choix, sans dignité, sans génie, sans aquis, sans mèrite; l'home qui pouvait payer la taxe, achetait tous les jours le droit arbitraire de tromper les autres: etait-il coloqué, aussitot il usait du privilège. Il instruisait ceux qui se présentaient, ou d'après les notions qu'il avait conçues lui-même, lesquelles etaient presque toujours louches, fausses, absurdes, & très-gauchement exprimées; ou bien c'etait un M[re], fardé come un tricolor, des livrées de la prétention & de l'entousiasme, qui ne voyant rien au-delà du pectoral, du gutural, du manuel & du pédestre, n'avait d'autres inspirations que celles de son intèret personel; & pour faire valoir ses rêveries & débiter ses drogues, il tâchait de démèler le gout, le genre, l'esprit, le tacte des curieux.

Le F. Mais, n'etait-il pas indécent

d'amuſer des homes de bone-ſoi, par l'apas d'un miſtère qui conſiſte à peu près dans des ſurfaces? Qu'un charlatan ſans principe & ſans pudeur, ait aſſés mauvaiſe opinion de ceux à qui il s'adreſſe, pour leur propoſer des abſurdités inſoutenables, du ton d'un home inſpiré; & qu'il ait l'efronterie, pour doner du poids à ſes aſſertions, de préſenter ſes drogues come deſcendues du ciel dans le bec d'une colombe; cela s'excuſe: mais que des homes, amis de la droiture, de la modeſtie & de la décence, jouent le rôle d'un charlatan...., que penſer....?

Le M. C'eſt, en effet, dépoſer & déprimer à la fois le caractère d'un vrai Maçon; mais ce n'eſt pas de ceux-ci que j'ai voulu parler; & d'ailleurs aujourdui nous ne voyons guère ces abus.

Le F. Croyés-vous, Monſieur, qu'il n'y ait plus rien à reprocher aux Francs-Maçons?

Le M. Je ne prétens pas afirmer qu'ils ſoient tous ſans reproche en tout genre; il n'y a aucun etat qui ait ce glorieux privilège.

Le F. Non: il s'eſt trouvé un avaricieux & un perfide dans la compagnie la plus ſainte ; il ſe rencontre, dans le temple de Témis, des juges iniques & corompus ; dans le champ de Mars, des lâches ; & même dans le Sacerdoce, des Simons.

Le M. Mais alors, les fautes des particuliers n'efacent point l'idée atachée au corps dont ils ſont. On dira avec vérité que les parlemens ſont les juges & les pères du peuple, que les Français ſont braves & courageux, & le clergé un modèle pour la religon. Mais il n'en eſt pas moins vrai qu'il n'y a point d'ordre ou d'etat, quelque digne qu'il ſoit, où il ne ſe trouve de ſes membres qui prévariquent.

Le F. Toujours faudrait-il contraindre les Maçons à borner leurs pratiques aux objets eſſentiels, & convaincre la plupart de la miſère, ou au-moins de la ſuperfluité d'une quantité de riens, dont le nom de grade leur en impoſe.

Le M. Sans-doute. Cependant il s'en trouve, parmi ces grades, qui ont quelque choſe de réel, & dont les hiſtoires ne ſont pas ſupoſées ; car il s'y rencontre beaucoup de chevaleries qui ont exiſté anciennement, & qui s'étant eteintes par diférentes circonſtances, ſe ſont réunies aux chevaliers Maçons :

malgré cela, ces grades n'ont aucun raport à la vraie Maçonerie.

Le F. Les chevaliers de Rose-Croix, par exemple, leur origine n'est point fabuleuse; ils ont existé. C'est d'eux qu'on raporte qu'ils se vantaient de tout savoir, & même de posséder la pierre filosofale.

Le M. Oui, on le prétend.

Le F. Ce grade ne serait-il pas le dénouement & le but de la F. Maçonerie?

Le M. Oh, le but & le dénouement... Vous en ètes encore bien éloigné. Cette opinion néanmoins trouve, chés nous, une infinité de partisans, qui envisagent ce grade come le suprême dégré des conaissances Maçoniques; & qui vont jusqu'à prétendre que la première Loge conue en Europe, fut instalée à Edimbourg, capitale de l'Ecosse, par le Lord Stuart, au comencement du 14e siècle. Mais je puis vous dire, Monsieur, que le Rose-Croix, tel qu'il est le plus conu aujourdui, n'est que le cristianisme mis en grade, & qu'en conséquence, il n'est nulement Maçonique.

Le F. Mais si vous renvoyés ainsi les plus eminens grades dans les *pas perdus*, vous détruisés des objets de spéculation; c'est afaiblir le comerce.

Le M. Il ne s'agit point de spéculation ni de comerce; il n'est question que des grades vagues & superflus.

Le F. Toujours, ceux qui les administrent, ne les administrent pas sans une certaine rétribution : car enfin, il faut que le prêtre vive de l'autel.

Le M. Quand cela serait; quel est le rang, quelle est la dignité qu'on aquiert dans l'etat civil, qui ne soit pas sujette à quelque rétribution? D'ailleurs, ne faudrait-il pas que les Membres d'une Loge ornassent, décorassent & entretinssent à leurs dépens, leur enceinte; qu'ils fournissent le luminaire, & qu'ils pourvussent à tous les autres faux-frais qui acompagnent une réception; & le tout pour la bien-venue du candidat?

Le F. Non, sans contredit, cela ne serait pas juste; mais je ne prenais pas garde, ou pour mieux dire, j'ignorais qu'il y eut des dépenses à faire lors de l'admission d'un profâne, ou lors de l'exaltation d'un Frère à un dégré supèrieur de science & de perfection.

Le M. Hé bien, Monsieur, vous en voilà instruit.

Le F. Oui. Mais croyés-vous, Monſieur, qu'il ſoit bien néceſſaire d'aler ſe faire graduer en Loge ; & penſés-vous que pluſieurs de tous ces grades & gradillons, n'ayent pas encore tranſpiré chés les profânes ?

Le M. Pourquoi, je vous prie, me faites-vous cette demande ?

Le F. C'eſt que j'ai chés moi, depuis environ 20 ans, un livre de Maçonerie qui m'a enſeigné bien des grades ; le tout, pour la ſome de quatre francs.

Le M. Ce n'eſt donc pas ſans cauſe, Monſieur, que vous parlés ſi ſavemment de notre Ordre....

Le F. Il eſt vrai que j'ai profité des leçons de mon auteur.

Le M. Raiſon pourquoi vous parlés Maçonerie, come un aveugle parle des couleurs.

Le F. Vous prétendés donc, Monſieur, que vos miſtères, ni aucun des grades renfermés dans ce catalogue, n'ont jamais tranſpiré dans le public ?

Le M. Je le prétens avec raiſon ; & je dis que le peu qui en a tranſpiré dans quelques mauvais livres, tels que celui qui vous coute quatre francs, & pluſieurs autres rapſodies auſſi froides, auſſi calomnieuſes; n'eſt en effet que la rêverie de quelque tête fole, l'invention de quelque auteur famélique, ou tout-au-plus la vengeance de quelque mauvais ſujet diſgracié: très-peu de gens raiſonables partent de ces notions ſuſpectes.

Le F. Moi, j'en ſuis cependant parti.

Le M. Cela ne fait pas trop votre eloge. Et ſoyés perſuadé, Monſieur, que les lumières Maçoniques qu'on aquiert dans les bibliotèques, ſont à peu près come ces croix, ces médailles, ces chapelets & autres reliques que l'on achète pour quelques ſous dans les foires en Alemagne; leſquelles préſervent du tonère, de la rage, & de quantité d'accidens pareils.

Le F. Cela étant, j'en ferai proviſion l'anée qui vient, tems auquel je compte faire un voyage dans ce péis-là; & par la même ocaſion, je demanderai à être initié dans une ſociété qui y eſt très-en vogue, & que l'on dit fort-agréable.

Le M. Dans une ſociété en Alemagne....?

Le F. Dite des *Mopſes.*

Le M. Les Mopſes...! Ha.... fi donc, les Mopſes; fi donc, fi donc....

Le F. Coment ! si donc.....?

Le M. Les Mopses...! Ha.... si donc ; si donc les Mopses....

Le F. Mais encore.... ?

Le M. Oh.... si donc, ne parlons pas des Mopses.

Le F. si donc, tant qu'il vous plaira ; mais encore, pourquoi ces *si donc*, & tant de toises de *si donc*.... ?

Le M. Les Mopses....!

Le F. Eh, sans-doute, les Mopses. On m'a dit que c'etait une société charmante.

Le M. Si l'on vous avait dit, Monsieur, que c'est une société bisare, boufone, très-plate & très-indécente ; je vous inviterais à le croire. — Les Mopses....! un home honête peut-il y songer ?

Le F. Si tout cela est bien fondé, je me désiste de la résolution que j'avais prise de me faire admettre dans cette société.

Le M. Monsieur, si vous avés confiance en moi, je vous prie de m'en croire sur ma parole, & de me dispenser de vous raconter les cérèmonies burlesques & les poliçoneries qui se passent dons les assemblées des Mopses.

Le F. Tant il est vrai de dire, qu'il

faut entendre les deux parties avant de décider.

Le M. Lorsqu'en pareil cas, les parties n'ont pas intèret de nous tromper.

Le F. Cela posé, la confrairie des Mopses n'aurait donc pour but que les plaisirs sensuels & la débauche ?

Le M. Je ne dis pas cela; & bien mieux l'on ne doit pas le présumer, si l'on en juge d'aprés l'origine de cette société, qui est due à un scrupule de conscience.

Le F. A un scrupule de conscience....!

Le M. Oui, Monsieur.

Le F. Coment donc cela ?

Le M. Le voici. Beaucoup de F. Maçons Alemans & bons catoliques, epouvantés par la bule papale, n'os.....

Le F. Par la bule d'excomunication ?

Le M. Oui, Monsieur; n'osèrent plus continuer leurs assemblées.

Le F. Les bones gens.....

Le M. En conséquence, ils formèrent le projet d'etablir une autre société qui, sans les exposer aux censures du Vatican, leur procurat les mémes agrémens que la Maçonerie; mais qui ne leur procure pas la méme utilité. Ils trouvèrent un protecteur dans la persone d'un des plus augustes souverains du corps germanique ; & prîrent pour grand-maitre un des plus puissans seigneurs d'Alemagne.

Le F. Diable !

Le M. A l'imitation de notre Ordre, ils dressèrent des statuts, inventèrent un mot & des signes pour se reconaître, etablirent des cérémonies, & nomèrent des oficiers. Cela fait....

Le F. Cela fait ?

Le M. Ils songèrent à prendre un simbole, & à se doner un nom : & come la fidèlité & l'atachement qu'ils se vouent, fait l'essentiel de leur société, ils prîrent pour emblême le chien, & se donèrent le nom de Mopse, qui en Alemand signifie un doguin.

Le F. Aparemment que leur instituteur avait quelque prédilection pour cette sorte de chiens ; sans cela, il eut eté pour le moins aussi naturel de choisir le barbet, qui de toute espèce canine, passe pour le plus fidèle.

Le M. D'acord ; mais ils ne l'ont point fait.

Le F. Les deux sexes y sont admis dans cette confrairie ?

Le M. Oui, Monsieur ; une raison de politique les a portés à rejeter un des articles fondamentaux de la Maçonerie, celui de l'exclusion des femmes. On sait les clameurs dont elles ont rempli toute l'Europe contre les Francs-Maçons ; & l'on en devine aisément les motifs. Les Mopses ont craint, eux, de s'atirer des ennemis si formidables ; l'intèret de leurs plaisirs s'est joint à celui de leur réputation ; ils les ont même admises à toutes les dignités, excepté celle de G. Maître.

Le F. Toujours, ces assemblées de doguins & doguines doivent être plus agréables que celles des F. Maçons ?

Le M. Cela se peut ; mais l'unique objet des Mopses est le plaisir ; & cet objet n'est pas celui de notre Ordre : voilà pourquoi les femmes, elles qui sont l'ame de toutes les sociétés, sont exclues de la Maçonerie.

Le F. Absolument exclues ?

Le M. Sans aucune exception ni restriction. Mais, dit notre Muse,

Si le sexe est bani, qu'il n'en ai point d'alarmes ;
Ce n'est point un outrage à la fidèlité ;
Mais je crains que l'amour, entrant avec ses charmes,
Ne produise l'oubli de la fraternité.

Noms de Frère & d'ami seraient de faibles armes,
Pour garantir les cœurs de la rivalité.
Dans ce Sexe charmant, trop d'amabilité
Exige des soupirs, & quelquefois des larmes:
Au plaisir d'être ami, nuirait la volupté.

Le F. Ces raisons poétiques me paraissent assés justes; mais je doute qu'elles puissent vous disculper auprès des dames, & qu'elles veuillent regarder leur exclusion de la Maçonerie, come un homage rendu à leur pouvoir.

Le M. Pourquoi donc pas? Il me semble que c'est les honorer infiniment, que de paraître ainsi leur manquer de déférence. D'ailleurs, il est de l'essence de notre Ordre que cela soit ainsi; come il serait de l'essence d'une société de dames, qu'il n'y eut point d'homes, si elle etait etablie sur cette idée. Est-il déshonorant pour le beau-sexe de n'être point assis sur les fleurs de lis?

Le F. Non, ce sexe ne juge pas les procès des homes, mais leur comande en maître.

Le M. Or, comme l'egalité est la devise de notre etat, ainsi que la liberté; & que l'amour entrant avec ses charmes, y porterait des coups mortels : c'eſt encore là un motif pour doner aux dames l'excluſion de notre Société. En conſéquence,

Pardoné, tendre Amour,
Si dans nos aſſemblées,
Les ninfes de ta cour
Ne ſont point apelées.

D'ailleurs, & il faut le redire,

Tu fais aſſés de maux,
Sans troubler nos miſtères :
Tu nous rendrais rivaux ;
Nous voulons être Frères.

Le F. Il eſt vrai, l'amour & l'amitié ſont dificilement d'acord ; les prétentions de l'un nuiſent aux droits de l'autre ; partout où la rivalité comence, la bone intelligence finit. L'amitié ne veut que des partiſans, l'amour ne cherche que des victimes.

Le M. Oui, & la raiſon trop faible, garantit rarement des pièges qu'il fait tendre. Ce ſexe agréable, mais terrible, eſt donc ecarté avec ſageſſe de l'enceinte de nos Loges : & les equivoques que la calomnie du profâne a ſemées autrefois, à ce ſujet, ſur la conduite des Maçons, ne peuvent nous nuire ni nous afecter, & la honte en retombe ſur ſes auteurs. Oui,

Nous rompons la barière
Des préjugés trompeurs :
Le Compas & l'Equère
Dirigent nos meurs.
Meſurons nos plaiſirs,
Et règlons nos deſirs.

Le F. Je crois, Monſieur, que vous avés fait un cours de couplets Maçoniques; car, depuis un inſtant, en voilà une nuée !

Le M. Une nuée.....?

Le F. Eh ! vous nous en cités come s'il en pleuvait.

Le M. En tout cas, vous n'avez que faire de parapluie.

Le F. Ni de paraſol; car, à-moins de réciter ces vers au mois d'Aout, ils ne ſont pas fort-ardens.

Le M. N'importe; pourvu qu'ils expriment mes idées, cela ſufit.

Le F. C'eſt cela; mais en atendant, il eſt donc décidé en dernier reſſort, que les dames ne ſont pas propres à devenir Maçones, ni à maçoner avec les homes?

Le M. Encore une fois, Monſieur, il eſt de l'eſſence de notre Ordre que le ſexe n'y ſoit point admis. Nous honorons cependant ſes vertus, nous chériſſons la douceur de ſa ſociété, nous le ſuportons dans ſes faibleſſes & dans ſes défauts, & nous convenons avoir beſoin de toute ſon indulgence au même egard : mais quel que ſoit ſon mérite, & quelles que ſoient ſes prérogatives ſur notre ſexe, il n'eſt pas poſſible, à-moins de dénaturer les principes de la Maçonerie, de rompre la ſéparation que l'Ordre a miſe entre les dames & nous ; ſéparation qui conſiſte à ne point les initier à nos miſtères, & à les laiſſer ſans eſpérance de pouvoir jamais y participer.

Le F. Mais enfin, vous ne ſauriés leur doner un témoignage de cette juſte atention que vous leur devés, auſſi-bien que nous tous, qu'en leur rendant de bones & de juſtes raiſons des cauſes de leur excluſion.

Le M. D'acord ; & ſi je n'en avais pas encore ſufiſament doné, des raiſons, il ſerait facile d'en ajouter nombre d'autres.

Le F. Je crois que la meilleure de toutes, c'eſt la crainte que, par faibleſſe, les femmes ne vinſſent un jour à divulguer votre ſecret.

Le M. Pauvreté. Nous reconaiſſons

avec franchiſe que la diſcrètion & l'indiſcrètion, ſont une vertu & un vice de l'humanité en gènèral, par conſéquent, egalement comun aux deux ſexes ; & qu'à cet egard, come en tout autre, on ne pourait, ſans faire tort à l'un ou à l'autre ſexe, doner un poids à la balance. Non, Monſieur, nous rendons juſtice aux dames ſur cet article ; nous ſavons qu'elles ſont très-capables de diſcrètion ; & de plus, nous afirmerons, ainſi que bien des docteurs, qu'elles ne diſent que ce qu'elles veulent bien, même à confeſſe.

Le F. O, pour cela, oui, elles n'y déclarent que ce qu'elles veulent bien.

Le M. Je conviens pourtant qu'une foule de Maçons ſe figurent que c'eſt l'indiſcrètion comune à ce ſexe, pour lequel, diſent-ils, un ſecret eſt un fardeau peſant, qui lui a ocaſioné l'excluſion de notre Ordre :

Amour, ton caractère
N'eſt pas d'être diſcret ;
Enfant, pourais-tu taire
Notre fameux ſecret ?

Ils etayent même encore ce quatrain, d'un paſſage de l'ancien Teſtament, come s'il etait permis de conclure du particulier au gènèral.

Le F. Voilà qui est comique ! etayer l'exclusion du beau-sexe d'un passage de l'Ecriture.....

Le M. Vraiment oui :

Samson à peine à sa maitresse
Eut dit son secret ;
Qu'il eprouva de sa faiblesse
Le funeste effet.

Le F. Je ne savais, parbleu ! pas encore, que les Hébreux avaient fait des vers, & des vers français.

Le M. Tous les jours l'on aprend.

Le F. Il y parait. Mais trouvons, je vous prie, Monsieur, d'autres causes, puisque l'indiscrètion n'en est pas une, pour justifier la conduite de votre Ordre à l'egard de cette exclusion ?

Le M. Volontiers..... Je dis donc en premier lieu, que si l'Ordre, malgré ses précautions & sa conduite, n'a pu toujours être à l'abri de la calomnie ; & si les raisons qui auraient dû le disculper, dans le public, de tout soupçon de débauche, par cela même qu'il ne se trouvait jamais aucune femme dans ses assemblées, n'ont quelquefois servi qu'à le rendre suspect de tout ce qu'il y a de plus outré en fait de dérèglement ; non sans doute, que l'on ait eu de telles idées de ses mistères, mais parce que la malice y a trouvé son compte : si, dis-je, l'Ordre, nonobstant.....

Le F. Voilà un membre de votre période qui est de longue haleine....

Le M. Si, dis-je, l'Ordre, nonobstant la pureté de ses principes & l'intégrité de ses vues, n'a pu parer les coups de la médisance ; que serait-ce s'il avait admis les dames à ses assemblées & à ses initiations ? C'est bien alors que la calomnie aurait pu s'exercer tout à son aise, & que la malice aurait eu beau champ.

Le F. Cela ne me parait pas de la dernière conséquence.

Le M. Monsieur, vous alés tomber d'acord avec moi. Je veux suposer, pour un moment, une Loge composée de persones des deux sexes, en nombre egal, & dont les femmes qui en feraient partie, seraient autant d'epouses des homes qui en composeraient l'autre motié.....

Le F. J'entens.

Le M. On ne pourait rien imaginer de plus régulier ni de plus décent, en fait d'assemblée formée d'homes & de femmes en nombre egal.....

Le F. Jusques-là, non sans contredit.

Le M. Mais le mistère de l'Ordre subsistant toujours, & par cela même, se tenant à huis clos nécessairement, echaperait-on à la médisance ?

Le F. J'en doute.

Le M. Nous aurions beau aléguer, que la Loge n'ètant composée que d'epoux en compagnie de leurs epouses, ils devaient naturellement être les gardiens & les espions les uns des autres : cette raison, toute solide qu'elle serait, n'empécherait pas les petits esprits de suposer, dans de telles Loges, une comunauté de faveurs, dont l'idée seule révolterait ; & combien de gens qui, dans la seule vue de plaisanter, entretiendraient cette opinion parmi le peuple ?

Le F. J'en conviens ; mais ces raisons me paraissent bien indirectes, pour justifier des causes de l'exclusion des dames de la F. Maçonerie.

Le M. En souhaités-vous, Monsieur, de plus directes ?

Le F. Si cela ne vous fait point de tort à la poitrine.

Le M. N'apréhendés rien, Monsieur,

vous ètes d'une complaisance achevée... Je dis encore, que par cela même que l'Ordre déclare & convient renfermer un mistère inaccessible à tous les non-initiés; il faut absolument un être libre & indépendant, pour être en etat de remplir les devoirs auxquels on s'engage, come est celui de ne jamais révèler le secret.

Le F. Hé bien, Monsieur, que conclure delà?

Le M. Que conclure? Que l'home & l'home seul, est cet être libre & indépendant; la femme, au-contraire, passe sous les lois d'un mari; la dépendance & la sujètion où elle se trouve de sa nature, lui ferment les chemins à cette liberté & à cette egalité, qui ne lui fûrent jamais des dons propres come à l'home.

Le F. Mais pensés-vous, Monsieur, que c'est à bon droit que l'home s'est arogé un tel pouvoir sur la femme; ou si ce droit ne lui a eté aquis que come par voie d'usurpation, ou s'il l'a obtenu des mains de la nature?

Le M. Ce n'est pas le moment d'examiner cette tèse; il sufit que le pouvoir que l'home exerce sur elle, soit un pouvoir réel & soutenu, & que même les lois ſoient abſolument pour lui à cet egard : au-moins conviendrés-vous, Monſieur, que les religions acordent à l'home une primauté dans le mariage, & donent celui-ci pour chef de ſa famille, & en y comprenant la femme, tout auſſi-bien que les enfans : *Sub viri poteſtate eris*, dit Dieu à Eve, *& ipſe dominabitur tuî.* De cette ſubordination naiſſent maintes conſéquences.

Le F. Qui ſont ?

Le M. C'eſt qu'une femme ne peut jamais rèpondre de ſa liberté, au-moins pour tout le tems de ſa vie.

Le F. C'eſt s'avancer bien hardiment.

Le M. Non. Car une fille, depuis ſa naiſſance juſqu'au jour de ſon mariage, vit ſous la dépendance de ſon père & de ſa mère, ou, aprês leur mort, ſous les loix d'un tuteur, juſqu'au tems de ſa majorité.

Le F. Mais aprês ſa majorité ?

Le M. Hé bien, même alors, quoique devenue ſa maitreſſe, elle ne peut rèpondre de ſon cœur ; & cette liberté que ſon âge vient de lui aquèrir, peut & doit bientot s'anéantir, par les engagemens qu'elle ne manquera pas de contracter avec un mari. Devenue mère de famille, elle n'eſt plus en etat de de disposer d'elle-même, & doit à son epoux quelque compte de ses démarches, pour peu qu'elles lui parussent suspectes ou cachées; détail qu'elle ne peut lui refuser, sur-tout s'il l'exige modestement, & qu'elle ait dessein de se conserver l'afection & la confiance de son mari.

Le F. Cependant, une fille pourait promettre de ne s'engager jamais, & même le promettre de très-bone foi?

Le M. A la vérité, elle le pourait; mais l'Ordre serait-il obligé de se flater qu'elle fut toujours dans le cas de remplir ses engagemens à cet egard? Et ne serait-il pas très-possible qu'elle se fit elle-même ilusion?

Le F. A la bone heure; mais je veux que cette fille, pour plus de sûreté, entrat en religion, prit le voile, & parlà s'engageat dans un eternel célibat, sous les indissolubles liens d'un veu sacré & solennel.

Le M. Eh bien, en serait-elle plus avancée? Son veu primitif qui l'aurait engagée à une soumission sans bornes envers ses supérieurs spirituels, lui permettrait-il bien d'entrer dans de nouvelles obligations, sur-tout, ne sachant absolument pas en quoi elles pouraient consister ? Ses supérieurs spirituels lui permettraient-ils de telles obligations ?

Le F. Non, sans contredit.

Le M. Et si elle avait pu les contracter à leur insçu, à quels soupçons ne se verrait-elle pas toujours livrée, soit du coté de la foi, soit à l'egard des bones meurs ? Et puis sa condition de cloitrée lui permettrait-elle pour lors d'user du droit que lui aurait aquis sa réception, de se trouver aux assemblées de l'Ordre ?

Le F. Mais une veuve, devenue libre par son veuvage, pourait bien se promettre de ne jamais penser à un nouvel engagement ?

Le M. Si elle etait jeune, n'aurait-on pas tout sujet de se défier de sa prétendue résolution ? Et si elle se trouvait dans un âge déja avancé, serait-ce une raison pour la croire à l'abri de toute idée de s'unir à un second mari ? L'exemple de mile veuves de cinquante ans & plus, ne mettrait-il pas l'Ordre en droit d'être dans une perpétuelle défiance à bien des egards ?

Le F. C'est vrai.

Le M. Toutes ces raisons bien examinées, en voilà beaucoup plus qu'il n'en faut pour exclure les dames de nos mistères ; tant par ce que nous venons de dire, que par d'autres conséquences qui résultent des suites de leur condition.

Le F. Encore d'autres conséquences?

Le M. Et qui sont prépondérantes. Car à quels chagrins, à quelles persécutions une fille ou une fame dont le père ou le mari, non-seulement ne seraient point membres de l'Ordre, mais en auraient une idée plus ou moins avantageuse; à quelles persécutions, dis-je, ne se trouverait pas exposée cette fille ou cette femme en pareil cas?

Le F. C'est clair.

Le M. Sur-tout si elle alait aux assemblées. La défiance d'un père, la jalousie d'un mari n'auraient-elles pas alors beau jeu; & la malice de quelques femmes non-initiées, sur-tout celles qui auraient eté refusées ou renvoyées, resterait-elle sans exercice?

Le F. Oh, je vous jure que non.

Le M. Et même, quand les dames qui se trouveraient dans le cas dont je parle, voudraient eviter, par des raisons de prudence, de se rendre aux Loges; ne sufirait-il pas à un père ou à un mari soupçoneux de savoir leur initiation dans l'Ordre, ou qu'elles eussent fréquenté la Loge une ou deux fois en leur vie, pour qu'il leur restat des ſcrupules capables d'effleurer l'amour paternel ou conjugal?

Le F. Cela n'eſt pas douteux.

Le M. Delà un deſir perpétuel de leur aracher leur ſecret; deſir qui par cela même qu'on s'obſtinerait à ne point le remplir, les aigrirait de plus en plus, & les porterait peut-être enfin à quelque acte de violence.

Le F. Mais un mari peut ſe trouver egalement dans le cas d'avoir à ſoufrir de la mauvaiſe humeur de ſa femme, s'il arive tot ou tard qu'elle aprenne ſon initiation. Il ſe trouve des fames qui à un eſprit de curioſité, joignent une humeur des plus indociles & des plus revêches, & qui ſont come les fléaux de leurs maris.

Le M. Cependant, il n'y a aucune comparaiſon à faire d'un cas à l'autre.

Le F. Pourquoi donc?

Le M. Quelque doux, quelque patient que puiſſe être un mari; à quelque extrémité que ſa fame prétendit ſe porter à ſon egard; les lois ont aſſuré à celui-ci un droit qui le met en pleine poſſeſſion de la faire rentrer dans les bornes que la bienſéance, l'honèteté & le devoir, exigent qu'ils obſervent l'un envers l'autre.

Le F. C'eſt encore bien trouvé.

Le M. Je crois, Monſieur, qu'après tout ce que nous venons de dire, les dames conviendront ſans peine, que nous leur rendons juſtice à tous egards, & que leur excluſion de notre Ordre vient, non de ce que l'Ordre les aurait jugées indignes de nos miſtères; mais uniquement de la dépendançe à laquelle elles ſe trouvent aſſujetties à tous egards.

Le F. Après toutes ces raiſons, il n'eſt pas probable qu'elles ayent à ſe plaindre davantage de leur excluſion de la Maçonerie.

Le M. Nous nous flatons, bien mieux, que ſi elles etaient inſtruites des difèrens motifs qui les excluent de notre Ordre, elles voudraient bien, en gènèral, modèrer leurs diſcours ſur notre compte, & nous acorder la même eſtime que toutes celles qui ont le plus de lumière & de pénètration, ne nous ont point refuſée juſqu'ici. A notre tour, nous ne ſaurions leur faire aſſés d'excuſes, ni répèter trop ſouvent:

Pardone, Amour, ſi dans nos fêtes,
Nous nous mettons à l'abri de tes coups.

Nous respectons tes droits ; mais on craint
tes conquêtes :
Nous cherchons des amis ; & tu fais des
jaloux.
Ce Sexe aimable, objet de notre homage,
Entrant dans ces paisibles lieux,
Aporterait avec tes feux,
Le trouble & l'esclavage.
Qui d'entre nous, hélas ! séduit par la
beauté,
N'oublierait les devoirs de la fraternité ?

Le F. Cela lui donerait, en effet, une furieuse secousse, à la fraternité.

Le M. Mais au bout du compte, pourquoi tant de raisons ? Les dames n'ont-elles pas leur Maçonerie particulière, qu'on imagina en leur faveur sous le règne dernier ?

Le F. Je sais qu'il y a des dames qui sont Francs-Maçones ; & la désinence féminine des derniers grades de votre catalogue, me l'a encore doné à conaître : mais cette Maçonerie n'est pas, sans-doute, celle des homes ?

Le M. Elle n'y a pas même de raport.

Le F. Toujours, les deux sexes maçonent ensemble dans les Loges des dames ?

Le M. Oui, Monſieur ; ce ſont même les Maçons qui les initient aux miſtères de leur ſociété.

Le F. Vient enſuite probablement le quart-d'heure de Rabelais ?

Le M. Coment ? le quart-d'heure de Rabelais....

Le F. On ſe met à table, on s'amuſe, on ſe divertit.

Le M. Pourquoi ne s'y mettrait-on pas come ailleurs ? mais avec cette diférence, qu'

Exems de ſoucis, de regrets,
Sur nos devoirs auſtères ;
De la vertu, dans nos banquets,
On ſuit les lois ſévères.

Le F. C'eſt-à-dire, que dans vos feſtins come dans vos travaux ſérieux, on eſt libre ſans licence, vertueux ſans férocité, voluptueux ſans indécence ?

Le M. Oui, Monſieur,

Chés nous règne une liberté
Toujours ſoumiſe à la décence :
Nous y goutons la volupté ;
Mais ſans que le ciel s'en ofenſe.

Le F. Je veux bien le croire ; mais

vous y goutés aussi, à ce que l'histoire raporte, des repas sensuels.

Le M. Gouter des repas sensuels; je ne sais si cette expression est d'un gout bien exquis; mais je sais que nous aimons que tout soit bon, cela est plus décent & plus majestueux.

Le F. C'est bien trouvé.

Le M. Mais on fuit l'excès; tout ivrogne ou gourmand est exclus de nos Sociétés. Si l'on se permet quelque chose, c'est de l'aveu de la tempérance; & la joie ne circule chés nous qu'avec la courone de la modestie sur le front. D'ailleurs, donons-nous quelque liberté sur les choses indiférentes; la chaîne du devoir nous retient assés dans la contrainte.

Le F. Malgré ces métafores, j'ai vu beaucoup de gens se récrier sur les repas des F. Maçons, & même afirmer que ces repas etaient leur seul but.

Le M. Absurdité. Leurs objections ne valent pas seulement qu'on y réponde. L'usage gèneral des meilleures sociétés autorise celui d'une société particulière. Les Maçons savent, ainsi que tous les autres homes, que rien ne lie come l'agrément de la table. D'ailleurs la table est un plaisir de tolérance ; en soi il n'est point un crime.

Le F. Il en est bien eloigné.

Le M..... La morale n'en interdit pas l'usage.

Le F. Non, elle n'en défend que l'abus.

Le M. C'est une sagesse de la providence qu'on ne remarque pas assés, d'avoir répandu une sensation agréable sur une fonction qui examinée sérieusement, semble avoir quelque chose de très-ridicule.

Le F. C'est vrai.

Le M. Il est heureux qu'un besoin ait pu devenir un plaisir ; le premier humilie toujours, l'autre récrée.

Le F. Et quand il est décent, c'est le plus honête & le plus délicat de tous.

Le M. C'est l'instant où l'esprit, le cœur & l'ame, sont le plus comunicatifs, où les caractères se dévelopent le mieux, où la gêne cessé, où la liberté régne, où tous les etats se raprochent.

Le F. Sans doute ; parce que c'est une sujètion & une jouissance pareille pour tous.

Le M. C'est ainsi, Monsieur, que les anciens chevaliers vivaient entre eux à portion frugale, à la même heure, au même ſervice, au même lieu. Si même aujourdui l'on pénètre dans les cloitres, ces congrégations modernes, entées ſur les anciens ſolitaires, dont l'afublement eſt preſque tout ce qui leur reſte, vivent-ils autrement que dans un réfectoire comun? ...... Non, Monſieur, non; les banquets ne ſont pas, come la malignité le ſupoſe, le but des F. Maçons.

Le F. Une ſociété d'eſtomacs ſerait, à la vérité, bien mépriſable & bien groſſière.

Le M. Les banquets ſont, entre nous, le ſimbole de l'union première, du déſintéreſſement, du dépouillement perſonel qui, n'ayant rien en propre, ne doit ſa ſubſtance qu'à la maſſe comune. Je voudrais, Monſieur, que vous fuſſiés témoin, pour un moment, lors de la célébration de nos banquets Maçoniques; vous ſeriés ſupris de voir l'ordre, l'harmonie, l'acord qui y règnent.

Le F. Cela doit former un beau ſpectacle.

Le M. L'air de franchiſe qui entrelace tous les rangs, le ton cordial qu'on prend volontiers pour l'interprête d'un ſentiment véritable, met chacun à l'aiſe,

& l'on n'entend que le nom de Frère qui fait echo de toutes parts : tout enfin contribue à rendre ces petites fêtes délicieuses dans leur simplicité. L'ordre des santés sur-tout ; celui de la cérémonie, malgré son singulier apareil, tout etranger qu'il paraisse au surplus des usages Maçoniques, forme néanmoins un coup-d'euil, un concert qui a quelque chose d'agréable & de séduisant :

Dans le silence des armes,
Que de braves Gènèraux
Se délassent par les charmes
De nos augustes travaux !

Le F. Dans le silence des armes ?
Le M. Oui, Monsieur.
Le F. Vous faites peut-être usage d'arquebuses à vent, d'arbalêtes, de sarbacanes...... ?

Le M. S'il PLEUT, *alors tout est mistère,*
Jusqu'à la poudre & jusqu'au feu ;
Et nos armes sont de l'Hébreu,
Pour tout autre qu'un de nos Frères.

Le F. S'il pleut.... ?
Le M. Oui, Monsieur.

Le F. Or, il fait le plus beau tems du monde.....

Le M. Il pleut par-tout où il y a des profânes.

Le F. J'entens; c'est une pluie métafisique.

Le M. Come il vous plaira.

Le F. Ou une pluie vineuse ?

Le M. Choisissés.

Le F. Cependant, les Francs-Maçons ne conaissent pas l'intempérance.....

Le M. Pourquoi ? Ils sont sujets aux faiblesses come le reste des homes : le caractère de F. Maçon ne détruit point les passions humaines, come le batême eface le péché originel; il a seulement la vertu de les amortir.

Le F. Au surplus, l'exception ne ferait pas la règle.

Le M. D'ailleurs, que l'on me cite un principe qui ne soit point avilie, ou qui, depuis un laps de tems, n'ait tourné en abus ? Je ne suis pas l'apologiste de ceux qui ocasionent quelquefois nos fréquentes libations : est-ce le tort de la chose ou des homes, du tems & des circonstances ?

Le F. On a la fureur, dans le monde, de conclure toujours du particulier au gèneral, & de juger de la bonté des chofes, par l'abus qu'on en fait quelquefois.

Le M. Sans doute; parce que la malice y trouve fon compte. Mais quand l'Ordre refterait au point où il eft, en nouriffant dans fon fein des membres défectueux, il faudrait encore aplaudir à fa conftitution actuelle, honorer ceux qui en font, & fe réjouir de fon acroiffement. Les plaifirs fimples auxquels il invite, à ne le confidérer qu'à cet egard, font préférables, fans doute, aux fcandaleufes orgies dans lefquelles le père de famille abforbe fon patrimoine; tandis que la jeuneffe s'y débauche.

Le F. Il n'y a point de comparaifon à faire.

Le M. Et quand une joie fage préfide à nos banquets, à ces quarts-d'heure de délaffement; eft-il une fatisfaction plus grande? A tout cela fe mêlent quelquefois des couplets ingénieux, dont les acords femblent unir davantage les âmes, & faire mieux fortir l'harmonie de l'enfemble :

Dans ces banquets délicieux,
Une fuprême intelligence,
Réunit, au gré de nos veux,
Les plaifirs avec l'inocence.

Chantés, bènissés mile fois,
Des Maçons les heureuses lois.

Le F. Je ne pense pas que l'on puisse contester à la Maçonerie la sagesse & la douceur de ses lois; mais je dis que des persones inconséquentes, que des persones qui ne sont pas partisans de votre Ordre, & qui se plaisent à observer les défauts d'autrui par un verre à facettes, prèteront toujours à la Maçonerie des ridicules & même des vices, sous prétexte qu'il s'y trouve des Membres qui mènent une mauvaise conduite, ou qui ne se comportent pas plus régulièrement que le reste des homes.

Le M. Oui, lorsqu'on a pour but de décrier un Corps, on fait ordinairement peu d'atention au grand nombre d'honêtes gens qui le composent, on ne veut pas s'y arèter; pendant qu'on afecte de relever avec soin la défectuosité vraie ou prétendue telle, d'un petit nombre de ses membres.

Le F. Rien de plus ordinaire.

Le M. Encore en agit on injustement à l'egard de ces derniers. Ils ont des défauts, des passions, des vices; je le veux:

mais n'est-il pas très-possible de rencontrer aussi en eux quelques bones qualités qui contrebalancent les mauvaises ? Une passion dominante sous laquelle on peut être asservi, même durant un assés long-tems, n'empêche pas toujours de laisser transpirer l'honête home.

Le F. Assurèment non.

Le M. D'ailleurs, on ne peut exiger justement de l'Ordre, ce qu'on n'exige pas de la religion même : que ne résulterait-il pas de cette proposition ; *on trouve parmi les Francs-Maçons, des gens vicieux, corompus, fourbes, avares : donc l'Ordre des F. Maçons est un etablissement mauvais en soi?*

Le F. La religion, tout divine qu'elle est, se trouve sujette au même accident ; tous les crètiens ne sont pas bons crètiens.

Le M. Pourquoi donc un Ordre qui lui est si inférieur, devrait-il être condâné, parce qu'il ne s'en trouve pas exemt ? Et si la religion, malgré toute son excellence, ne fait pas de ses partisans autant de saints ; peut-on bien raisonablement reprocher à la Maçonerie un tel défaut?

Le F. On le peut; mais en renonçant au bon-ſens.

Le M. Je le répète, & ne ſaurais trop le répèter de fois: je ne me rends pas caution des actions de tous mes Frères, ni anatème pour chacun d'eux; mais je ſuis garant de l'inſtitution de l'Ordre & de ſes bons principes. Quand bien même quelqu'un ſerait dans le cas d'abjurer la régularité de nos maximes, à quoi aboutiraient les médiſances?

Le F. A faire conaître les défauts des Maçons egarés.

Le M. Et rien de plus: mais j'en conviens ſans peine; il peut y avoir, dans la Maçonerie, de faux Frères come il s'en trouve ailleurs, qui ayant oublié, au mépris de leur honeur, leurs engagemens, reprennent l'eſprit qu'ils avaient ſu maſquer, lorſqu'ils ont cherché les moyens d'entrer dans la Société.

Le F. Hélas! combien n'en trouverait-on pas de pareils dans l'etat de prêtre tant ſéculiers que réguliers?

Le M. Mais leur mauvaiſe conduite doit-elle faire blâmer le dogme du criſtianiſme?

Le F. Quelle ſotiſe!

Le M. Des plus inſignes. Un ordre,

un corps, une ſociété doit être jugée ſur ſa morale. Qu'on obſerve, ſans prévention & ſans partialité, la conduite d'un bon Maçon ; on ſera forcé de convenir que ce mot peint à la fois le ſujet fidèle, le citoyen honête, l'ami zèlé, l'home vertueux ; & tel eſt, Monſieur, l'abrègé de notre morale. A la nobleſſe de ces procédés pourait-on méconaître celle de notre inſtitution ? A la beauté de nos pratiques, à leur utilité, n'aperçoit-on pas le prix de l'union & de l'enſemble ? Aux charmes de notre doctrine, au ſèrieux de nos travaux, ne devine-t'on pas facilement le but de notre aſſociation ?

Le F. Pour ma part, je n'en devine pas grand'choſe ; à-moins que je ne devine juſte, en devinant que la F. Maçonerie a pour but de délaſſer & de récréer honêtement tous ſes Membres ; mais qu'en même tems elle les conſtitue en frais, & qu'elle eſt pour eux un objet de dépenſe habituelle.

Le M. Un objet de dépenſe.... ?

Le F. Je veux dire qu'on y dépenſe ſon argent.

Le M. J'entens parfaitement bien ; mais d'où tirés-vous cette conjecture ?

Le F. Eh ! Monſieur, ne voudriés-vous pas me faire penſer qu'il n'en coute rien dans les aſſemblées de Loge ?

Le M. Avant de rèpondre à cette interrogation, je ſerais curieux de ſavoir ſi dans la vie on ſe procure beaucoup d'objets d'utilité & d'agrément, ſans dénouer les cordons de ſa bourſe ? & ſi l'agréable & l'utile ne ſont pas des choſes néceſſaires à l'home ?

Le F. Nous aurions pu nous paſſer de ce préambule.

Le M. Oui, & dire tout-de-ſuite que l'exercice de la F. Maçonerie ne coute pas une obole.

Le F. Oh, c'eſt trop prompt, pas une obole.

Le M. Pas la maille.

Le F. Mais vous avés des repas ?

Le M. Où n'y en a-t'il point ?

Le F. Mais ces repas coutent.

Le M. Qui dépenſe, paye, en Loge come ailleurs.

Le F. Bien entendu.

Le M. Mais ils ne tient qu'à vous, Monſieur, de n'aſſiſter qu'aux travaux Maçoniques, ſans reſter aux banquets : alors point de dépenſe.

Le F. Ha, cela devient difèrent.

Le M. D'ailleurs, c'eſt le préjugé le plus inſigne de s'imaginer que l'on ne s'assemble jamais en Loge, sans terminer les opérations par un repas; puisque les trois-quarts du tems il n'y a point de piquenique. Donc la Maçonerie ne constitue pas en frais; donc on s'y procure l'utile & l'agréable, sans la moindre dépense.

Le F. Si ce n'est celle du tems qui est inapréciable, & que l'on pourait dire que l'on consume dans ces sortes d'assemblées, sans aucun objet d'utilité bien evident.

Le M. Si quelqu'un etait assés déraisonable pour faire cette réflexion, je rèpondrais que les assemblées F. Maçoniques, à ne les considèrer que du coté de l'agrément, ne sont pas plus inutiles que la chasse, la comédie, le jeu, &c. Au-lieu de chasser, d'aler au spectacle, de jouer; l'home en place vient faire trêve aux soucis importans qui l'acablent; le marchand, se délasser des fatigues & des soins de son négoce; l'eclésiastique, s'egayer avec décence & modestie, dans un cercle où l'on ne parle ni d'afaires d'etat, ni d'afaires de comerce, ni d'afaires de religion. Eh, ne faut-il pas que le plaisir marche sur les pas du travail?

Le F. C'est même absolument nécessaire.

Le M. Mais je dis plus ; je dis que les assemblées de Loge, loin d'être inutiles ou infructueuses, ont au-contraire des avantages réels sur toutes les sociétés qui existent, & ne cèdent le pas à aucune.

Le F. Quelle présomption..... !

Le M. Point-du-tout. On peut dire avec assurance, que l'objet le plus digne d'un Ordre quelconque, ètant de faire des heureux ; celui qui parait remplir le mieux ce but, & s'elever au-dessus de toutes les sociétés qui, dans l'enchainement des liaisons civiles, n'ont pour bâse que le déseuvrement, l'ennui de la solitude, & le besoin de se faire des conaissances, est celui de la Maçonerie. Mais elle etend ses soins bien au-delà ; sa gloire, sa récompense est dans la satisfaction de ceux qui adoptent ses règles: elles ont la justice pour mobile, la vertu pour point de vue ; la paix, l'inocence & le plaisir, en aplanissent toutes les dificultés. Point de remors, point de crainte, de complots, de séditions. Les Maçons ignorent tout ce qui peut déranger l'harmonie ; l'amour de l'ordre lui ſoumet tous les cœurs, & cimente ſa puiſſance.

Le F. On ne ſaurait mieux dire.

Le M. Cependant, Monſieur, telle eſt exactement la noble prérogative du lien qui nous unit : l'intèret qui diviſe le reſte des homes, n'a point de priſe ſur des cœurs qui, par etat, ſe vouent à l'amitié la plus ſincère, à la charité la plus active.

Le F. Il me tarde d'être Maçon moi-même, pour être convaincu de toutes ces belles maximes.

Le M. Quand vous le ſerés, Monſieur, vous verrés que je n'avance rien de trop.

Le F. J'en ſuis perſuadé ; mais il n'y a que le fait, que l'evidence qui mène à la conviction ; & je le dis avec ſincèrité, vos lois m'invitent à me faire recevoir Maçon inceſſament.

Le M. Si vous diſiés, Monſieur :

Pour jouïr d'un ſort auſſi doux,
Je veux devenir des vôtres ;
Pour jouïr d'un ſort auſſi doux,
Je veux vivre parmi vous.

Moi, je rèpondrais :

Dans notre Ordre ſoyés reçu,
Vos deſirs ſeront les nôtres;
Dans notre Ordre ſoyés reçu,
Si vous aimés la vertu.

Le F. Parbleu, il faut convenir, Monſieur, que vous ètes bien aſſorti en rimes.

Le M. Pas mal.

Le F. C'eſt en avoir pour tous les ſujets.

Le M. Je ne laiſſe pas que d'en av....

Le F. Mais.....

Le M. Mais?

Le F. Je viens d'acoucher d'une réflexion......

Le M. Qui eſt?

Le F. Je demanderais ſi raiſonablement on peut deſirer une choſe que l'on ne conait pas, & ſe réſoudre à s'engager dans une ſociété, ne ſachant pas ce qu'elle eſt, ni ce qu'on y fait?

Le M. La réflexion eſt profonde & judicieuſe.

Le F. Elle n'eſt pas tout-à-fait ſi futile.

Le M. Non; mais c'eſt demander ſi l'on peut raiſonablement chercher à aprendre une chose que l'on ne conait pas : & que rèpondriés-vous, Monsieur, à cette demande ?

Le F. Je rèpondrais que si la chose dont on cherche à s'instruire, peut être de quelque utilité ; rien de plus raisonable que de faire ensorte de l'aprendre & de la conaître. Mais come une infinité de persones disent que la Franc-Maçonerie n'est rien ou pas grand'chose ; je pense qu'à la rigueur, il est plus raisonable de rester profâne, que de se faire sacrer dans votre Ordre.

Le M. Fausse conséquence. Et d'ailleurs, coment concevoir que rien ou pas grand'chose ocupe peut-être vingt milions d'âmes sur le globe terrestre, & les réunisse sous un seul point géométrique ? Au-moins faudra-t'il acorder que ce rien a quelque propriété, puisqu'il opère de si grans effets. De plus, vous ne faites point de veu en entrant chés nous, vous ne passés point de bail, vous demeurés aussi libre après come auparavant ; pourquoi donc tant de précautions, & où trouve-t'on du déraisonable?

Le F. Quoiqu'il en puisse être, je veux devenir des vôtres, afin de pouvoir juger par moi-même de la solidité des objets qui vous ocupent; car *videmus nunc per speculum & in œnigmate.*

Le M. Tunc autem vous verrés *facie ad faciem.*

Le F. Et j'aprendrai l'Art-royal dans toute son etendue?

Le M. Cela dépendra des circonstances & des dispositions.

Le F. Quant aux dispositions, Monsieur, vous conaissés les miennes, & vous avés déja pu remarquer qu'elle etait mon envie & mon empressement d'être initié dans les secrets de la Maçonerie.

Le M. Aussi, Monsieur, ai-je rèpondu à votre zèle, par les diférens eclaircissemens que je vous ai donés relativement à notre Ordre.

Le F. Je n'ai qu'à me louer, Monsieur de votre complaisance. Vous avés bien voulu satisfaire en tout ma curiosité; hors pourtant, car il faut être véridique; hors, dis-je, pour ce qui concerne une seule chose, & que j'aurais eté le plus curieux de savoir.

Le M, Le secret?

Le F. Non; rien que l'origine de la F. Maçonerie.

Le M. Rien que cela? Nous nous en

somes

ſomes entretenus pendant une grande mortelle ſoirée.

Le F. Oui ; mais ſans avoir touché la véritable ſource.

Le M. Toujours avés-vous apris qu'elle ne vient ni d'Adam, ni de Noé, ni de Salomon, ni de Cromwel, ni de la chute des Templiers, ni de.....

Le F. Coment.... de la chute des Templiers ?

Le M. Oui, de l'abolition de l'Ordre des Chevaliers du Temple.

Le F. Mais il n'a jamais eté queſtion de cela entre nous.

Le M. Vous avés donc la mémoire bien courte ?

Le F. Je vous proteſte, Monſieur, que nous n'avons jamais parlé de ces anciens militaires.

Le M. Ha, ha. Je croyais cependant....

Le F. Je ſuis très-ſûr du contraire..... Eh ! c'eſt donc encore une origine d'une nouvelle fabrique ?

Le M. Elle n'eſt pas ſi nouvelle.

Le F. C'eſt donc à dire qu'il y a encore des F. Maçons qui croyent que les Templiers ſont les inſtituteurs de l'Art-Royal ?

Le M. J'ignore s'il y en a qui le prétendent ; mais je ſais qu'un auteur anonime, prêchant beaucoup contre la F. Maçonerie, publia en 1752, qu'à considérer les Templiers dans leur dernier etat, il semble qu'il revivent tout entiers dans les Maçons.

Le F. Parbleu! voilà qui est etrange.... *A considèrer les Templiers dans leur dernier etat......*

Le M. C'est-à-dire, que les F. Maçons sont les restaurateurs de l'Ordre des Chevaliers du Temple, leurs fils mineurs; qu'ils sont adonés au vol, au meurtre, à l'idolatrie, à la sodomie, & enfin à tous les crimes les plus abominables dont on acusa les Templiers.

Le F. L'auteur de cette invention est anonime?

Le M. Il n'a eu garde de se déclarer: il a craint qu'on ne lui prit mesure d'habit avec un roseau des Indes.

Le F. Ou avec de l'epine blanche; cela chatouille encore mieux. Mais toujours.... sur quoi a-t'il pu fonder cette conjecture?

Le M. Il a oublié de nous en faire part: il demande seulement ce que l'on peut penser de favorable sur la Maçonerie, vu le raport *infini* & *sensible* qu'elle a dans ses statuts, avec ceux de ces Chevaliers, confidérés dans leur dernier etat.

Le F. Et démontre-t'il ce raport *infini* & *sensible*?

Le M. Il l'a encore oublié.

Le F. Mais qu'entend-il toujours par leur dernier etat?

Le M. Ceci, par exemple, est sensible. Il distingue deux etats dans les Templiers; leur etat florissant & de splendeur, où leur rare vertu & leur valeur insigne, les rendirent l'admiration & la gloire de toute la crétienté; ensuite leur dernier etat, où l'on prétendit qu'ils etaient abandonés à toutes les horreurs du vice, du crime, & de la débauche la plus infâme.

Le F. Il parait que l'anonime etait bien persuadé de la vérité de toutes les acusations portées contre les Chevaliers du Temple.

Le M. Il y a aparence qu'il l'etait plus que moi; car je n'ai jamais pu concevoir coment tous les membres d'un Ordre aussi considérable que l'etait celui des Templiers, avaient pu être coupables de tant d'abominations; ainsi pourtant que cela aurait dû être, pour causer la perte générale de leur Ordre. Il ne tombe pas non plus dans l'imagination qu'il ne se soit pas rencontré de tems-en-tems, parmi eux, des Chevaliers honêtes & vertueux, qui n'ayant pas voulu tremper dans la coruption, ayent trahi leurs confrères & publié leur déreglement. D'ailleurs, si chés les Templiers, le vice avait pu être erigé en principe, il n'y aurait plus eu d'ordre, de régles, de lois, de subordination : c'est-il probable ?

Le F. Cependant l'on ne peut guère s'empécher de convenir que leurs grans biens les rendirent arogans, & les plongèrent dans la molesse, le faste & les plaisirs.

Le M. Cela se peut ; mais ce n'etait point là une raison pour les faire brûler vifs.

Le F. Non, sans doute : aussi usa-t-on d'autres moyens pour procéder à leur condanation.

Le M. Oui, de moyens suggèrés par l'envie, l'avarice & la calomnie.

Le F. Nous avons pourtant bien des persones qui afirment que la condanation de ces Chevaliers etait juste, & qu'ils vécûrent dans un déréglement horrible.

Le M. Ces sortes de persones sont du nombre de celles qui sont mal instruites, qui se décident sur les aparences, d'aprés le premier livre qui leur tombe sous la main, & qui ne prennent pas la peine de comparer, de confronter, de vérifier. Moi, je dis qu'un home sensible & juste ne saurait penser au suplice afreux qu'ont soufert ces infortunés, ni les voir atachés à des poteaux au milieu des flames, & protester de leur inocence jusqu'au dernier soupir, sans qu'il soit emu par des sentimens de pitié, de compassion & d'horreur. Oui, ce tragique evènement, cet evènement inoui & sans pareil, sera à jamais la honte du quatorzième siecle; car l'obscurité impénètrable que l'ignorance ou la malice des auteurs contemporains a répandue sur l'histoire des Chevaliers du Temple, laisse à la postérité des doutes odieux.

Le F. Il est vrai que pour pouvoir justifier les auteurs de la destruction des Templiers, tout ce qui a raport à un procés de cette importance, devrait être clair come le jour.

Le M. Il s'en faut de beaucoup que cela soit ainsi. J'ai lu l'histoire de ces Chevaliers dans douse à quinze historiens diférens, qui tous ne s'acordent point sur les faits les plus essentiels.

Le F. D'où l'on peut dire : *Si claudicat principium, claudicat & consequentia.*

Le M. Oui. Mais j'ai là une compilation historique des anciens Ordres militaires, qui done un précis fort-satisfaisant de l'histoire des Chevaliers du Temple, & qui lève presque tous les doutes que l'on peut avoir sur leur compte. L'auteur parait avoir rassemblé en un seul corps, ce que nous avons de plus intèressant & de plus indubitable au sujet de ces Religieux.

Le F. Je serais curieux de lire ce précis. C'est-il long ?

Le M. Fort-court, au-contraire : d'ailleurs, Monsieur, vous alés en juger par vous-méme.... Tenés, dans ce petit volume, il y a l'histoire succinte de trente-deux Ordres tant religieux que militaires. Voici.... celle des Templiers, qui renferme leur établissement, leur procès & leur abolition.

Le F. Il n'y a guère là-dedans que pour un quart-d'heure de lecture.

Le M. Tout-au-plus; & nous pouvons la faire tout-de-suite.

Le F. Très-volontiers, Monsieur ; à condition que vous n'en aurés pas la peine.

Le M. Coment ! la peine..... Cela va être fait sur le champ.

Le F. D'honeur, je ne le soufrirai point.

Le M. Puisque vous le voulés à toute force, *cape*, *lege*.

ABRÈGÉ HISTORIQUE

De l'ancien Ordre Religieux & Militaire des Chevaliers du Temple.

NEUF gentils-homes Français, du nombre & à la tête desquels etait Hugues de Payens, touchés des périls auxquels les pèlerins, dans leur voyage de Jérusalem, etaient exposés, formèrent entre eux, l'an 1118, une petite société pour leur servir d'escorte, & les défendre contre la cruauté des infidèles. Ces neuf Chevaliers se dédièrent au service de Dieu à la manière des chanoines du S. Sépulcre; & le patriarche de Jérusalem ayant aprouvé leur dessein, reçut les trois veux qu'ils firent entre ses mains. Baudouin II, roi de Jérusalem, leur dona une maison proche de l'emplacement du temple de Salomon ; & delà ils fûrent apelés Chevaliers du Temple. En 1128, Baudouin ayant fait choix de Hugues pour l'envoyer à Rome soliciter du secours ; ce gentil-home profita de cette circonstance pour demander au pape Honoré II la permission d'ériger un Ordre religieux & militaire, qui se dévouat à la défense de la Terre Sainte. Le souverain pontife le renvoya aux pères du concile qui etait alors assemblé à Troyes. Hugues & ses compagnons s'y rendîrent: là ils exposèrent leur vocation, & le projet qu'ils avaient formé de prendre l'habit religieux, & de fonder un Ordre pour la défense des lieux saints. Les pères aprouvèrent cette entreprise, & remîrent à S. Bernard qui se trouva à ce concile, le soin de prescrire une règle & une forme d'habit régulier à cet Ordre naissant. Il ordona qu'ils porteraient un habit blanc; & pour marque de leur profession, l'an 1146, le pape Eugène III y ajouta une croix rouge à l'endroit du cœur ; pour mieux désigner le veu qu'ils faisaient d'être toujours prets à répandre leur sang pour la défense de la foi & de la religion. Ces Chevaliers ayant obtenu l'aprobation de leur Institut, une foule de gentils-homes des meilleures maisons de France, d'Alemagne & d'Italie, se prèsentèrent pour entrer dans leur Ordre. Cette nouvelle milice s'acrut considèrablement en peu de tems : des princes de maison souveraine, des seigneurs des plus ilustres familles de la crétienté, voulûrent combatre sous l'habit & l'enseigne des Templiers. Ces princes & ces seigneurs, en entrant dans l'Ordre, y aportèrent des richesses immenses : au bruit même de leurs exploits, on leur fit de magnifiques donations ; le roi de Jérusalem, le patriarche, les prélats & les grands, leur donèrent des biens considèrables pour leur etablissement & le soutien de leur Ordre; Alfonse, roi de Navare & d'Aragon, les fit même ses héritiers. Enfin cet Ordre fut le plus ferme apui de Jérusalem ; Baudouin & les rois ses successeurs, n'entreprirent rien de considérable sans le secours de leurs armes ; ils sont préférés aux fameux Chevaliers de S. Jean ; leur nom porte la terreur & l'efroi dans le camp ennemi ; la religion est victorieuse & triomfante à l'aproche de leurs etendarts ; leur sang coule de toutes parts pour le soutien de la foi; ils l'exposent magnanimement & sans réserve pour la défense des princes crètiens ; leur prudence & leur valeur, leur courage & leur gloire volent aux quatre coins du monde : aussi disait-on des Chevaliers du Temple qu'ils avaient la douceur des agneaux & la patience des hermites ; & qu'ils montraient à la guerre le courage des héros & la force des lions.

Par les présens que les Templiers reçûrent de toutes les parties du monde, ils amassèrent des trésors considèrables. Leurs biens, tant de-çà que de-là la mer, etaient immenses ; il n'y avait aucun lieu dans la crétienté où ils n'en eussent ; ils possédaient plus de 9000 maisons, sans compter les forteresses & des villes entières ; en-un-mot, ils etaient comparables aux rois pour les richesses. Mais hélas ! ce sont ces richesses, dont l'avarice voulant se rassasier, qui causèrent la ruine de cet Ordre aussi ilustre que respectable ; & qui pour la gloire de la religion, aurait dû subsister jusqu'à la consomation des siècles. Voici de quelle manière comença le désastre de ces Chevaliers.

Clément V, home vain, ataché à ses plaisirs, & dévoré d'ambition, étant encore archevêque de Bordeaux, eut une entrevue secrette avec Filipe-le-Bel, alors roi de France, dans la chapelle d'une abéie située au milieu d'une foret, près de St. Jean d'Angéli, où ils s'etaient doné rendés-vous. Là, après avoir entendu ensemble la messe, Filipe exigea de l'archevêque un serment qu'il fit en mettant la main sur l'autel, de garder inviolablement le secret qu'il alait lui confier. Le roi comença par lui déclarer qu'il etait le maître de le faire pape; & il le lui prouva, en lui montrant le traité fait à Pérouse entre les cardinaux.

L'archevêque ayant lu avec etonement ces actes, se jeta aux piés du roi; & les embrassant avec transport, il lui demanda pardon de sa conduite passée; & le conjura d'être persuadé que s'il etait assés heureux pour parvenir à la papauté, il en partagerait toute l'autorité, & qu'il etait pret à lui en doner toutes les assurances qu'il exigerait pour un si grand bienfait. Filipe lui dit que quand il serait sur la chaire de St. Pierre, il souhaitait qu'il consentit à six demandes; mais qu'il voulait en être sûr, avant de prendre avec lui des arangemens plus particuliers. Le roi, en conséquence, fit part à l'archevêque des cinq premières conditions, se réservant de ne lui déclarer la sixième, qu'après la cérémonie de son exaltation. « Mais, lui dit » Filipe-le-Bel, je veux que pour sûreté de vos promesses, vous en fassiés » des sermens solennels sur le St. Sacrement; & de plus, que vous me » doniés en otage votre frère & vos » deux neveux, que je conduirai à » Paris, & je les y retiendrai jusqu'à » l'entière exécution de votre parole ».

L'ambitieux prélat, ivre de joie & d'espérance, consentit à tout, & jura sur le St. Sacrement d'acorder au roi ce qu'il exigeait de lui..... Il fut donc elu pape avec aclamation du sacré colège; & cette cérèmonie finie, le roi déclara au pape la sixième condition, par laquelle il exigeait l'abolition de l'Ordre des Chevaliers du Temple..... Clément fut bien etoné d'entendre ces paroles; mais il le promit & obéit.

Des historiens raportent que pendant le tems que Filipe-le-Bel s'ocupait avec chaleur à la destruction des Templiers, on vint lui rendre compte des acusations etranges qu'on avait portées contre eux. Un Templier, dit-on, qui etait grand prieur de Monfaucon, dans la province de Toulouse, & un autre religieux du même Ordre, fûrent condânés par le Grand-Maître & par le conseil de son Ordre, pour leurs impiétés & pour avoir mené une vie infâme, à finir leurs jours entre quatre murailles. Ces malheureux, pour se venger de leur condanation, firent le complot d'acuser leur Ordre des crimes les plus abominables : en conséquence, ils chargèrent tout le corps des Templiers de vol, d'homicide, de trahison, d'hérésie, d'idolatrie & de sodomie.

Le roi instruit de ces acusations, en fit part au pape dans leur entrevue à Lion ; & il lui en parla encore plus pressament l'anée suivante à Poitiers, où ils s'etaient rendus de concert pour traiter de cette grande afaire. Filipe le pressa vivement de condaner cet Ordre ; & après l'avoir beaucoup engagé à procéder avec diligence contre les Templiers, il revint à Paris, ayant laissé auprès du souverain pontife, des ambassadeurs pour soliciter une prompte extinction de cet Ordre. Cette conduite nous aprend avec quelle impatience le roi suportait le moindre retardement dans cette afaire.

Clément, tourmenté pour l'exécution de sa promesse, ecrivit à Filipe-le-Bel, que si ce que l'on disait des Templiers etait vrai, il consentait de les abolir ; mais qu'il ne soufrirait pas que la moindre partie de leurs biens fut employée à un autre usage, qu'au recouvrement de la Terre-sainte.

Filipe qui etait vif, ambitieux & impatient, & qui ne s'acomodait pas des lenteurs du pape ; par un ordre secret, & qui fut exécuté un vendredi 13 d'Octobre de l'an 1307, fit arèter le Grand-Maître & tous les Templiers qui se trouvèrent à Paris & dans les difèrentes provinces du royaume : on saisit en même tems tous leurs biens, qui fûrent mis à la main du roi.

Une conduite si extraordinaire causa une surprise gènèrale dans toute la crètienté. Les uns l'atribuaient au ressentiment secret que ce prince, naturellement vindicatif, conservait, disait-on, contre les Templiers, qui pendant ses difèrens avec le pape Boniface VIII, s'etaient déclarés en faveur de ce pontife. D'autres historiens ont prétendu que ce prince ayant afaibli la monaie, sans en réduire la valeur; les Templiers, qui s'y trouvaient intèressés, avaient eté les auteurs secrets d'une sédition qui s'etait elevée à ce sujet à Paris, ou du-moins, qu'ils l'avaient fomentée par des discours trop libres contre la persone du roi. Le peuple soutenait qu'il ne falait point chercher d'autre motif de l'aret des Templiers, que l'avarice de ce prince & de ses ministres, & l'avidité qu'ils avaient d'envahir les biens imenses de cet Ordre. Là-dessus on citait l'exemple récent des Juifs tolérés dans le royaume; mais que Filipe, l'anée précédente, avait fait arèter en un seul jour, come il venait d'en user à l'egard des Templiers; & qu'aprés les avoir dépouillés de tous leurs biens, on les avait obligés de sortir du royaume avec leurs familles, demi-nus & seulement avec un médiocre viatique, pour leur subsistance pendant le chemin.

Edouard II, roi d'Agleterre, n'eut pas plutot apris la détention des Chevaliers du Temple, qu'il ecrivit aussitot au pape & à la plupart des souverains de l'Europe, pour les prier de fermer l'oreille aux calomnies qu'on répandait contre ces Chevaliers, dont toute l'Angleterre, dit-il, révère la pureté de la foi, les bones meurs, &

le zèle pour la défense de la religion.

Le pape n'aprit la prison du Grand-Maître & de tous les Templiers, qu'avec la dernière surprise ; & il regarda sur-tout la procédure des evêques & de l'inquisiteur, come une entreprise sur son autorité. Dans la première chaleur de son ressentiment, il ecrivit au roi une lettre assés vive, pour se plaindre qu'il eut fait emprisoner des religieux qui ne relevaient, dit-il, que du St. Siège : il lui marquait qu'il lui envoyait deux cardinaux, auxquels il souhaitait qu'il remit incessament, ou à son nonce, les persones & les biens des Templiers.

Filipe répondit au pape par une lettre encore plus vive, & remplie de maximes & d'expressions très-dures ; dans laquelle il se plaignit de son retard à exécuter sa promesse, disant qu'il ne détestait rien tant que les tièdes.

La conduite que le roi avait tenue contre le pape Boniface, faisant apréhender à son successeur d'avoir pour ennemi un prince ferme & incapable de se désister de ses entreprises; Clément vit bien qu'il serait obligé de relâcher, en sa faveur, quelque chose des formalités de la justice. L'afaire s'acomoda par les soins des deux cardinaux, & la bone intelligence se rétablit entre le sacerdoce & l'empire. On convint que le roi remettrait au nonce du pape la persone & les biens des Templiers: ce qui fut aussitot exécuté, quoïqu'ils fussent toujours gardés par des sujets du roi. Mais pour sauver les aparences & apaiser le pape, il fut dit qu'ils etaient gardés en son nom & au nom de l'Eglise. On en usa de la même manière à l'egard de leurs biens & des gardiens qu'on y préposa. Tout etait, à la vérité, administré au nom du pape; mais parmi ces administrateurs, on compte deux valets-de-chambre du roi: ce qui fait voir qu'en tout cela, il n'y eut que le stile & la forme du dépot de changés.

Le roi & le pape étant d'acord, on comença à travailler de concert à l'instruction du procès des Templiers. Les prisons etaient remplies de ces Chevaliers, qui tous fûrent exposés à la question la plus rude & la plus cruelle. On n'entendait que cris, que gémissemens de ceux qu'on tenaillait, qu'on brisait, qu'on démembrait dans la torture. Beaucoup de ces infortunés, pour eviter ou diminuer des tourmens si afreux, passèrent d'abord toutes les déclarations qu'on exigea d'eux : mais la plupart, au milieu des plus cruels suplices, soutînrent avec une fermeté invincible, qu'ils etaient inocens : ce qui laisse un doute odieux à la postérité ; car l'on ne doit point se prévaloir de la confession de ceux qui s'avouèrent coupables : d'un coté on leur présentait une amnistie avec la promesse de la vie, de la liberté & d'une bone pension ; & de l'autre, ils voyaient des feux alumés pour les brûler : il n'eſt pas ſurprenant que des homes faibles ſe ſoient laiſſés intimider par la crainte d'un ſi horible ſuplice. D'ailleurs, il faut remarquer que c'etait un tribunal d'inquiſition qui procédait contre ces Chevaliers, tribunal où il n'a jamais eté permis de s'excuſer ni de nier les crimes dont on eſt chargé ; & où l'on ne peut être abſous, qu'en avouant tout ce que l'inquiſiteur objecte, & en demandant pardon.

Le pape voulant prendre conaiſſance de cette afaire, ordona qu'on lui amenat le Grand-Maître, les Grans Prieurs, & les principaux Comandeurs de l'Ordre, & qu'on les traduiſit à Poitiers : mais quelques-uns d'eux, qui avaient eté briſés à la torture, fûrent obligés de demeurer à Chinon, ne pouvant ſuporter le cheval ni aucune voiture. On prétend que le Grand-Maître, dans l'horeur des ſoufrances, convint de la plupart des crimes qui etaient imputés à ſon Ordre. Le roi, pour preſser la condanation de tout le corps des Templiers, & obtenir de Clément l'extinction de cet Ordre, etait revenu à Poitiers auprès de ce pontife. Mais dans le tems qu'on prenait pour cela des mesures, fondées uniquement sur les confessions des Templiers qui, dans les tourmens de la question, s'etaient avoués coupables; on fut bien surpris d'aprendre que la plupart de ces Chevaliers avaient révoqué ces confessions; qu'ils soutenaient qu'on les avait arachées à force de tourmens; qu'ils détestaient hautement l'amnistie que les oficiers du roi leur avaient oferte, & qu'ils la regardaient come le prix de l'infidélité, & la honteuse récompense d'une prévarication aussi préjudiciable à leur honeur qu'à leur conscience.

Sur ces entrefaites, la plupart des princes crétiens, sur les instances que leur faisait le pape, & par des vues d'interet particulier, avaient fait arêter tous les Chevaliers du Temple qui ſe trouvaient da s leurs etats, & fait ſaiſir tous leurs biens. Les Templiers d'Aragon ſe réfugièrent d'abord dans des forteresſes qu'ils avaient fait conſtruire à leurs dépens, pour défendre le péis de l'incurſion des Maures, d'où ils ecrivîrent au pape pour leur juſtification. Ils lui remontrèrent que leur foi etait pure, & n'avait jamais eté ſoupçonée; qu'ils en avaient ſouvent ſcellé la confesſion de leur propre ſang; qu'un grand nombre de leurs frères, dans le tems même qu'on perſécutait leur Ordre le plus cruellement, gémiſſaient dans une dure ſervitude dans les priſons des Maures, dont on leur ofrait tous les jours de leur ouvrir les portes, s'ils voulaient changer de religion: que ſi quelques-uns de leur Ordre s'etaient déclarés coupables de grans crimes, ſoit qu'ils euſſent comis ces excès, ou ſeulement pour ſe délivrer des tourmens de la queſtion, il etait juste de les punir, ou come criminels, ou come des homes assés lâches pour avoir trahi leur conscience, l'honeur de leur religion & la vèrité; mais qu'un grand Ordre, & qui depuis deux siècles avait si bien mèrité de l'Eglise, ne devait pas soufrir des crimes de quelques particuliers, & de la faiblesse ou de la prévarication des autres. Ils ajoutaient que leurs grans biens etaient la vèritable cause de la persécution qu'ils soufraient; & ils demandaient au pape, qu'à l'exemple de ses prédécesseurs, il daignat les honorer de sa protection, ou qu'il leur fut permis de défendre eux-mêmes leur inocence les armes à la main, suivant l'usage de ce tems-là, contre des méchans & des calomniateurs.

On traduisit à Paris la plupart des prisoniers; mais la révocation qu'ils avaient faite de leur première confession qu'ils atribuaient à la rig:eur de la torture, ou à la crainte de ces

tourmens,

tourmens, embaraſſait les juges. On délibèra ſi l'on devait avoir egard à leurs proteſtations. Enfin il fut arèté qu'on traiterait come relaps, ceux qui révoqueraient leur première confeſſion. En conſéquence, on fit comparaître de nouveau le Grand-Maître, & on lui demanda s'il avait quelque choſe à dire pour la défenſe de ſes Religieux. Il rèpondit qu'il l'entreprendrait volontiers, & qu'il ſerait ravi de faire conaître, à la face de l'univers, l'inocence de ſon Ordre; mais qu'ètant chevalier non lettré, il avait beſoin de prendre un conſeil..... Les comiſſaires apoſtoliques lui répartirent qu'en matière d'héréſie, on n'acordait aux prévenus ni conſeil ni ſecours d'avocat; qu'avant même de s'engager dans une pareille entrepriſe, il ſe ſouvint de l'aveu qu'il avait fait lui-même à Chinon de ſes propres crimes & de ceux de ſon Ordre: & ſur le champ on lui lut cette dépoſition.

Jamais etonement ne fut pareil à celui du Grand-Maître. Lorſqu'il entendit la lecture, il fit le ſigne de la croix, & s'ecria que ſi les trois cardinaux devant leſquels il avait comparu à Chinon, & qui avaient ſouſcrit à ſon intèrogatoire, etaient d'une autre qualité, il ſaurait bien ce qu'il aurait à dire. Preſſé par les comiſſaires de s'expliquer plus ouvertement, il ajouta, n'ètant pas maître de ſon reſſentiment, qu'ils mèritaient le même ſuplice dont les Saraſins & les Tartares puniſſent les menteurs & les fauſſaires, *auxquels*, dit-il, *ils font fendre le ventre & trancher la tête*.... Sans doute que le greffier qui avait rédigé ſa confeſſion à Chinon, pour le charger davantage & le rendre plus criminel, y avait ajouté des circonſtances agravantes : peut-être même qu'il avait augmenté ſa confeſſion de tous les crimes que l'on imputait en gènèral à tout l'Ordre ; & que pour lui cacher ſa ſupercherie, il ne lui en avait point fait de lecture. Quoiqu'il en soit, le Grand-Maître représenta plusieurs choses aux comissaires en faveur de son Ordre ; entre autres, qu'il n'y avait aucun ordre ni aucune nation, où les chevaliers & les gentils-homes exposassent plus généreusement leur vie pour la défense de la religion crètienne, que l'avaient fait jusques-là les Templiers. Les comissaires lui dirent que tout cela etait inutile sans la foi. Mais il leur répliqua que les Templiers croyaient fermement tout ce que croyait l'Eglise catolique ; & que c'etait pour maintenir une si sainte croyance, qu'un si grand nombre de ces Chevaliers avaient répandu leur sang contre les Sarasins, les Turcs & les Maures.

Le Procureur gènèral de l'Ordre représenta, de son coté, aux comissaires, que pour tirer l'aveu des crimes qu'on imputait à ses confrères, on avait egalement employé la promesse de l'impunité, & les menaces des ſuplices; qu'on avait montré à pluſieurs priſoniers des lettres-patentes où etait le ſceau du roi, par leſquelles, moyennant leur confeſſion, on leur promettait la vie, la liberté, & une penſion viagère; & que pour ceux qu'on n'avait pu ſéduire par ces promeſſes, on les avait preſſés par de violentes tortures: qu'il etait bien moins ſurprenant que des homes faibles, pour ſe délivrer des ſuplices, euſſent parlé conformément à l'intention de ceux qui les tourmentaient; que de voir un ſi grand nombre de Templiers ſuporter avec courage les plus afreux tourmens, plutot que de trahir la vérité: que pluſieurs de ces Chevaliers etaient morts dans le fond des cachots, des douleurs qu'ils avaient ſoufertes à la gêne; & qu'il demandait que leurs boureaux & leurs geoliers fuſſent interrogés, pour ſavoir dans quels ſentimens ils etaient morts; & s'il n'etait pas vrai que, dans ces derniers momens où les homes n'ont plus rien à espèrer ni à craindre, ils avaient persisté jusqu'au dernier soupir, à soutenir leur inocence & celle de leur Ordre en gènèral.

Nonobstant toutes ces défenses, on procéda à leur jugement, & les Templiers fûrent traités avec toute sorte de rigueur. Cinquante-neuf, parmi lesquels il y avait un aumonier du roi; fûrent conduits hors de la porte St. Antoine, où ils fûrent brûlés tout vifs & à petit feu. Au milieu des flames, ces nobles & génèreux Chevaliers invoquaient tous le nom de Dieu; & aucun des cinquante-neuf, pour se délivrer d'un si afreux suplice, ne voulut profiter de l'amnistie que leurs parens & leurs amis leur ofraient de la part du roi, pourvu qu'ils renonçassent à leurs protestations. Un grand nombre de ces ilustres victimes, en difèrens endroits de la France, subîrent en même tems le même ſuplice ; & firent paraître, au milieu des flames, la même fermeté ſans que jamais on put leur aracher l'aveu des crimes qu'on leur imputait. » Choſe etonante ! dit l'evêque de Lodève, hiſtorien contemporain, que » ces infortunés qu'on livrait aux plus » cruels ſuplices, ne rendaient point » d'autre raiſon de leur rétractation, » que la honte & le remors d'avoir, » par la violence de la queſtion, avoué » des crimes dont ils ſe prétendaient » très-inocens ».

Le roi qui avait extrêmement à cœur l'afaire des Templiers, come s'en explique le pape & les hiſtoriens du tems, ſe rendit au concile de Vienne en Daufiné, au terme marqué par la bule du pontife, & il y vint acompagné de Louis ſon fils aîné, roi de Navare ; de Filipe & de Charles, frères de ce jeune prince ; de Charles de Valois, & de Louis comte d'Evreux, leurs oncles & frères du roi. Ce prince parut dans cette auguste assemblée avec une nombreuse milice, qui faisait conaître sa puissance, & qui servait à la faire respecter. Dans la première session du 16 Octobre 1311, le pape proposa les trois causes de la convocation du concile, dont la première etait l'afaire des Templiers. Il fit lire ensuite les procès qu'on avait faits contre diférens Chevaliers du Temple en plusieurs provinces; puis il demanda à chacun des pères, s'ils ne trouvaient pas à propos de suprimer un Ordre où il s'etait découvert de si grands abus, & des crimes si enormes.

Tous les evêques & archevêques du concile & les plus célèbres docteurs, représentèrent unanimement au pape, qu'avant d'ereindre un Ordre si ilustre, & qui depuis son institution avait rendu des services importans à la crétienté, ils etaient d'avis qu'on devait entendre, en leurs défenses, le Grand-Maître & les principaux de cet Ordre;

come la juſtice le requèrait, & ſuivant qu'ils l'avaient demandé eux-mêmes avec tant d'inſtance, par diférentes requêtes. Tous les evêques, hors un ſeul, & tous les prélats de France, à l'exception de trois archevêques, fûrent de ce ſentiment. En ſorte que dans un concile gènèral, composé de plus de 300 prélats, ſans compter les abés, les prieurs, & les plus célèbres docteurs de la crétienté, il n'y en eut que quatre qui opinèrent diféremment.

L'audience qu'on demandait hautement en faveur des prévenus, ne laiſſait pas que d'embaraſſer le pape, par les ſuites qu'il en prévoyait. De quelque autorité dont il fut revétu, il ſentait bien qu'il ſerait dificile de ſe diſpenſer de les entendre ſur les diférentes cauſes de récuſation, ni de refuſer aux prévenus la confrontation contre leurs acuſateurs & les témoins. L'afaire traîna près de ſix mois, qui fûrent employés en confèrences & négociations ſecrettes, pour obtenir des prélats qu'on passat par-dessus les formes ordinaires. Sur ce que les pères du concile soutenaient qu'on ne pouvait jamais condâner les acusés sans les avoir entendus ; le pape s'ecria que si l'on ne pouvait pas prononcer judiciairement contre les Templiers, la plénitude de la puissance pontificale supléerait à tout ; & qu'il les condânerait par voie d'expédient, plutot que de chagriner son cher fils le roi de France.

En effet, ce pontife, le 22 du mois de Mai de l'anée suivante, après s'être assuré auparavant, dans un consistoire secret, des cardinaux & de plusieurs evêques que la complaisance ramena à son avis, tint la seconde session du concile où le roi etait présent, séant à coté du pape, & assisté de Charles de Valois son frère & ses trois enfans. En cette assemblée, Clément cassa & anula l'Ordre des Chevaliers du Temple : « Et quoi que nous n'ayons pu,

» dit-il dans sa sentence, prononcer
» selon les formes du droit ; nous les
» condânons par provision & par l'au-
» torité apostolique ».

Enfin, l'anée d'ensuite, après la dissolution du concile, il fut question du dernier acte de cette tragédie, & de décider du sort du Grand-Maître & des hauts Oficiers de l'Ordre, apelés les grans Précepteurs ou les grans Comandeurs. Le pape s'en etait réservé la conaissance ; mais à son retour du concile, soit qu'il eut changé de sentiment, ou qu'il ne voulut pas les condâner lui-même, il en remit le jugement à deux cardinaux qui, par son ordre, se transportèrent à Paris, & y prîrent pour adjoints quelques prélats de l'Eglise Galicane. Ces comissaires apostoliques se fîrent amener les quatre principaux prisoniers : le premier etait Jâques de Molay, d'une maison ilustre dans le Comté de Bourgogne, Grand-Maître de l'Ordre des Templiers ; dignité qui l'egalait aux princes, ayant même, en cette qualité, eu l'honeur de tenir sur les fonts de batême, un des enfans du roi Filipe-le-Bel: le second etait fère du daufin de Viennois, prince souverain du Daufiné: le troisième etait le grand Prieur ou Visiteur du prieuré de France: & le quatrième etait le grand Prieur d'Aquitaine, qui, avant sa détention, avait la direction des finances du roi.

Il ne parait point, par les actes de ce fameux procès, que ces prélats les eussent de nouveau interrogés, ni qu'on les eut confrontés contre des témoins. Aparemment que ces comissaires voulûrent se conformer à la conduite qu'avaient tenue le pape & le concile; & ce fut suivant les intentions du souverain pontife, que ces juges condanèrent ces ilustres Chefs à être aussi brûlés vifs & à petit feu. Mais come il etait important de calmer les esprits, efrayés de tant de feux qu'on avait alumés en diférentes provinces du royaume, & qu'il falait sur-tout convaincre le peuple de Paris que c'etait avec justice qu'on avait fait brûler tout vifs un si grand nombre de Templiers; on exigea de ces derniers qui en etaient les Chefs, que s'ils voulaient qu'on leur sauvat la vie, & qu'on leur tint la parole que le roi & le pape leur avaient donée, ils fissent, en public, une déclaration sincère des abus & des crimes qui se cometaient dans leur Ordre. Pour cet effet, on dressa, dans le parvis de l'eglise catédrale, un echafaut, sur lequel des archers & des soldats amenèrent les acusés. Un des légats monta en chaire, & ouvrit cette triste cérèmonie par un discours, où il exposa fort au long toutes les impiétés dont les Templiers, disait-il, avaient eté convaincus: & pour n'en laisser aucun doute à l'assemblée, il soma le Grand-Maître & ses Compagnons, d'avouer à haute voix, devant le peuple, leurs crimes & leurs erreurs. Pour les déterminer à faire cette déclaration, d'un coté il les assura d'une pleine amnistie; & de l'autre, pour les intimider, des boureaux dressaient un bucher, come si l'on eut dû les y brûler sur le champ, en cas qu'ils ne convinssent point d'être coupables.

Mais l'on fut bien surpris lorsque le Grand-Maître, secouant les chaînes dont il etait chargé, d'une constance assurée s'avança jusqu'au bord de l'echafaut; puis elevant la voix pour être mieux entendu: « Il est bien juste, s'ecria-t-il, » que dans un si terrible jour, & dans » les derniers momens de ma vie, je » découvre toute l'iniquité du men- » songe, & que je fasse triomfer la vè- » rité. Je déclare donc à la face du ciel » & de la terre, & j'avoue, quoiqu'à » ma honte eternelle, que j'ai comis » le plus grand de tous les crimes; mais » ce n'a eté qu'en convenant de ceux » qu'on impute, avec tant de noir- » ceur, à un Ordre que la vèrité m'obli-

» ge de reconaître aujourdui pour ino-
» cent. Je n'ai même passé la déclara-
» tion qu'on exigeait de moi, que pour
» suspendre les douleurs excessives de
» la torture, & pour fléchir ceux qui
» me les faisaient soufrir. Je sais les
» suplices qu'on a fait subir à tous ceux
» qui ont eu le courage de révoquer
» une pareille confession; mais l'afreux
» spectacle qu'on me présente, n'est
» pas capable de me faire confirmer
» un premier mensonge par un second.
» A une condition si infâme, je renonce
» de bon cœur à la vie, qui ne m'est
» déja que trop odieuse. Et que me
» servirait de prolonger de tristes jours,
» que je ne devrais qu'à la calomnie! »

Ce Seigneur en eut dit davantage; mais on l'obligea de se taire. Ceux qui vînrent ensuite, tînrent à peu près le même langage, & protestèrent hautement de l'inocence de leur Ordre. Il n'y eut qu'un des deux grans Prieurs, que la crainte d'un si rigoureux suplice obligea de s'avouer coupable, & qui termina ses jours en prison.

Le légat ne fut pas celui qui, dans cette scène, remporta l'aplaudissement du peuple; mais il eut bientot sa revenche. On fit descendre le Grand-Maître & ses Compagnons de dessus l'echafaut, & le prevot de Paris les ramena en prison.

Le roi, naturellement vindicatif, & qui regardait la destruction des Templiers come son ouvrage; irité de la rétraction des Chefs de cet Ordre, le même jour au soir, le 11 Mars 1313, les fit brûler tout vifs & à petit feu. Le Grand-Maître, au milieu de ce cruel suplice, montra la même fermeté qu'il avait fait paraître dans le parvis de Notre-Dame. Il protesta de nouveau de l'inocence de son Ordre; mais que pour lui, dit-il, il méritait la mort, pour être convenu du contraire en présence du roi & du pape, par la crainte d'être apliqué de nouveau à la torture.

On raporte que ce vènèrable vieillard, n'ayant plus que la langue de libre, & presque etoufé de fumée, s'ecria à haute voix : « Clément, juge inique & cruel » boureau ! je te cite à comparaître, » dans quarante jours, devant le tri- » bunal du souverain juge ; » & qu'il y ajourna pareillement le roi pour dans un an. Le fait est que la mort de Filipe & celle du pape arivèrent précisément dans ces tems-là.

Tout le peuple dona des larmes à un si tragique spectacle. De saints religieux & plusieurs persones dévotes, recueillîrent la cendre de ces infortunés, & la consérvèrent come de précieuses reliques.

Telle fut la fin tragique & funeste de ce glorieux & respectable Ordre de Chevaliers ; après que, par tant d'ilustres exploits, ils eurent rendu, aux dépens de leur propre sang, tant de signalés services à la crétienté, en considèration desquels on ne peut s'empécher de dire qu'ils méritaient une autre destinée; d'autant plus que la plupart des historiens marquent qu'ils mourûrent inocens. En effet, il y a toute aparence que les crimes dont on les chargeait, n'etaient qu'un artifice des puissances qui voulaient envahir leurs biens. Aussi voit-on que ces biens devînrent la proie des uns & des autres. Filipe-le-Bel exigea d'abord deux cent mile livres, ce qui etait une some immense dans ce tems-là, pour les frais que lui avait ocasionés, dit-il, la poursuite d'un si grand procès. Louis-le-Hutin, son fils & son successeur, demanda soixante mile livres de plus que n'avait fait son prédécesseur. Il retint par ses mains les deux tiers de l'argent des Templiers, les ornemens de leurs eglises, les meubles des maisons, tous les fruits & revenus, en un mot, tous les éfets mobiliers, jusqu'au jour que les hospitaliers en avaient pris possession en France. Mais ni ce prince ni le roi son père, ne profitèrent pas ſeuls d'une ſi riche dépouille; & il y a des hiſtoriens qui raportent que le pape en eut ſa bone part. Les hoſpitaliers ne profitèrent non plus que d'une grande partie des maiſons, comanderies, terres; en-un-mot, que de la plupart des imeubles des Chevaliers du Temple; les rois & les princes, dans diférens péis de la crétienté, s'ètant emparés de leurs chateaux, terres, forteresses, & d'une bone partie des meubles que les Templiers poſſédaient dans leurs etats: le roi de Caſtille, entre autres, quoique dans un concile tenu à Salamanque, les Templiers euſſent eté déclarés inocens, ne ſe fit point de ſcrupule de s'emparer de leurs biens, & d'apliquer à ſon domaine des viles conſidèrables qui leur avaient apartenu.

Les Chevaliers du Temple fûrent déclarés inocens, par-tout où l'on procéda à leur jugement avec equité & dans les formes de la juſtice. L'evêque de Piſe, entre autres, ne pût découvrir la moindre chose qui fut à leur charge, ni dans la Lombardie, ni dans la Toscane, ni dans l'Istrie, ni dans la Dalmatie. On ne fit pas de plus grandes découvertes à Bologne, non plus qu'à Magdebourg & à Mayence, où ces Chevaliers fûrent reconus & déclarès inocens, dans un sinode tenu à ce sujet dans cette métropole.

Quoiqu'il en soit, & quoique toutes les aparences fussent en faveur de ces malheureux Chevaliers; come il n'y a point de devoir si saint & si autentique que l'avarice ne viole, leur Ordre perdit son eclat & fût anéanti.

Le M. Eh bien, Monsieur, qu'en pensés-vous?

Le F. L'histoire est touchante.... C'est un monument d'oprobre pour le règne de Filipe-le-Bel & de Clément V[e]; ou je m'abuserais fort.

Le M. L'aviés-vous jamais lue de cette manière?

Le F. Non, je ne l'avais vue nule part, ecrite avec tant de clarté & de précision.

Le M. Voilà cependant, Monſieur, les homes auxquels, dans leur dernier etat, la malice s'eſt plue à nous comparer; c'eſt-à-dire, que l'auteur impudent de cette comparaiſon ſe perſuade, dans ſon humeur atrabilaire, que nous ſomes les héritiers de tous les crimes qu'on imputa aux Chevaliers du Temple.

Le F. Qu'auraient donc fait les Francs-Maçons qui put leur être imputé à crime ?

Le M. C'eſt ce que je demande, & je le demande une fois pour toutes, & je le demande à l'univers entier, à nos ennemis les plus déclarés, à nos ennemis les plus prévenus, les moins raiſonables; je le demande à toutes les puiſſances; je le demande aux magiſtrats; je le demande à tous les ordres ſacrés, depuis la tiare juſqu'au capuchon des hermites; je le demande à MM. les comiſſaires de l'inquiſition, aux plus profonds téologiens, aux plus ſubtils docteurs en Sorbone, aux plus ſavans caſuiſtes, aux hipocrites, aux dévots, à mon confeſſeur; je le demande à.....

Le F. Ah, Monſieur, il eſt tems de recevoir : *demandés & vous recevrés.*

Le M. Eh bien, je demande ſi jamais l'on a entendu les Francs-Maçons prêcher une nouvelle doctrine; leur a-t'on vu renverſer des autels; ſont-ils les deſtructeurs du culte? Gâtés par l'exemple contagieux d'un Janſénius, d'un Queſnel, d'un Eſcobar, d'un Molina, d'un Scot, d'un Tranſubſtantialiſte, les a-t'on vus fonder des ecoles, faire des inovations, en impoſer par de faux miracles, tromper par des proféties, s'intriguer dans les afaires du ciel, vouloir diſtinguer ſur la grâce, déſeſpèrer le pècheur par trop de ſévèrité, & l'eloigner de la fréquentation des miſtères, ſous le prétexte de la pureté qu'ils exigent; conduire les autres dans l'abîme, par une morale trop relâchée, & les familiariſer avec le ſacrilège? Quelles ſont donc les propoſitions erronées, pour la condanation deſquelles il ait falu aſſembler un concile? De quel chiſme ſont-ils les auteurs? Semblables à Calvin ou aux ſectateurs de Luther, ont-ils jamais diſputé ſur la vertu des indulgences? ont-ils crié contre la découverte du purgatoire?.....

Le F. Ho, ho, ho...! la découverte...

Le M. Ont-ils montré des doutes ſur la valeur des privilèges acordés à certaines eglises, à certains autels, à certaines confrairies, à certaines pratiques?

Le F. Dieu les en préserve.

Le M. Ont-ils jamais causé des ravages dans le sacré bercail? Quelle plante de vie ont-ils déracinée? quelles finesses, quelles ruses ont-ils tissues? quels troubles ont-ils excités? où sont leurs conspirations? Ont-ils jamais manqué de respect au scapulaire du Mont-Carmel, au cordon de S. François, à la solennité du rosaire, à celle de la Portioncule, & à tant d'autres diminutifs de dévotion qu'ils révèrent & qu'ils professent?

Le F. Je suis persuadé qu'ils sont trop bons catoliques pour leur refuser la vénération qu'ils mèritent.

Le M. Tenés-le pour certain, Monsieur; mais alons plus loin. Quant à la vie civile, les a-t'on vus manquer aux lois de l'honeur, aux devoirs de leur etat, à la fidèlité qu'ils doivent à leurs princes? Ont-ils donc dérangé cette heureuse harmonie qui doit lier les acords de toute la société en gènèral? Quels rois ont-ils détrônés? Quel etat ont-ils troublé? Quel tort ont-ils fait au public? A-t'on vu tel ou tel autre, pour avoir eté Franc-Maçon, ravir les biens de ſes frères, comettre l'adultère ou l'inceſte ? A-t'on vu le juge recevoir d'une main, pour vendre la juſtice de l'autre ? A-t'on vu le ſoldat abandoner ſa patrie, pour ſuivre l'etendart de l'ennemi ? A-t'on vu le prêtre, l'oint du Seigneur, dégrader ſon caractère, abuſer de ſes pouvoirs, ſe ſouſtraire à l'obéiſſance due à ſes ſupèrieurs ? L'a-t'on vu changer les vétemens de la modeſtie, pour prendre les livrées du monde ? A-t'on vu.....

Le F. Grâce, grâce, Monſieur, pour ce qui reſte à voir. Ce que je viens d'entendre, me ſufit. Mais je dis une choſe; je dis que quoique l'on ne puiſſe acuſer les Maçons d'aucun des crimes que vous venés de raporter; come il eſt de l'eſſence de leur Ordre que toute leur conduite, que toutes leurs démarches ſoient ſecrettes, cachées, miſtèrieuſes, & tout ce qu'il vous plaira, & qu'ils ont contre eux les aparences; leur réputation ſoufrira toujours, & jamais ils ne pouront ſe mettre à l'abri des ſoupçons.

Le M. Charitas non cogitat malum : les honêtes-gens ne penſent pas mal d'autrui ſur de ſimples aparences.

Le F. Suivant ce principe, vous auriés toujours à dos le plus grand nombre.

Le M. Fut-ce. Mais toujours faudra-t'il qu'on m'acorde, que de même que l'on répute pour saints ceux qui, dans le fond d'un désert, ont, ou fait pénitence ou prié, ou jeûné ou mangé, ou gémi ou ri ; atendu qu'étant seuls & isolés, persone ne sait au juste s'ils etaient gais ou tristes, chastes ou voluptueux, sobres ou gourmans, paresseux ou actifs, dévots ou impies : de même l'on doit réputer pour sages ceux qui, retirés dans le sein de leurs maisons, fuient le monde & son tourbillon, vivent avec un nombre d'amis choisis, dans une liaison particulière, font le bien quand ils le doivent, evitent le mal quand ils le peuvent, se réjouissent sans indécence, s'assemblent sans tumulte, se comportent avec ordre, laissent disputer Scot, laissent distinguer S. Tomas, laissent prêcher les faiseurs d'homélies, laissent errer Calvin, laissent primer l'Eglise, laissent faire la guerre aux princes, règler l'etat par les ministres, laissent crier les peuples, cabaler les grans, &c. ; & qui enfin, sans se mêler de rien, obéissent

au

quelle alégresse ne chanterés-vous pas avec nous?

Joignons-nous main en main,
Tenons-nous ferme ensemble;
Rendons grâce au destin
Du neud qui nous assemble:
Et soyons assurés
Qu'il ne se voit sur les deux hémisfères,
Point de plus belles sociétés
Que celle de nos Frères.

FIN

DE LA QUATRIÈME ET DERNIÈRE SOIRÉE.

AIR DE JOCONDE.

CHANTONS le bonheur des Maçons,
Célèbrons leur ouvrage ;
Mais que leurs faits plus que nos sons
Les portent d'âge en âge.
De nos propos quoique joyeux,
Banissons la licence ;
Il n'est de vrais plaisirs que ceux
Qu'assure l'inocence.

Bachus n'est point, dans ce séjour,
Un Dieu que l'on révère ;
On en proscrit le fol amour
Qui règne dans Citère :
Ce n'est qu'autant qu'ils sont soumis
A la sagesse aimable,
Que parmi nous ils sont admis
A nos plaisirs de table.

L'un nous fait perdre la raison,
Ce divin caractère,
Qui seul distingue un Franc-Maçon
Du profane vulgaire ;

L'autre, près d'un objet charmant,
Pour vouloir trop lui plaire,
Pourait d'un secret important
Dévoiler le mistère.

De ce couple trop enchanteur
Défions-nous sans cesse :
L'esprit doit, autant que le cœur,
Etre exemt de faiblesse.
Sur la vertu règlons nos gouts;
Qu'en tout elle préside :
Il n'est point de plaisir plus doux
Que de l'avoir pour guide.

Mais qu'elle se montre en ce lieu,
Sans être trop sévère;
Elle déplairait à nos yeux
Sous un maintien austère.
De la volupté les attraits
Peuvent toucher le sage :
Nous n'en condanons que l'excès,
Mais nulement l'usage.

Nous ne faisons dans l'univers,
Qu'une même famille :
Qu'on aille en cent climats divers;
Par-tout elle fourmille.

Aucun péis n'est etranger
Pour la Maçonerie:
UnF rère n'a qu'à voyager ;
Le monde est sa patrie.

Unis par des neuds solennels,
Que dicte la justice,
Nous ecartons de nos autels
Jusqu'à l'ombre du vice.
L'amitié nous rend tous egaux.
Enfans de la lumière ,
Ici l'on n'a point de rivaux ;
Chacun n'y voit qu'un Frère.

APROBATION.

LA RAISON, PAR LA GRACE DE DIEU, Impératrice de tous les animaux qui peuplent la terre; à nos amés & féaux cinq sens de nature, & à tout ce qui environe notre substance, SALUT, JOIE, SANTÉ. Notre amé le Sr. ARBAS, ancien Consul de notre Sénat, & Imprimeur du R. Ordre de la Franc-Maçonerie, nous a fait exposer qu'il desirerait faire imprimer & doner au public un ouvrage qui a pour titre, *Considèrations filosofiques sur la Franc-Maçonerie*; mais que pour accélèrer la besogne,, faciliter aux etrangers la lecture de ce livre, & eviter en partie les ridicules, les equivoques, contradictions & bisareries de l'ortografe Française la plus en usage, il souhaitait la simplifier autant que faire se poura, sans efaroucher ni heurter de front les esprits à prévention & à préjugé; s'il nous plaisait lui acorder nos lettres d'aprobation pour ce nécessaires. A CES CAUSES, voulant raisonablement traiter l'Exposant, nous lui avons permis & permettons par ces présentes, de faire imprimer ledit ouvrage conformément aux lois de notre Empire; d'y retrancher la réduplication totale des lettres oisives; d'y condâner à un banissement perpétuel la plupart des diftongues, les doubles consones qui sont redondantes ou muettes dans la prononciation; en-un-mot, de faire tous les changemens convenables, pour raprocher le plus possible la langue ecrite de la langue parlée; sans pourtant imiter en cela ceux qui, par une trop grande sévèrité, ont absolument dénaturé & défiguré l'ortografe actuelle : le tout, à charge par ledit Exposant de justifier dans la suite, des raisons iréfragables qui l'ont engagé à se révolter contre la tiranie de l'usage; à moins de passer pour inovateur, & à peine d'être traité come rébelle aux lois arètées par la cour souveraine des Belles-Lettres, & de nulité des prèsentes ; dont voulons que la copie qui sera imprimée tout au long au comencement ou à la fin dudit ouvrage, soit tenue pour dûment signifiée, & que foi y soit ajoutée come à l'original. Prions toutes les persones de notre jurisdiction d'admettre les prèsentes come bien motivées, mûrement réflèchies, & solidement etablies ; nonobstant clameur de haro, clameur d'etimologie, clameur d'usage, clameur d'inconvénient, charte Normande, & Gramairiens à ce contraires ; car tels sont nos droits. DONÉ dans la Glande Pinéale, notre siège Cartésien, entre les tubercules quadrijumeaux, le 4 des ides de Mars, l'an du pardon gènèral 1776.

Signé LA RAISON.

Et plus bas, J. M. *avec parafe.*

Pagination incorrecte — date incorrecte

NF Z 43-120-12

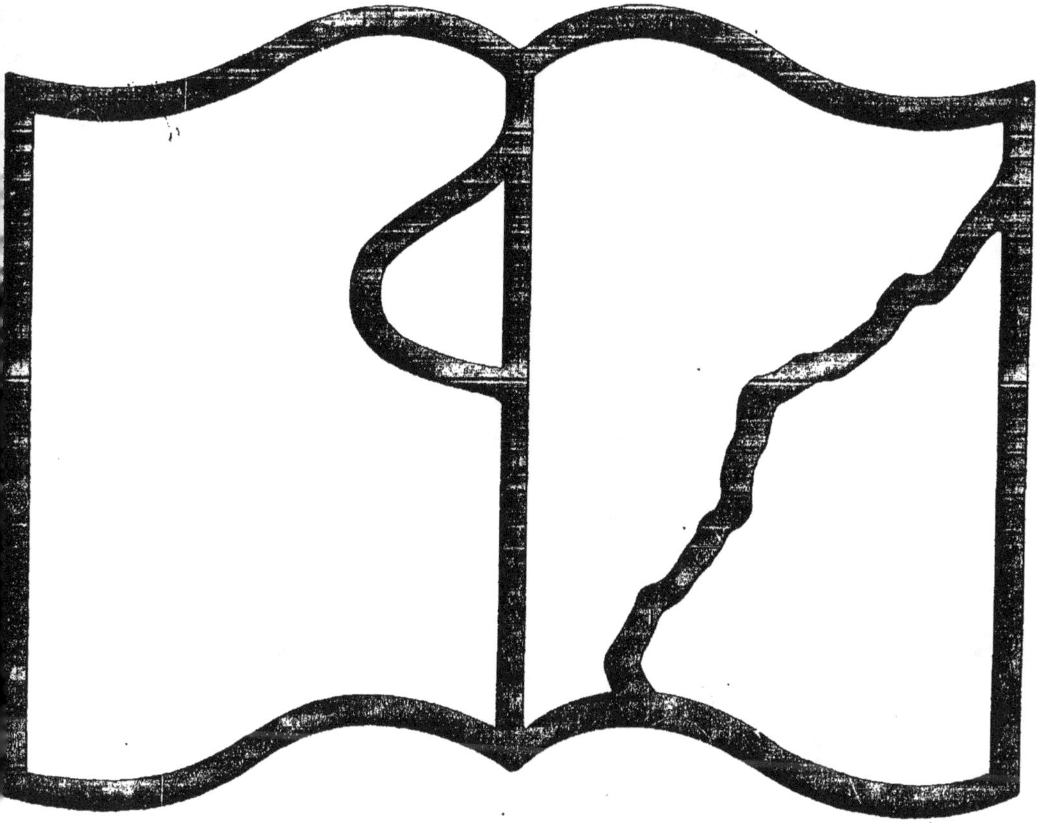

Texte détérioré — reliure défectueuse

NF Z 43-120-11

www.ingramcontent.com/pod-product-compliance
Lightning Source LLC
Chambersburg PA
CBHW060951280326
41935CB00009B/682